# 공업교과 교육론

김원일 편저

경남대학교 출판부

**공업**교과 교육론

김원일 편저

초판 1쇄 인쇄 2010년 2월 19일
초판 2쇄 발행 2011년 1월 28일

펴낸이 박재규
펴낸곳 경남대학교 출판부

주소 경남 마산시 월영동 449
전화 055) 249-2074 · 2075
팩스 0505-999-2115
전자우편 ko10@kyungnam.ac.kr

ISBN 978-89-8421-310-4-13530



이 책은 2009학년도 경남대학교 학술연구장려금의 지원에 의해 출간되었습니다.

값 15,000원

INDUSTRIES EDUCATION

# 공업 교과 교육론

김원일 지음

工業教科教育論

경남대학교 출판부

# 머리말

현대의 우리 모두는 기계문명의 시대에 살아가고 있다. 자동차와 같이 기계를 직접 생활에 이용하는 경우도 있고, 냉장고, 청소기와 같이 기계로 만들어진 가전제품을 이용하는 경우도 있다. 기계로 만들어진 제품으로 우리는 집을 짓고 옷을 해 입고 가공된 식품을 먹기도 한다. 기계는 우리생활에 직접적으로나 간접적으로 깊은 관계를 맺고 있으며 기계를 무시하고 현대인들은 생활을 영위할 수 없다.

기계란 무엇인가? 하는 물음에 대해서 우리 모두들은 관심을 갖고, 기계에 대한 지식을 습득해 두는 것이 현대의 생활을 지혜롭게 살아가기 위해서라도 필요하다. 특히 공업공학을 접하는 우리 학생들에게 보다 빨리 기계를 쉽게 이해하고 또한, 교육적인 입장에서도 보다 빨리 공업공학의 접근을 위한 생각으로 '공업교과 교육론'이라는 이 책을 내놓게 되었다.

이 책의 내용은 총 제19장으로 구성되어 있으며 제1장에서 제3장까지는 공업의 개요, 공업기술의 발전, 공업교육의 개요에 대한 전반적인 내용을 소개하였고, 제4장에서 제19장까지는 공업교육의 목표, 목적, 역사, 공업기술과 공학, 외국의 공학교육, 학습지도안 교육, 교수와 학습, 안전관리 교육, 평가와 자격제도, 산학협동 교육, 직업 및 진로지도, 행정 및 장학, 연구의 과제, 공학의 현황과 특성, 실험실습 교육의 지도방법 및 공학의 개선과 발전방향에 관한 교육의 내용들을 소개하였다.

이 책에서 사용된 모든 용어들은 "과학대사전용어집"에 있는 것을 충실하게 따랐고 또한, 영문 표기도 병기하여 공학을 이해하는데 큰 어려움이 없도록 최선을 다 하였다. 특히 이 책은 순서대로 읽는 것이 바람직하도록 하였으나 각 장을 독립적으로 읽어 보아도 큰 어려움이 없도록 배려를 하였으며, 내용의 설명 면에서도 수식적 표현은 가급적 피하도록 노력하였다.

이 책은 공학을 접하고 있는 모든 학생들이 공업교육적인 입장에서 빨리 내용들을 이해하는데 큰 도움이 되었으면 하는 간절한 마음과 공학에 대한 교육적 인식을 새롭게 하여 공학마인드가 심화되고, 우리나라의 공학 교육이 더욱 발전 되도록 많은 관심을 가져준다면 참으로 큰 영광과 보람이 될 것으로 생각한다.

2010년 2월

**김 원 일**

# 차례

INDUSTRIES EDUCATION

# 제1장 공업의 개요

工業教科教育論

1.1 기계가 갖추어야할 조건
1.2 기계장치, 공구 및 기구
1.3 에너지와 전기
1.4 공업의 역사
1.5 모든 공업의 기초가 되는 기계

# 1. 공업의 개요

오늘날 이 사회의 여러 분야에 기계가 많이 이용되고 있다. 자동차를 운전한다든가 재봉틀로 옷을 만드는 것들은 기계를 직접 이용하는 경우이고, 우리 주변에서 사용되는 생활용품의 대부분은 만드는 과정에서 기계를 이용해 왔음을 알 수 있다. 따라서 직접적이든 간접적이든 기계로부터 받아 온 혜택은 참으로 대단한 것이며 기계가 없는 현대생활이란 감히 상상조차 할 수 없을 것이라고 생각 한다.

## 1.1 기계가 갖추어야 할 조건

현대 생활에 널리 사용되고 있는 기계(machinery, machine)가 무엇인가에 대한 대답은 그리 쉽지 않다. 기계공학을 배우는 사람들은 루울로오(Felix Reuleaux)가 말한 다음과 같은 기계의 정의를 이용한다. "기계란 사람에게 도움을 주는 기계적 일을 하기 위해서 항상 일정한 상호운동을 하며, 강도를 갖는 몇 개의 부분의 조합"이라고 한다. 이상과 같은 기계의 정의로부터 기계가 갖추어야 할 조건을 열거하면 다음과 같다.

① 서로 운동하는 몇 개 부분의 조합이다.
② 부분들은 일정한 상호운동을 한다.
③ 유효한 기계적 일을 한다.
④ 각 부분은 가해진 힘에 대해서 충분한 강도를 갖는다.

위에서 말한 조건에서 부분이라는 것은 부분품과는 달리 많은 부분품이 조립되어 한 덩어리로 상호운동을 하는 경우 그 전체를 하나의 부분으로 본다. 일정한 상호운동은 언제나 똑같은 운동을 말하는 것은 아니다.

예를 들면 치차가 서로 몰고 돌아갈 때 회전수의 비기 잇 수에 반비례하면 일정한 상호운동이 되고 회전수나 가해지는 힘의 크기에는 아무런 관계가 없다. 힘을 받으면 물체는 움직이고 움직인 물체는 기계적 일을 한다. 기계적 일의 크기는 힘의 크기와 힘의 방향으로 움직인 거리의 곱으로 표시한다.

일반적으로 기계라면 위에 말한 4가지 조건을 다 구비해야 한다는 것은 아니지만 위에 설명한 공학상의 정의는 기계의 개념을 파악하는 데 핵심이 된다. 비교적 기계의 종류가 많지 않고 구조가 단순할 때 내려진 정의가 지금과 같은 수준 높은 복잡한 기계에 적용시키기에는 무리이다.

그러나 공학의 내용이 위의 조건을 중심으로 이루어져 있으므로 일단 기계의 4가지 조건을 인정하는 것이 바람직하다.

기계를 자세히 관찰해보면 이미 설명한 조건을 만족시키는 부분들이 몇 개 모여서 구성되어 있음을 알 수 있다. 하나하나의 부분이 주는 효과는 전체가 주는 효과의 일부분에 지나지 않으며 독립적인 역할을 하는 경우는 드물다.

그러나 많은 종류의 기계에 같은 목적으로 사용 되면서 맡은 바 역할을 해 나가는 공통적인 성격을 가진 부분도 있는데 이와 같은 공통으로 사용되는 비교적 단순한 기계의 구성부분을 기계요소(machine element)라 한다. 치차장치라든가 벨트장치처럼 일정한 형식을 갖고 널리 알려져 있는 것도 있으나 링크장치처럼 사용하는데 따라 형식이 변하는 경우에는 그 기본형이 잘 알려져 있지 않다.

기계는 구성요소인 기계요소가 모여서 만들어진다. 거기에 운동 상태가 정해지고 각 부분의 성능 상 필요한 모양과 강도가 주어지면 실제의 기계로서 이용될 수 있다. 기계를 어떤 용도로 사용할 때 하나의 단위로서 관련되는 범위를 어떻게 정하는 것이 적당하냐 하는 문제는 쉽지 않다.

자동차의 경우를 보면 차체를 제외하고 나머지 부분을 기계라고 볼 수 있다. 좀 더 자세히 나누어 보면 원동기, 전동장치, 조종 장치, 제동장치와 같이 많은 기계들이 종합적으로 사용되어 자동차로써의 기능을 수행하고 있다. 이들 장치들은 하나의 기계로서 훌륭하게 자동차 내에서 각각의 기능을 발휘하면서 서로에게 영향을 주므로 하나의 단위로 어느 범위까지 정할 것인지 문제가 된다.

원동기에 대해서 생각해 보기로 하자. 현대 자동차의 원동기로써 많이 이용되고 있는 내연기관의 본체에 실린더, 피스톤, 커넥팅로드, 크랭크와 캠 장치, 밸브장치 등 4가지 기계조건을 가진 부분들의 조합과 축전지, 발전기, 기화기와 같은 기계가 아닌 구성 부분도 있다. 또한 냉각수, 윤활유를 순환시키는 펌프와 송풍기 같은 부속기계도 있다. 이런 것들이 결합됨으로써 원동기의 동력 발생이 이루어질 수 있다. 원동기의 본체나 부속기계는 하나의 기계로서 취급될 수는 있으나 자동차의 원동기로 생각 한다면 위에 말한 모든 부분을 포함해서 이야기해야 할 것이다.

또한 다른 예를 하나 더 들어보면 증기동력의 경우를 살펴보기로 하자. 동력을 발생하는 증기터빈은 하나의 기계로써 훌륭하나 증기가 공급되지 않는다면 동력을 발생하지 못한다. 그러므로 증기를 발생하는 보일러는 증기 동력발생에서는 중요한 구성부분이 된다. 보일러에는 물을 공급하는 펌프, 연료를 공급하는 기계 및 송풍기와 같은 여러 가지 기계들이 갖추어져 있다.

연료를 연소시켜 발생한 열로 물을 압력증기로 변하게 하는 것이 일이므로 보일러를 기계라 하지 않는다. 어떤 용도에 사용되는 기계를 보면 많은 기계와 장치들이 모여서 성립되므로 하나의 단위로 나누어 생각하자면 그 목표가 무엇인가에 따라 여러 단계로 분할이 된다.

## 1.2 장치, 공구 및 기구

보일러는 구성이 복잡하고 여러 가지 부속기계를 가지고 일을 한다. 그 자신은 구성성분이 전혀 운동을 하지 않으므로 기계적 일은 없고 생산수단으로써 열이나 화학반응을 다루는 공장에서 널리 이용되고 있다. 보일러, 화학반응 탱크, 전기로와 같이 구성부분이 운동을 하지 않고 에너지의 변환을 주로 하는 것을 장치(apparatus)라고 부른다.

장치나 기계도 성능이 고도화 되면 보조적인 기계나 장치가 더욱 더 필요하게 된다. 대패는 저항이 있는 물체 즉 대와 칼날로 구성되어 사람의 힘으로 판자를 깎는 일을 한다. 대와 칼날 사이에 일정한 운동이 없으므로 기계는 아니고 공구(tool)라 한다. 공구는 공작용의 도구이며 사람의 동작기술을 보조하는 역할을 할 뿐이다.

물체가 서로 접촉해서 움직이게 되면 마찰에 의한 저항을 받게 된다. 이 저항을 이기면서 기계적 일을 하지 않으면 상호간의 운동은 이루어질 수 없기 때문에 쓸모없는 기계적 일로 에너지 손실이 따르게 된다. 최근에 와서 이와 같은 손실을 감수하면서 유효한 기계적 일을 목적으로 하지 않는 기계요소의 조합이 증가하고 있다. 예를 들면 측량기, 계측기 등은 정교한 조합으로 구성되어 구성부분이 상호운동으로 주로 지각적인 면을 보조해 주는 역할을 하는 것으로 이런 것을 기구(instrument)라고 한다.

기계가 유효한 일을 하려면 외부로부터 에너지가 공급되지 않으면 안 된다. 일을 할 수 있는 능력인 에너지를 어떤 형태로 어디서 공급할 것인가 하는 문제는 기계를 움직이는 근본으로 아주 중요한 것이다. 운동과 힘의 전달, 공작과 생산 및 에너지에 관한 사항은 기계의 성격을 정하는데 중요한 과제가 된다. 인류의 문명 발전을 기계공학적인 관점에서 본다면 에너지의 이용 발전과정으로 볼 수도 있다.

최초의 동력원은 사람 자신의 힘이었다. 다음으로 이용될 수 있는 것은 길들여진 가축의 힘으로 생각할 수 있으며 이런 상태는 꽤 오랫동안 계속 되었다. 15세기에 들어와서 수력을 이용할 수 있었으나 상당한 세월이 지나서 유효하게 사용할 수 있는 방법을 배울 수 있었다.

바람의 힘을 이용한 풍차도 이 무렵에 나타난 것으로 본다. 18세기에 와서 연료를 연소시켜 발생되는 열을 동력발생에 이용하여 동력을 얻는데 장소의 제약을 벗어나 필요한 곳에 동력을 발생시켜 이용하게 된다.

## 1.3 에너지와 전기

일을 할 수 있는 능력을 에너지(energy)라고 한다. 에너지의 크기는 일의 크기로 표시하고 운동형태의 에너지를 동력(power)이라 한다. 같은 크기의 일이라도 일분 동안에 하는 경우와 한 시간에 하는 경우와는 에너지 전달 상태가 다르다.

에너지의 전달 속도, 즉 단위시간에 전달되는 일의 크기를 정할 필요가 있는데 이것을 동력이라 한다. 동력의 단위로써 사용되는 와트나 마력에 대해서는 나중에 설명하기로 한다.

오늘의 기계문명을 선도한 요인의 하나로 전기의 출현을 꼽지 않을 수 없다. 열동력 이후에 나온 전기는 여러 가지 면에서 편리한 에너지다. 수력을 이용하려면 물의 낙차나 유속이 있는 장소라야만 가능하다. 열기관의 경우에는 장소의 제한은 받지 않으나 연료공급의 문제가 따르고 발생한 동력을 널리 공급하는데 어려움이 있다.

그러나 전기는 전력의 형태로 간단하게 자유로 동력을 전달할 수 있기 때문에 장소의 제한도 받지 않고 또한 동력을 합류, 분할도 쉽게 이루어질 수 있으므로 유효한 동력으로 이용하게 되었다. 로프나 활자로 먼 거리에 동력을 전달하였던 옛날을 생각한다면 전기가 얼마나 기술의 진보나 생활수준의 향상에 기여하였는가를 알 수 있다.

그러나 기계 쪽에서 본다면 전력은 하나의 중계수단에 불과하다. 수력기계로 발전기를 운전하고 송전해서 전동기에서 다시 기계적 일로 바꾸어 기계를 운전하는 것은 발전기, 송전설비, 전동기의 조합을 통해 기계와 기계 사이에 동력을 전달하는 수단으로 볼 수 있다.

그러므로 만약 전기가 없다면 가정에서 사용하는 모든 기계들을 움직이기 위해 마력이 큰 원동기를 계속해서 돌려야 한다. 또 각각의 기계로 동력을 전달하는 장치가 설치되어야 하는 불편을 감수해야 한다.

원동기로 발전기를 회전시키는 것은 기계적 일이다. 발전기의 자장 내에서 도선이 움직여 도선 내에 전기가 흐르는 것은 전기적 효과로 본다. 발생된 전류가 송전선을 흘러 변압기를 통해 전동기까지 흐르는 것은 전부 전기적 현상으로써 구성부분의 상호운동은 전혀 없다.

또 전동기의 자장 내에서 도선에 전류가 흐르면 도선이 움직이는 것은 발전기의 경우와는 역으로 전기적 효과이므로 직접 접촉해서 동력을 전달하는 기계적 에너지 전달과는 다르다.

따라서 전기기계를 일반적인 기계로 생각할 수 없다. 그러나 현재 사용되는 기계들은 전기를 제외해서 운전한다는 것은 거의 불가능하다. 그만큼 오늘의 과학문명은 기계와 전기의 밀접한 관계로 이루어져 기계와 전기기계를 나누어 생각하기 어렵다.

## 1.4 공업의 역사

사람이 언제부터 기계를 사용하였는지에 관한 것은 무엇을 기계로 볼 것인가 하는 문제와 연관이 있다. 기계요소의 아주 단순한 형태로서 생각할 수 있는 도구는 인류와 더불어 꽤 오래전부터 사용되었다. 석기시대에 들어와서 사용된 것으로 생각되는 지렛대(lever)와 같은 원형의 단순기계는 오랜 경함과 많은 시행착오를 거치면서 고안되었으리라 본다.

기계를 사용하면 힘과 속도에서 많은 이익을 얻을 수 있다. 옛날에는 속도보다 사람이 힘을 유효하게 사용해서 무거운 물체를 들어 올리거나 한 장소에서 다른 장소로 쉽게 옮기는 기계를 만들었다. 예를 들면 무거운 물체를 나무 넝쿨로 묶어서 단단한 나뭇가지에 걸어 잡아당겨서 들어 올린다든가, 지렛대로 무거운 물체를 조금씩 들어 올린다든가, 굴림대로 크고 무거운 물체를 옮기는 것은 오늘날 운반기계의 도르래 배력율과 마찰의 감소를 이용한 원리와 같다.

인류의 불가사의한 일로 생각되고 있는 만리장성과 피라미드의 축조는 위에 말한 원형에 가까운 단순기계로 이루어졌다. 이런 대역사에 얼마나 많은 사람들이 희생되었을 것이며 인력의 공급에 전혀 어려움을 고려하지 않은 공사였음을 알 수 있다.

원시적 기계가 출현해서 상당히 오랜 기간이 경과하여 기계공업이 하나의 분야로 자리를 굳힐 수 있었다. 처음에는 각 산업의 생산수단으로써 이용되었던 기계는 산업 내에서 독자적으로 고안되고 제작되었다. 의식주나 자원관계를 다루는 산업에서는 인간의 생존의 유지, 생활수준의 향상이 목표이기 때문에 생산목적에 맞는 기계의 품종이나 형식에 대해서 다른 산업과는 아무런 관계없이 발전되었다.

각 산업 내에서 발전된 기계는 종류가 다양해지고 그 수요량도 많아져서 분류의 필요성이 생겼다. 각 분야에서 공통으로 사용되는 기계의 제작을 전문적으로 취급하는 기계공업이 성과 기계에 의한 작업은 능력, 속도, 균등성, 계속성에서 사람으로서는 미치지 못하는 생산을 한다. 생산량의 증가, 생산비의 저하로 생산성이 높아져 공업생산의 급속한 향상으로 산업혁명을 낳게 된다.

기계공업의 자주적인 발전으로 모든 생산과정이 추진되어 각 산업의 질적, 양적인 발전을 초래하게 된다. 따라서 모든 산업에 사용되는 기계에 대한 요구가 더욱 더 고도화 되고 복잡해지면서 결과적으로 기계공업의 진보를 촉진하게 된다. 이와 같은 현상이 계속해서 서로 상승작용을 하면서 현재와 같은 물질문명을 이룩한 것이다.

기계성능에 대한 요구가 점점 까다롭고 세밀해지고 있다. 기계공업 내에서도 세분화하여 전문적으로 연구하지 않으면 기술의 발전을 얻기 어렵게 되어 연구범위를 좁고 깊게 하려고 하는 풍토가 성립되었다.

최근에는 기계분야 뿐만 아니라 모든 과학기술에서의 최신의 정보들을 흡수하여 얻어진 연구를 잘 조합해서 기능의 향상을 꾀하려는 시도가 현저하다.

## 1.5 모든 공업의 기초가 되는 기계

공업의 발전으로 기계의 성능은 훨씬 좋아지고 기능이 좋은 기계로부터 얻어진 전체적인 효과로 사회적인 번영을 눈부시게 느낀다. 그렇지만 기계에 대한 고마움을 잊는 수가 많은 것은 그 내용의 전문성에 있다. 재료와 정도 같은 여러 분야의 요구조건과 다른 분야의 새로운 사실들의 영향으로 기계는 개선되고 진보되어 전문성을 더욱 심화될 것으로 본다. 한편 기계가 없는 현대 생활은 상상할 수 없다. 우리들의 일상적인 의시주를 확보하고 생활에 필요한 행동을 하는데 거의 대부분 기계의 혜택으로 생활을 유지하고 있다. 그러므로 기계가 주는 효과는 대단히 크다. 예를 들면 화학공업에서는 여러 가지 생산품 중에서 섬유, 식품 또는 약품 같은 생활필수품을 생산하여 사회전체에 직접 공급하기 때문에 화학공업의 중요성을 피부로 느낄 수 있다.

기계공업의 경우는 일반사회에 요구되는 생활필수품을 직접 공급하는 경우는 그렇게 흔치 않다. 기계공업은 물론 전기공업, 화학공업에서 사용되는 기계와 장치들의 부품은 기계공업에 속하는 공작기계에 의해 가공 조립되어 여러 가지 생산용 작업 기계와 장치가 만들어진다. 이런 작업 기계와 장치들로 각 산업에서는 직접 소요 품을 만들어 사회에 공급한다. 결국 최종제품은 기계공업의 영향을 받지 않을 수 없다.

따라서 생산의 대부분이 기계로 이루어져 있고 생산용으로 사용되는 작업 기계나 장치들도 거의 기계공업의 소산임을 고려하면 기계는 모든 산업을 넓게 크게 지탱하고 있다. 그럼에도 불구하고 기계의 진가나 효과가 올바르게 사회에 인식되지 못하는 것은 기계가 하는 작업의 성격에 기인한다.

일반가정에서 많이 사용되고 있는 냉장고나 에어컨의 경우에 그 속에는 압축기라는 중요한 기계가 내장되어 있다. 냉매를 압축하거나 팽창시켜 냉매로 하여금 내부의 열을 흡수하여 외부로 방출하는 반복되는 일을 계속함으로써 냉각작용이 이루어진다. 냉장고나 에어컨에서 압축기가 심장부에 해당되는 중요한 기계인데도

가정용 전기제품으로 인식되어 기계의 효용을 느끼지 못하는 경우가 많다. 위에서 설명한 바와 같이 일반사람이 기계의 효과를 느낄 수 있는 기회가 많지 않음을 알 수 있다.

이미 이야기 한 바와 같이 기계는 각 산업의 보이지 않게 공정에 투입되어 생산을 효율적으로 또한 경제적으로 수행시킨다. 현대 산업이 대규모로 고도성장이 가능한 것도 기계의 덕이 아니할 수 없다. 이런 점에서 기계에 대해 새로운 인식을 갖고 그 내용을 정확히 알려는 자세가 필요하다고 생각한다. 기계는 어디까지나 사람에 의해 만들어지고 필요에 따라 사람에게 이용된다는 것을 명심한다면 기계문명을 매도함은 어리석기 짝이 없는 일이다.

INDUSTRIES EDUCATION

제2장

# 공업기술의 발전

工業教科教育論

2.1 공업의 3대 기술
2.2 근대 공업의 발명
2.3 현대 공업의 발돋움
2.4 공업기술이란 무엇인가
2.5 공업기술과 인간

# 2. 공업기술의 발전

## 2.1 공업의 3대 기술

사라센 문화를 풍부하게 한 것은 이미 잘 알고 있는 바와 같이 비잔틴 문화를 보유하는 그리스문화 이었음은 재론의 여지가 없다. 그러나 아라비아인이 중앙아시아를 정복하고, 또 중국과 교류하게 됨으로 다음의 3대 기술발명을 흡수하였다. 즉, 제지술, 화약 및 자석(나침반)의 3대 공업기술이 그것이다.

제지기술은 중국의 후한시대(105년)에 채윤에 의해 발명된 것이다. 진선을 원료로 하여 종이를 만든 것이다. 아라비아인은 이 제지기술을 12세기에는 스페인에 전했다. 그리고 12세기 중반에는 침용 된 종이의 원료를 수력에 의해 분출되는 장치가 발명되어 수공업적 생산에서 드디어 기계적 제조로 발달되고 다음은 유럽에 전파되었다. 제지업으로서의 기업이 12~13 세기경에 형성되어 왔다. 그때까지는 서사에 양피지가 사용되었으나 이때부터 사용이 사라졌다.

이러한 종이의 기업이 활발하게 된 것은 뒤에 설명하는 Johan Gutenberg(1400~1468년)의 활자 인쇄술의 발명(1450년)에 의한 서적 출판의 보급에 힘입었다. 그리하여 서적의 인쇄, 출판이 쉽게 되었고, 서적이 대중에게 보급되는 기회를 주어 드디어 르네상스, 종교개혁을 초래하는데 박차를 가했다.

문자를 기록하는 종이는 고대 이집트시대에 만들어졌다고 하는 Papyrus로부터 시작된다. 파피르스라는 灌木의 줄기의 심으로 만든 것이다. Paper(영), Papier(독), papier(불)라는 말은 여기서부터 유래된다.

3대 발명의 두 번째 기술은 화약이다. 화약도 중국에서 최초로 발명되었다고 한다. 중국에서는 10세기경에 폭죽(불꽃)용으로 사용되었다. 수지, 분탄, 유황 및 초석 등을 혼합한 것이고 이 화학기술도 또 아라비아인에 의해 보유되어 12세기경부터 유럽에 전해졌다. 이때는 화약을 사용한 대포가 만들어졌다.

이때 동부 사라센 제국을 멸망시킨 Seljuk Turks족은 시리아에 사라센의 회교주의 받아들여 확고부동한 국가를 수립하고 있었다. 그런데 637년 이래 사라센인이 점령하고 있던 기독교의 현지 예루살렘은 사라센 통치시대에는 기독교 신자에 대한 박해정책을 취하지 않았다.

그러다가 1071년 예루살렘이 Seljuk Turks족의 통치하에서는 그들이 사라센에서 받아들인 회교를 맹신하여 이교도인 기독교 신자를 압박하는 수단을 취해 예루살렘의 성당, 사원 등이 회교도의 수중에 들어가거나 파괴를 당하였다.

기독교 교도도 종교적으로 단결하여 온 유럽제국과 함께 로마법왕은 현지 예루살렘을 탈환하려는 의도를 불태우고 있었다. 1095년 동방원정의 계획이 있었는데, 이른바 십자군운동이 일어나 약 200년간 서방 Seljuk Turks와의 대 전쟁이 계속 되었다. 이 전쟁으로 아라비아에 보유되어 잘 키워진 문화, 과학기술 또는 그리스에서 발생된 과학과 기술정신이 유럽에 이행되어 전해진 사실을 잊어서는 안 된다.

제지기술이나 화약기술은 물론이고 제3의 중국 발명인 자석도 마침내 항해기술의 발전을 가져 온 기반으로서 아라비아인에서 서유럽에 전파된 것이다. 여기서 화약의 기술이 십자군을 매개로 화기, 병기 등 이른바 군사 기술 발달의 계기가 된 것도 틀림없는 사실이다.

그리고 화약이 철포의 발달을 가져왔고 군사상의 전법을 변혁시켰다. 십자군의 기병, 기사의 전쟁에서의 전면적 지위를 대포의 출현으로 그 지위가 후퇴 당했고, 또 소총의 발명으로 보병이 전면적 위치를 차지하였으며, 공업발전이나 경제에도 큰 영향을 미치게 되었다.

## 2.2 근대 공업의 발명

중세에서 근대로 문화의 발전에서 특히 과학과 기술정신을 전하는 구실을 한 것으로 그 시대에 수도사들이 모여 있던 '수도원'의 존재가 있었다. 수도원은 수도사의 은둔과 고행의 생활에 대한 동경에 대해서 구도적, 편실적인 승원제도로 처음에는 시작하였으나, 이 제도를 만든 St. Benedict(480~544년)나 그의 제자인 Gregory 법왕(540~604년)은 난행・고행을 하는 무의미한 장소가 된 그 승원을 문화적・학문적 연구의 '장'이 여기서 시작되고 혹은 교육사업도 여기서 시작되기에 이르렀다.

수도원이 또 근대화학의 여명의 발상지라고 함은 적어도 다음의 두 사람이 13세기 시대에 활약한 사실에서 알 수 있다. 그 한 사람으로는 Magnus(1193~1280년)가 있으며, 또 한 사람이 Roger Bacon(1214~1294년)이다.

Magnus는 만유박사라고 불리는 지식이 많은 스님이고, Bacon은 경이박사라 불릴 정도로 이상한 진보적인 지식승이었다.

Magnus는 아라비아어에서 라틴어의 어역을 거치지 않고 직접 그리스의 원전에 의해 그리스 과학을 번역하여 그리스 과학과 기술정신을 전하였다. 특히 그는 동・식물에 관해서 분류 적 기원뿐만 아니라 영양, 생식, 성장, 운동 및 감각 등에 관계되는 각종 생리적 기능에 대해서관찰한 책을 번역하고 또 화학(실은 연금술)의 책을 저술하였다. 그래서 그는 Aristoteles의 사상이나 아라비아의 화학을 기초로 하여 금속에 대한 지식을 발표하였다. 그리하여 여러 가지 금속의 혼합물을 분리할 수가 있고, 그때의 채광이나 야금술에서 중요한 기술상의 문제를 해결하는 데 노력하였다.

Bacon은 영국 Francesco 수도승이었다. 그는 박물, 화학, 물리학 등의 과학기술을 연구한 결과 관념적 사고의 무의미함을 지적하고, 무슨 일이든지 실험과 관찰에 기초를 두는 사물의 과학과 기술적 지식을 요구하기에 이르렀다. 따라서 그의 방법론 사상은 당시 지배자의 유력한 무기(지배적 지도철학)가 되어 있는 추상론적・관념적인 스콜라 철학의 방법과는 전혀 반대의 것이었다.

Bacon은 이와 같은 과학과 기술적 정신을 주장하고 요청한 결과, 당시의 종교적 교권의 압박을 받게 되었음은 말할 나위도 없다. Magnus는 그 압박에 굴복하였지만, Bacon은 지배적 교권의 철학을 사변적・관념적 마술로서 공허성을 비판하였다고 하여 10년간 감옥살이를 하기도 하였다

드디어 베니스의 Marco Polo(1245~1323년)에 의해 「동방견문록」(1299년)이 발간되었고, 이어 14세기가 되면서 이태릴 르네상스의 시대가 시작된다. 항해용의 나침반(1032년)이 만들어지고 철포용 화약(1313년)이 발명되고 치차 시계가 실용화된다(1370년).

또 수공업적 동직조합(Craft Guild)은 새로운 공업기술의 파악으로 상업의 지배적 요구가 강하게 됨에 따라 물건의 생산방식이 manufacture로 전환되고 발전되어 분업적 공장생산으로 생산이 수행됨에 따라 물건의 생산방식이 흔들리고 있다. 그리하여 기계기술은 점차 생산력을 향상시키는 방향으로 발전되고, 생산기술에 종사하는 인물들은 드디어 문화사회 형성의 공헌자로 또는 정치 지도자로 등장하게 되었다.

John Gutenberg의 활자 인쇄술의 발명(1450년), Columbus(1446~1506년)의 신대륙 발견(1492년), Leonardo da Vinci(1452~1519년)의 전체적 각종 기계기술의 발명과 개발, Biringuccio(1480~1539년)의 야금술의 연구 세척, Agricola(1494~1555년)의 채광과 야금술의 발달에 크게 기여하였다.

드디어 근대 과학기술의 새벽이 오고 있다. 비록 봉건사회의 색채가 농후한 형성시대라고는 하나 Copernicus, Kepler, Galilei, 그리고 Newton의 과학기술시대가 개화된다.

## 2.3 현대 공업의 발돋움

18세기 말 Galvani(1737~1798년)에 의한 동물 전기의 발견(1780년), Volta(1745~1827년)에 의한 전기의 발견이 있고부터 움직이는 전기의 시대가 시작된다.

19세기에 들어와서 Oersted(1777~1851년)에 의해 전류가 자침을 흔들리게 하는데 주의를 기울였고(1820년), 바로 이어 Arago(1786~1853년)는 전류가 흐르는 바늘이 자성을 띠게 되는 것을 발견(1820년), 드디어 Ampere(1775~1836년)에 의해 두 개의 바늘에 전류가 흐를 때, 그 흐르는 방향의 정, 부에 따라 그 사이에 인력, 반발의 상호작용이 있음을 발견함으로 여기에 전기역학의 기초를 세우게 된다(1821년).

그래서 우리들은 Faraday(1971~1867년)에 의해 그 유명한 전자 유도 작용이 발견(1831년)된 것을 정말로 전기기술의 경이라 할 것이다. 여기서 전기(전류)를 자기로, 자기를 전기(전류)로 바꾸는 일, 즉 전기와 자기와의 상호작용이 있음이 알려졌다. 그래서 그것이 발전기, 전동기(Barlow, Henry 등의 발견에 따름)가 되고 전기가 증기로 바뀌어 작업기의 원동기가 되는 기술을 형성하기에 이르렀다.

그 사이 광학기술은 Fraunhofer(1787~1826년), Gauss(1777~1855년) Seidal(1821~1896년) 및 기업가이면서 기술가인 Steinheil(1801~1870년) 및 그의 아들 Hugo Adolf Steinheil(1832~1839년) 등에 의해 광학기계나 광학 렌즈의 설계 기초가 이루어져 뮌헨을 중심으로 발전되었다.

오늘날 독일의 광학기술이나 광학공업은 이 시대 이러한 인물들의 기초다짐 덕이라고 본다. 특히 뮌헨을 중심한 바이에른 지역에서 당시의 정치가이며, 기업가인 Utzschneider(1763~1842년, 뮌헨시장을 두 번 지냄)가 Benedick A원을 교육기관과 기술연구기관에 활용하여 많은 청년을 교육시켰고, 특히 공업기술자의 양성을 한 것은 주목할 만한 사실이다. Fraunhofer도 그 A원 출신자의 한 사람이다.

이와 같이 공업기술에 이해가 있는 정치가 기업가가 산업이나 공업을 발전시키고 공업기술을 그들 발전의 기반으로 훌륭하게 이용하는 데 노력하였음은 대단히 뜻있는 일이다.

실로 정치와 기업과 그리고 공업기술이 사회와, 나아가서 국가를 이른바 근대적으로 향상시키는데 주요한 요소가 되고 있음을 알 수 있다. 공업기술이 기술로서 그 위력이라든가 효과를 발휘하려면 그것이 아무리 활발하더라도 의욕적인 기업정신에 의해 기업에 적용되고, 기업의 발전요소에 포함되어야 결국에는 사회문화의 기반이 된다는 사실이다.

전기력이 발전기나 전동기가 되어 기업과 결합되고 이른바 산업사회에 발전되어 진출한 것은 독일이 주체가 되었다. 특히 공업기술가이고 기업가 Siemens가의 사람들, Werner von Siemens(1816~1892년)를 비롯하여 그의 4형제 Harske(1814~1890년)들에 의해 형성된 Siemens・Harske 사업회사(전신기, 전기발동기, 해조케이블을 시작으로 용광로 등의 야금기술에 관계되는 것 등)를 모체로 당시 독일을 중심으로 유럽 각국은 물론 해외로까지 진출한 전기·야금술의 활약은 경이적이었다.

무엇보다도 미합중국 독립선언이 1776년, 프랑스 대혁명기가 1789~1799년(여기서 프랑스는 시민의 자유와 평등을 기치로 하는 민주대혁명을 이룩함), 그로부터 40년 정도 후인 1841년에 영국은 드디어 산업혁명의 성과를 보아 자유무역을 확립하게 되고, 이때 쯤(1848년) 프랑스에서는 소위 2월 혁명이 일어나고 Mill은 「경제학 원리」를 발표하였고, Kar Mark와 F. Engels는 '공산당 선언'을 발표하게 된다(1848년).

19세기 중엽이 지나서 화학과 전기 그리고 야금술의 기술은 이른바 과학문명에의 세계 형성을 위해 이용됨과 동시에 유럽의 주요 국가들은 식민정책과 경제정책에 휘말려 경쟁적으로 군국주의적 형체가 되고, 제국주의 국가형성을 꾀하는 동향으로 되고 그렇게 하여 전쟁은 과학·기술전의 양상을 가져오게 된다.

예로부터 공업기술은 군사기술로써 발전하는 경향을 가지고 있었는데, 19세기 후반에서 중공업, 화학공업의 발달을 촉진하는 데 군사기술의 비약적 진보가 그 근간을 이루었음은 주목할 만하다.

## 2.4 공업기술이란 무엇인가?

공업기술의 진보에 따라 기술혁신이란 용어가 40여 년 전 부터 등장했다. 그것은 경제학자 Schumpeter(1833~1950년)의 「경기 호환 론」(1939년)에 강조된 사조에 기인하는 것이다. 공업기술의 진보가 기업과 결합하여 경제과정의 발전을 가져온다고 함은 이미 알고 있는 사실이나, 먼저 '공업기술'에 대한 정의부터 밝혀야 하리라 본다.

영국의 산업혁명이 형성되기 이전에 인간생활에서 공업기술의 사회적 역할을 강조한 사람은 Francis Bacon(1561~1636년)이었다. 그는 자연인식 및 철학의 발달에 대한 기술의 역할을 처음으로 지적하였다. 자연은 공업기술에 의해 한층 분명하게 된다 라고 말해 자연과 과학·기술과의 관계를 말하고 있다. 이 영향을 받은 것이 프랑스의 계몽철학자 Diderot(1713~1784년)이었다.

Diderot는 "인간이 사회적 존재로 자연에 대립되고 인간생활의 수단인 생산을 위해 자연과 싸우고 기술이나 과학을 통해서 자연과 투쟁하는 그 자체가 인간의 근본적인 생활원리"라고 주장하였다. 자연과 기술, 자연과학과 기술적 생산과는 결코 분리 할 수 없다고 생각 하였던 것이다. 그래서 Diderot는 기술이란 "전지 술 일반 또는 같은 목적에 협력하는 도구와 규칙의 전체 계"라고 정의하였다.

사회학자 W. Sombart(1863~1941년)는 "생산기술이란 어느 목적을 수행하는 데 적당한 수단의 체계"(1911년)로 규정하고, 경제학자 푸하린(1888~1938년)은 "공업기술이란 사회적 노동수단의 체계"로 규정하고 여기에 체계 설을 주장하고 있다. 여기서 '공업기술의 체계란' "집단적 노동자와 사용하는 일정의 노동요구와 기술적 방법과의 조화"로 보고 정의하고 있다.

공업기술을 노동수단의 체계로 규정하는 한편으로 '기술철학'이라는 방면에서 기술을 정의하는 사람에게는 Eyth M.의 "인간의 의욕에 물질적인 형태를 접촉시켜 주는 것이 전부 공업기술이다."라든가, 우르리히 · 베엔트는 "공업기술이란 공업적 노동양식 영역에서 기술 또는 지능을 의미한다." 또는 "문화의 목적을 위해서 원료를 변형하는 의식적 정신의 활동" 내지는 "물질의 의식의 형성" 등으로 기술을 정의하고 있다.

일본의 三木請은 그의 저서 「기술철학」(1942년)에서 "기술이란 주관적인 것과 객관적인 것, 기계적인 것과 자유적인 것의 통일이다."고 하였으며, 武谷三南은 「변증법의 제 문제」(1947년)에서 "기술적인 생산적 실천에 있어서 객관성 법칙성의 의식적 적용이다."라 하고, 三技博音은 "기술이란 인간의 실천적 생산에서 객관적 규칙에 의한 형성의 판단적 과정이다."[「기술의 철학」(1951년)]이라고 한다.

그런데 어떻게 표현을 하든 기술이란 사회적 · 경제적 · 문화적 발전의 계기가 되며 기반이 되는 생산적 노동수단(도구, 장치, 작업기, 원동기의 조직관리) 체계이다라고 생각하지 않으면 안 된다.

이미 말했듯 기술은 의욕적인 기업가에 의해 기업 안에 수용되어 거기서 경제와 결합된다고 하였다. 특히 공업기술은 또 생산력을 향상시키는 역할을 하는 것에 의미가 있었다. 그렇게 하여 생산력을 향상시키기 위해서 특히 미국의 독립전쟁 이후(18세기이후)군사상의 필요에 따라 호환성을 내용으로 하는 대량생산방식이 E. Whitney(1765~1825년)이나 Samuel Colt(1814~1862년)에 의해 발전되었다. 그렇게 해서 드디어 Taylor(1856~1915년)에 의해 주장된 과학적 관리법이 파악되어 품질관리, 제품의 규격통일(표준화)이 주목을 끌게 되고, Henry Ford(1863~1947년)에 의한 '일관 작업' 방식이 기술의 진보와 더불어 발달하게 되었다.

## 2.5 공업기술과 인간

금세기가 되어 electronics, 합성화학, 고분자화학, 그리고 원자력 이용의 공업기술이 개발됨에 따라 세계는 드디어 과학・기술적 세계로서 그 문명의 발달이 정점에 도달한 양 주목하게끔 되었다.

그래서 기술혁신이라는 혁신적 사상을 근거로 생산의 대량 생산과정이 계획되고, 그 결과로 이른바 automatic이라는 자동적 대량 생산방식이 공장에서 생산과정에 적용되고 거기다 사무의 speed화와 합리화는 전자계산기의 보급으로 생산성의 합리화가 비약적으로 달성되기에 이르렀다.

그리하여 자본의 투자는 생산이 보다 합리화가 되도록 각종의 설비투자가 되고 생산력은 점차 증대되는 경향을 띠게 되었다. 따라서 생산되는 상품은 소비의 장을 필요 이상으로 많이 유도하고 상품의 범람까지도 가져온다.

그 뒤에 automatic의 공정은 인간의 필요성을 점점 희박하게 하고 그와 동시에 인간을 기계화하는 경향을 가져왔다. 기업을 경영하는 합리화로 경영의 기술, 경영학에 의해 자본가 내지 기업가에 의한 직접, 사업의 경영에서 전문적 경영자의 등장을 가져온다. 그리고 제품에 대한 표준규격 설정수단으로서 채택된 품질관리, 공정관리 등에 대해서 경영을 위한 경영, 전문화된 관리직능의 강화가 구체화되었다.

「현대의 경제」, 「새로운 사회의 새로운 경영」 등의 저자인 Drucker, P. F(1909~)의 경영이념은 여러 나라에서 주목을 받고 있다. 그가 말하는 경영자의 직능은 (1)

사업의 경영, (2) 경영담당자의 관리, (3) 활동하는 인간과 직무의 관리인데 그 사업은 “Marketing 및 혁신에 의해 고객을 창조하는 활동”이라 하여, 경영자의 보편적 성격을 부각시켰는데, 그는 특히 산업사회에서의 기업을 합리적으로 실천하고 과학・기술을 최대한의 사업, 즉 경제발전에 적극적으로 섭취시키기 위한 방책을 제시하는 것이다.

그런데 생산력의 향상과 인간성의 문제, 다시 말해 기술과 인간의 관계에 대한 인간적・사회적・문화적 해결에 관해서의 양심은 나타내지 않았다. 도대체 과학・기술은 무엇 때문에 존재하는가? 누구를 위해 발생되어 성장하고 진보되어 왔는가? 고 묻지 않을 수 없다.

Democritus와 Dalton으로 시작되는 원자론에서 Planck와 Rutherford, Einstein에 의해 얻어진 양자론, 핵물리학, 상업 론에 기초를 둔 원자에너지의 기술적 개발이 드디어 핵병기에까지 발전된 오늘날 과학자나 기술자는 과학이나 기술을 기업가의 이익만을, 정치적 지배 권력에 의한 비인간적 이용(전쟁)을 위한 것에 절대로 사용해서는 안 되도록 자연적 창의연구를 발견 한 발견・발명인 것이다.

만일 지배 권력이 그러한 과학이나 기술을 인간을 무시하는 전쟁에 이용한다고 하면, 오늘날의 공업기술은 인간뿐만 아니라, 인류의 무시, 부정, 거기다 문화적 역사와 인류를 우주에서 말살시키고 말지 모른다. 이것은 인간을 상품화하는 것 이상으로 무서운 것이다. 그런데 인간을 상품화하고자 하는 경제체제의 동향이, 인간을 무시하고자 하는 요인이 되지 않는다고 그 누가 보증할 것인가?

인간을, 인류를 소중하게 하지 않는 과학이나 기술은 문화의 이름으로 가치를 부여시킬 수 없으며, 우리들은 문화가 진보됨에 따라 점차 인간을, 그래서 인류를 주체로 소중하게 할 수 있게 과학이나 기술을 이용하는 사회체제가 형성되는 사회적 양심을 육성하도록 노력하지 않으면 안 된다.

세계에서, 역사를 돌이켜 볼 때 인간이 가장 귀중하며, 그리고 무엇보다도 인간이 전부이다. 이 사실을 명심해야 한다. 여기서 공업기술은 인간 안에서 탄생하여 인간은 기술을 발전시키는 의의가 있고 공업기술이 전 인류의 것이고 인류의 복지행정과 평화를 위해 존재시키고자 하는 세계사적 이성의 존재이유가 있는 것이다.

INDUSTRIES EDUCATION

제3장

# 공업교육개요

工業教科教育論

# 3. 공업교육의 개요

공업이란 어떤 교육인가? 어떤 범위와 효용을 가지며, 그것이 이루어지는 장에는 어떤 문제가 있고 그것을 어떻게 생각하고 처리해야만 좋은가? 또 공업교육을 진행하는 지침을 어디서 구하느냐? 이와 같은 공업교육에 관한 기초적인 여러 문제를 정리하여 본다.

## 3.1 공업교육의 정의

먼저 「현대 교육용어 사전」에 의하면 공업이란 "현대의 산업이 요구하는 생산기술에 관한 이론적 지식, 실기 등의 기술적 여러 능력을 습득시키는 것을 목적으로 하여 이루어지는 기술이다"라고 기록되어 있다. 이것은 교육을 생산기술의 직업교육으로 보는 견해이다.

鈴木壽雄의 「교육사전」에는 "생산을 위한 기술(과학・공학의 응용)과 기능(실기)을 습득시키기 위한 교육, 국민 전체의 기술적 능력을 향상시킬 것을 목적으로 하는 보통 교육적 공업기술과, 산업계의 생산성 향상의 실질적인 추진력이 되는 직업인을 양성하는 것을 목적으로 하는 직업 교육적 공업기술로 크게 나눈다."고 하여 공업에는 직업교육 및 일반교육으로서의 목적이 있다.

長谷川淳도 비슷한 입장으로 "기술은 공업이나 농업의 생산기술 및 생활에 필요한 기술을 학습의 대상으로 하지만, 보통 공업의 생산기술과 그 기초를 이루는 기술학의 학습을 목적으로 한다."고 하였으며, 교육내용에 공업기술 외에 농업기술과 생활기술을 명기하고 있다. 그래서 공업기술을 크게 나누고, 학교교육으로서

- 종합기술교육과 같은 보통 교육적 공업기술교육
- 공업고교에서 이루어지고 있는 직업 교육적 공업기술교육
- technician의 양성을 목적으로 하는 전문대학의 공업기술교육
- 고도의 전문적 지식기능의 습득을 목적으로 하는 대학에서의 공업기술교육의 네 유형을 들을 수 있다.

細谷俊夫는 「수업연구대사전」에서 "생산기술을 교육내용으로 하는 교육을 기술교육이라 하고 여기에는 두 가지의 뜻이 있어, 좁은 의미로는 직업교육으로서의 기술교육이고 공업교육과 거의 비슷하다. 넓은 의미로는 좁은 의미에서 밝히는 것 외에 국민 학교 · 중학교의 공작, 중학교의 기술 · 가정과의 수기공작과 같은 일반교육을 위한 공업기술교육을 생각할 수 있다"고 하였으며, 역사적으로는 중세의 도제제도 중에서도 공업기술교육은 있었고, 현재의 사회 교육 중에서도 이루어지고 있다. 요컨대 공업기술, 특히 생산기술과 생활기술을 교육내용으로 하는 교육을 공업기술교육이라 하는 것이 타당할 것이다.

공업교육은 기술의 교육이므로 기술의 습득이 전제가 된다. 공업기술의 습득과 그 과정에서 생활 일반이나 인간형성에 기여하고자 하는 것이 일반교육으로서의 공업기술교육이고, 습득한 기술에 의해 개인의 직업생활이 지탱되도록 기술을 익숙하게 하는 것이 직업교육으로서의 공업기술교육이다.

이와 같이 공업기술에 의한 일반교육과 기술습득을 주목적으로 하는 직업교육은 서로 국가, 사회의 기술수준의 향상에 구실을 하고, 국가 · 사회의 발전에 기여함은 경제성장의 실정에서 볼 수 있다. 그렇기 때문에 국가는 공교육의 교육내용에 기술을 넣고 있다. 즉 공업교육은 기술을 위한 교육이라는 측면을 가지고 있다.

그래서 기술은 교육적으로 '기술의, 기술에 의한, 기술을 위한 교육'이라고 정의할 수 있다. 교육은 사회적 필요에 대응하는 것이어야 하므로 교육내용은 항상 현대화의 방향으로 나아가야 하며, 이런 관계로 일반 교육적인 것이고, 직업 교육적이고 기술을 위한, 다시 말해 현대사회에서의 기술을 위한 교육이라는 측면을 가지지 않으면 안 된다.

또 일반 교육적으로서의 근로관이나 직업관의 형성을 의도하고 있으므로 직업교육과 전혀 무관한 것은 아니다. 또 정량적으로 보아 교육은 일반교육으로서의 기술교육과 농업과나 공업과의 교육, 기업 내의 직업훈련소의 교육은 직업교육으로서의 기술교육으로 간주한다.

한편 산업교육이란 용어가 있다. "산업교육을 넓게 해석하면 학교, 시설 또는 기업 등 어느 것을 불문하고 산업경제의 발전과 국민생활의 기초가 되는 기능노동의 육성과 확보를 목적으로 하는 것이며, 좁게 해석하면 산업교육진흥법에 말하는 학교 산업교육으로 중학교, 고등학교 또는 대학이 학생에 대해서 농업, 공업, 상업, 수산 등 기타의 산업에 종사하기 위해서 필요한 지식, 기능 및 태도를 습득시킬 목적으로 하는 교육(가정과 교육 포함)을 말한다." 즉 산업교육은 각종 산업에 종사하기 위한 직업교육으로 그 가운데는 중학교의 기술・가정과와 같은 일반교육, 대학에서의 기술학적 교육, 상업이나 고교 가정과와 같은 사회 기술적 교육도 포함되어 있다. 따라서 공업교육은 산업교육과 중복되는 부분이 있지만, 그 범위는 산업교육보다 좁고 생산기술을 중심으로 하는 그곳에 특징이 있다고 볼 수 있다.

## 3.2 일반 교육으로서의 공업교육

앞에서 설명한 바와 같이 공업교육에는 기술에 의한 교육이라는 측면이 있다. 기술에 의해 인간 일반을 교육하고자 하는 사상은 루소, 페스탈로치로 부터 시작되는 노작교육사상에 의해 대표된다. 이 사상은 글자 그대로 기술의 실천이라는 노동 작업을 교육의 중요한 수단으로 보고 있다.

J.J. Rousseau(1712~1788년)에게는 농부와 같은 철인의 교육을 위해서는 농경은 뺄 수 없는 과목이었고, J.H. Pestalozzi(1746~1827년)에게는 머리와 가슴과 손의 조화로운 발달(삼육론)을 위해서는 손에 의한 일이 꼭 필요하였다.

기술적 체험이 인간 형성과정에서 꼭 필요하다는 것은 그 사람이 묘사하는 인간관에 따르지만, 한국을 비롯하여 미, 소, 서독, 프랑스에서도 기술교육을 일반교육으로 부과하고 있고, 기술적 체험이 어린이의 교육에는 필수적이라는 사상은 세계적으로 정착되어 있다. 따라서 이런 종류의 교육에 종사하고 있는 사람은 여기에 대한 깊은 내면적 이해를 필요로 한다.

여기에 대해서는 바로 다음에 상세하게 설명할 예정이지만, 위대한 경제적 발전을 이룩한 로마제국의 쇠퇴를 초래케 한 것은 시민이 손에 의한 일을 노예에게 맡기고 사람들은 노동으로부터 이탈한 것이 그 원인의 하나라고 할 릴리의 지적을 깊이 새겨 볼 필요가 있다.

고등학교나 기업 내에서의 공업교육은 직업교육으로 이루어지는 것이나, 직업고교의 졸업생 취업상황이나 기술진보의 속도에서 볼 때 그 교육이 단순하게 기능의 숙달에만 그칠 것이 아니라, 다른 분야나 앞으로의 기술에도 응용되는 것이 아니면 안 된다. 즉 공업교육을 직업교육으로 시행할 경우에도 일반적인 교육적 배려가 필요하고, 공업교육의 일반 교육적 취급을 두 가지의 경우에 공통적으로 필요한 취급이라 여겨진다.

공업교육의 일반 교육적 취급이란 방법으로서의 기능을, 그 배경을 이루고 있는 법칙성과 관련지어 취급할 수 있고, 한 쪽에만 치우치지 않고 다방면에 응용되는 범위를 가져야 한다.

## 3.3 직업 교육으로서의 공업교육

학교교육의 일환으로 이루어지고 있는 고등학교에서의 농업과, 공업과, 수산과 등의 교육과, 기업 내의 각종 훈련은 직업교육이라는 성격을 가지고 있다. 직업교육이란 어느 특정 직업에 대한 것을 전제로 그것을 위한 준비로 이루어지고 있는 교육이다. 중학교에서의 기술・가정과도 그것과 비슷한 성격을 가지고 있다.

종래 산업교육, 실업교육이란 용어가 사용되었으나 어느 것이나 농・공・상・수산 등의 산업・실업을 위한 준비교육을 시켜 왔다.

이 교육에서 중요한 것은 그 일에 취직한다는 것을 전제로 하였기에 실제에 맞게 교육시킨다는 것이다. 그것은 단순히 대학교육의 내용 정도를 낮추거나 깊이를 얕게 하여 가르치는 것이 아니고, 학생들의 수준이나 능력에 따라 그 직업에 필요한 작업이 실제로 적용된다는 것을 전제로 하지 않으면 안 되었다.

대학에서의 공업교육은 '원리'가 중심이 되는 데 비해 고교 직업교육에서는 '실제'가 지도이념이 된다. 이 종류의 교육에서는 교육과정의 편성, 지도방법도 이 실제라는 사실에 의해 이루어져야 한다.

이와 같이 고교 직업교육은 대학교육의 연장선상에 있는 것이 아니고 그것과는 다른 원리에 의해 지도되는 독자적인 교육영역이라고 함은, 이 교육에 종사코자 하는 젊은이에게 생각을 새롭게 하여 교육에 임해야 된다는 것을 말하고 있다.

오늘날 직업교육으로서의 공업교육이 일반교육적인 뜻도 가지고 있음을 앞서 설명하였지만, 과거의 도제교육이 동시에 읽고, 쓰고, 주산 등 일반 교육적 역할을 수행하였다는 것으로 보증되고 있다. 즉 이 역사적 사실은 공업교육이 단순한 기능습득만을 목적으로 하는 게 아니고 일반교육으로서의 교육 작용도 병행해 이루어짐을 나타낸다. 문제는 이 교육에 관계하는 인물이 어떠한 견해와 방법으로 이 교육에 임하느냐에 달려 있다.

학습지도의 최적화는 학습효과에 관여하는 여러 가지 인자의 최적의 결합을 선택함으로 효율을 최대로 하고자 하는 것이나, 지도방법의 효율은 학생의 능력(적성)의 형에 따라 달라짐을 학습심리학이 밝히고 있다. 이것이 적성처리교호작용(ATI, Aptitude Treatment Interaction)이다.

그에 따르면 언어적 방법은 테스트 평점이 높은 학생에게는 대단히 유효한 방법이나, 테스트 평점이 낮은 학생에게는 보통의 방법보다 아주 나쁜 방법이고, 행위적 방법은 테스트 평점의 여하에 관계없이 보통의 방법보다 우수한 효율을 나타내고 있음도 밝혀져 있다.

또 책임감이 강한 학생은 스스로 학습을 진행할 수 있어 VTR에 의한 지도는 효율적인 데 반해 책임감이 약한 타율적인 학생은 VTR에 의한 지도보다는 교사에 의한 지도방법이 효율적이다.

따라서 테스트 평점이 낮은 학생이 많다고 보여 지는 직업고교의 학생에게는 실험, 실습이라는 행위적 방법에 의거, 보통 고교에서 주로 사용하는 언어적 방법에 해당하는 효율을 올리는 방법이 고려되고 있고, 직업고교의 학생은 교사의 친절한 지도에 따라 보통고교에 입학한 경우보다는 우수한 학습효과를 올릴 수 있을 것으로 기대한다.

공업교육에 의한 고교교육의 구제는 가치관의 전환을 수반하지 않으면 안 된다. 사람이 인격에서 평등한 것과 마찬가지로 사람들은 인간이 가진 여러 가지 힘에 대해서도 평등한 가치를 주어 지력을 존중하는 사고를 정정하며, 체력에 대응하는 여러 능력은 지력과 동등한 가치를 가지는 일면이 있음을 잘 생각하지 않으면 안 된다.

인간의 여러 가지 힘에 대한 평등관은 실사회에서는 이미 확립되어 있음에노 불구하고 학교교육 관계자 사이에는 뒤지고 있다. 장사, pro-sportman, 근로자, 공예가, 예능인은 어느 쪽이냐 하면, 체력에 의해 사회에서 명성을 얻고 있는 직업인이나 사회적 평가는 반드시 나쁘지는 않다.

교사와 학생이 이와 같은 가치관의 전환을 적극적으로 달성하여 먼저 교사가 그와 같은 가치관 위에 서서, 그 학생의 특성에 기초를 둔 교육방법을 선정, 직업고교의 교육을 운영한다면 학교교육이나 사회도 보다 안정된 양상을 띠게 될 것으로 생각한다.

현재 사회문제가 되어 있는 직업고교 학생의 비행화·폭력화의 한 가지 원인은 그들이 교육 내용을 잘 이해하지 못하는 데서 기억된다. 그들은 배우는 것을 잘 모르는 데서 오는 열등감을 비행과 폭력으로 감추려 하고 있다.

그러므로 직업고교의 교사가 새로운 가치관을 이해시킨 후 교육내용을 그들이 이해할 수 있을 정도로 낮게 함과 아울러, 실험, 실습과 같은 행위적 방법에 의해 학습을 진행한다면 학생들은 교재를 쉽게 이해할 뿐만 아니라, 자기들도 알았다는 성공감과 자기도 하면 된다는 자신을 가지게 되고, 직업교육으로 배워 다른 사람은 할 수 없는 특기를 가지고 있다는 긍지에 의해 정서의 안정을 초래하고 신사적 행동을 할 수 있을 것으로 기대된다.

## 3.4 공업 교육학

海俊宗臣은 교육 작용의 기본구조로 도야, 교화, 형성 세 가지를 들고 있다. 도야란 교사가 문화재를 매개로 학생들과 교육적인 인간관계를 형성하고 있을 때 보이며, 교화는 학생들이 문화재를 배우는 곳에 나타나며, 형성은 학생들끼리 접촉하므로 성립된다고 하였다.

그러므로 교육 작용은 교사가 문화재를 매개로 하여 학생들과 대면하고 있을 때뿐만 아니라, 학생 스스로의 경험, 독서, 견학, 관찰, 거기다 막연하게나마 주변을 에워싸고 있는 교풍, 교훈, 교실의 분위기에 의해서도 학생들에게 강하게 작용한다.

공업교과 교육은 교육에서의 도야 면과 강하게 연결되어 있으며 '인간형성으로서의 도야'를 교수학의 중심개념으로 들고 도야를 교사로부터의 활동, 학생 스스로의 형성 양면에서 보고자 한다.

여기서 문제로 취급하고 있는 공업교육에서는 문화재는 기술이며, 대상은 중학생, 고교생 또는 이들 졸업생이다. 루소는 '인간을 만드는 기술'이란 용어를 Emil에 사용하고 있다. 교육을 기술론으로 말한다면 학생은 노동대상이고 이 노동대상을 목적으로 변화시키는 것이 교육이라는 것이다. 루소는 또 교육을 농업에 의해서도 설명하고 있다.

농업기술에서도 노동대상인 작물의 성질을 잘 알고 있지 않으면 안 되는 것과 마찬가지로, 교육에서 노동대상인 학생에 대해서 잘 알지 않으면 안 된다. 그것을 표시하는 것이 일반심리학, 청년심리학, 교육심리학이리라. 또 농업기술에 있어서도 노동수단 그 자체의 종류와 그 논리를 알지 못하면 자주적인 조작이 안 되는 것과 마찬가지로 교육에서 노동수단인 용어와 교구의 사용에 대해 알지 않으면 안 된다. 이들을 포함한 방법의 논리를 일반론으로 정리한 것이 생산에 있어서는 농학, 공학 등의 여러 기술학의 체계이며, 농학개론, 재배원론, 공학개론, 기계공학론 등이 그것이다. 마찬가지로 교육현상을 일반론적으로 서술한 것이 교육학, 교육원리이다.

이와 같이 하여 기술교육을 근본적으로 이해하려면 대상의 학문인 여러 가지 심리학이나 방법의 원리인 교육원리 등의 교직교양과 재료의 학인 기술 여러 과학의 전문교양의 양자를 포함 기술교육의 원리와 방법을 고찰하지 않으면 안 된다. 기술교육학의 성립은 '교육학과 각 전문과학과의 사이에 효과적인 협조가 이루어질 때만이 바람직하다.'

공업교육학은 공업을 교육내용으로 하는 교육현상을 과학적, 논리적으로 구명하고 효율적인 방법론을 찾는 과학기술이다. 따라서 공업교육학의 접근방법으로 기술의 논리적 해석에서 진행하는 방법, 교육학적 논리의 구명전개로 진행하는 방법, 또 기술교육현상 그 자체에 기초를 두는 임상적 방법으로 크게 나눈다. 어떤 방법을 택하던 다른 두 가지를 항상 시야에 두면서 유기적으로 통괄하여 현장에 살아있는 것으로 하지 않으면 안 된다.

INDUSTRIES EDUCATION

제4장

# 공업교육의 목표

工業教科教育論

# 4. 공업교육의 목표

공업교육은 하나의 독립된 생활능력을 가진 인간을 형성시키기 위해, 또 국가, 사회의 유지, 발전을 위해 필요하므로 국가는 공교육 중에 공업을 교육내용으로 하는 교육을 실시하고 있다.

이 교육에 임하는 자는 이 교육에 의해 구체적으로 어떤 인간을 형성하고자 하는가? 또 인간의 어떤 측면에 대해서 어떻게 기여하고자 하는가? 하는 도달점으로서의 교육목표를 명확하게 자각하지 않으면 안 된다. 학교교육은 의도적, 계획적이므로 각 교과는 각각 독자적인 교육적 책임을 가지고 있으며, 기술교육도 독자적인 교육영역이 주어져 있다. 따라서 여기서는 구체화된 계획의 견해를 보기로 한다.

## 4.1 공업목표의 골격

### 4.1.1 공업교과의 교육목표

공업교과의 교육목표는 "공업의 각 분야에서의 기초적인 지식과 기술을 습득시켜 현대사회에서의 공업의 의의나 역할을 이해시킴과 동시에, 공업의 제 문제를 합리적으로 해결하고 공업의 발전을 기하는 능력과 태도를 키운다."라고 설명하고 있다.

즉, 직업교육은 실질적으로 기초적・기본적인 지식과 기술의 습득 그 직업의 역할의 이해를 목표로 하며, 형식적으로는 그 직업의 발전을 기하는 능력과 태도를 육성함을 목표로 하고 있다.

직업의 발전을 기하는 능력이란 문제해결의 능력(농업 기초), 실천적인 능력(종합실습), 각종 사업에 응용되는 능력(육림)이고, 응용과 창조의 능력(공업실습), 합리적인 공작 법 및 생산방법을 기획하고 실천하는 능력(기계공작), 실제에 활용하는 능력(자동차공학)이다.

즉, 직업의 발전을 기하는 능력이란 응용, 활용하는 능력이며, 문제해결의 능력, 실천적인 능력, 응용과 창조의 능력, 기획하고 실천하는 능력으로 개괄적으로는 문제해결의 능력이며, 요소 적으로는 기획하고 실천하는 능력이라고 볼 수 있다. 따라서 공업교육에서의 형식도야는 문제해결의 능력양성을 목표로 하며, 그것은 기획력(일정의 사고력)과 실천력을 내부에 포함하고 있다고 볼 수 있다.

이것을 요약하면 직업 기술교육은 실질적으로는 지식과 기술의 습득이나 직업관을 확립하고, 형식적으로는 어떤 종류의 사고력과 실천력을 내포하는 문제해결의 능력과 건설적인 태도의 형성을 목표로 하고 있다.

직업교육은 그 성격상, 실질적으로는 직업관의 확립을 말하면서 정도, 범위에 대해서도 일반 기술교육과는 틀린 점이 있다. 그런데 형식적으로는 거의 동질의 것을 거론한다고도 볼 수 있다. 즉 기초기술에 있어서 고찰창조의 능력과 공업기술의 문제 해결능력, 양자 다 같이 사고력과 실천력을 포함하는 것이라고 생각한다. 또 건설적인 태도와 실천적인 태도를 거론하고 있는데 양자는 동질의 것이라고 이해된다.

그래서 능력의 면에서 학습지도요령이 말하는 고찰창조의 능력 또는 문제해결의 능력을 기술적 능력, 그 구성요소인 사고력과 실천력을 기술적 사고력, 기술적 실천력으로 이름 붙이고자 한다.

기술적 사고력이라 하여도 인간의 사고력이므로 사고 일반에 속하는 것이나 뒤에 설명하는 바와 같이 그것은 그것대로의 독자성이 있고 기술적 실천력은 실천 일반이므로 윤리적 실천력과는 다른 것이 있기 때문이다.

## 4.2 공업교육의 기술적 능력

夫富正啓는 기술적 능력의 구조로 세 종류의 능력을 들고 있다.

① 준비적 기술능력 - 모방이나 시행착오의 행동에서 볼 수 있는 바와 같은 지식과 운동만을 사용하여 수의운동을 하는 능력.
② 기초적 기술능력 - 사물의 직접적인 인식을 기본으로 하여, 주로 통찰력에 의해 구체적인 이미지나 언어에 지탱되어 운동의 패턴이나 수순을 생각하고 행동에 의해 표출되는 능력.
③ 응용적 기술능력 - 객관적 법칙성을 수단에 의식적으로 적용하여 아이디어나 가설을 연역적으로 만들어내는 정보처리 적 표현행동이 되는 능력 또는 이들 능력에 교묘한 손, 생각하는 손, 창조하는 손이라는 이름을 붙이고 있으나 이 설은 기술적 능력을 발단 단계적으로 취급한 데 흥미가 있다.

淸原과 北澤은 공업기술교육의 목적을 다음과 같이 둔다.

① 공업의 기술적인 능력의 습득
② 실천적 태도와 노동관의 형성
③ 현대의 공업기술 문화 이해

의 세 항을 들고, “공업의 기술적인 능력은 주요 생산기술에 관계되는 노동수단, 노동대상, 노동방법, 노동력에 대한 지식체계와 노동력(주로 기능)을 일체로 하여 학생에게 습득시키는 능력이다.”라 한다. 즉, 그들에게 있어서는 기술적 능력은 생산현장에서 지식과 노동력(기능)을 일체로 하여 행사하는 능력으로 요소 적으로 지식체계와 노동력으로부터 성립된다.

元木建도 공업기술적 능력이란 말을 다음과 같이 사용하고 있다. “다른 교과에서 육성된 정신적 능력은 이 교과(수공 적 작업)중에서 유기적으로 결합되고, 이 교과에서 숙달된 기술적 능력은 다른 교과의 작업에 들어간다.” 즉, 기술적 능력은 정신적 능력과 결합된 작업수행에 유효하게 사용되며, 이것은 기술행동을 정보선택·처리·표현과정에 있다고 보는 것이며, 목표행동을 외적행동과 내적행동으로 분석해서 알 수도 있다.

일이 이루어지려면 생각하지 않으면 안 되고 실천하지 않으면 안 된다. 이 사고력과 실천력은 인간의 사고력 일반, 실천력 일반이 기술적 장면에서 작용하지 않으면 안 되기 때문에 우리들에게는 기술적 사고력이고 기술적 실천력이어야 한다.

기술은 사고력에 의해서 세운 계획을 실천함에 의해 현실의 것이 되는데, 계획을 포함하여 기술을 주체적으로 실천하기 위해서는 그 배경으로 계획의 입안이나 실천을 시행하는 데 대해서는 지식이 필요하고 실천의 방법으로는 기능을 필요로 한다. 예를 들어 기술적 과제의 해결방법을 생각하더라도 실제로 결단력이 없으면 안 된다. 실천 그 자체에 수반되는 고통이나 계속해서 일어나는 새로운 문제에 대해서도 그것을 피하지 않고 스스로 대응하는 의용과 결의를 자각하는 것이 필요하다. 기술적 실천력은 어느 한 때 어는 일을 하는 것만으로는 되는 게 아니고, 생애에 걸쳐 그것이 부단하게 이루어지지 않으면 안 되는 하나의 경향성임을 필요로 한다. 즉 기술적 과제에 흥미를 가지고 자진하여 나가는 경향성으로서의 태도를 함양하지 않으면 안 된다.

이와 같이 하여 공업기술교육의 목표를 간결하게 표시하면 다음과 같다.

- 기술적 능력
  - 기술적 사고력
    - 정보를 인지하고 선택하는 능력(지식)
    - 과제를 발견하고 해결책을 모색 계획하는 능력(사고)
  - 기술적 실천력
    - 합리적으로 실천하고 완수하는 능력(기능)
    - 실천적, 개선적 경향성(태도)

## 4.3 공업교육의 목표

공업교육은 대학교육에서 전문교육으로서의 기능을 수행하기 위해서는 공업교육이 분담하는 목표를 정하고, 그것에 따라 공업교육의 내용이 명확하게 되는 유효한 지침이 되도록 구체적인 사항을 설정하지 않으면 안 된다.

현대의 공업교육의 특징은 새로운 생산기술의 진보에 대응하여 현대의 산업이 요구하는 자연과학. 수학. 공학의 이론적 지식의 교육을 필요로 하고 있다. 현대의 공업교육은 자연과학이나 수학과 밀접한 상호관계를 유지하고 있으며, 서로 침투하면서 발전한 것이다. 따라서 공업교육은 이과와 수학의 확실한 계통적인 학습을 기초로 그 여러 법칙을 생산기술에 응용하는 것을 배우는 것이 중요한 목표의 하나이다.

공업교육과 이과교육・수학교육과의 결합은 한편으로는 산업이나 직업의 실제적인 경험 안에서 자연과학적인 법칙이나 수학적인 법칙을 유도하고, 다른 한편으로는 이들 여러 법칙을 안에서 자연과학적이 법칙이나 수학적인 법칙을 유도하고, 다른 한편으로는 이들 법칙을 산업의 실제에 응용, 응용함으로써 검증할 수 있다.

공업교육은 인간이 만든 과학이나 기술적 성과를 계승 발전시키는 것이 목적으로, 지금까지의 오랫동안의 기술적 경험을 발생적 구체화시켜 기능의 경험적 습득을 일으키는 것이 아니다. 따라서 이과교육이나 수학교육을 생산기술과 연계시키고 공업교육의 기초수립을 위해선 다음과 같은 사항이 필요하다.

첫째, 생산의 구체적인 사실 중에서 문제를 설정하고 가설을 세워 실제적인 작업에 적용시켜 실증하고 법칙을 유도한다는 과학의 일반적인 방법을 습득시키는 일이다.

둘째, 자연과학이나 수학의 여러 법칙에 대해서 체계적으로 배우게 하고, 그 지식이나 법칙을 생산에 응용하여 생산 기술상의 문제해결에 힘쓰고 또 자연의 법칙을 실증하는 것이다.

그러므로 공업교육을 자연과학. 수학. 공학의 지식이나 법칙을 배우게 하고 기술을 습득시키게 하는 것뿐만 아니고, 과학이나 공학의 연구방법의 기초를 그 목표의 하나로 하지 않으면 안 된다.

그러나 자연과학이나 수학의 법칙은 기술적 실천에서 그대로 규칙적인 지시가 되는 것은 아니다. 공업교육은 그 발달과정에서 자연과학의 성립과 발전에 자극을 주어 왔으나, 기술적 경험, 기술적 지식을 집적하고 체계화하여 이론화시켜 기술의 여러 법칙을 창출하고 새로운 과학인 공학을 발달시켰다. 공업교육목표의 하나는 이 공학의 이론적 지식을 가르치고 이것을 생산에 응용함을 학습시키는 것이다.

자연과학이나 수학의 여러 법칙이 기술적 실천의 지시가 되고, 기술적 실천이 수공업주의에 몬쥬(화법기하학). 키아노(열역학). 계속하여 루로(기구학) 등에 의해 주로 기계의 과학으로서 성립된 기술공학은 금세기에 들어와 분화되고, 또 전기공학, 응용화학 등 새로운 분야의 공학이 탄생되고 성립되어 가는데 최근에는 더욱 분화가 진전되고 성립되어 최근에는 더욱 부분화가 진전되고, 이에 병행하여 종합이 이루어져 각기 인접과학, 경계영역의 여러 과학이 생겨나고 있다.

또 기계나 재료의 과학뿐만 아니고 인간의 노동과학 생산조직의 과학이 성립되고 있다. 공업기술이 과학이나 공학의 기초가 됨에 따라, 또 이들 과학이나 공학을 교육시킴으로서 공업기술은 누구든지 터득할 수가 있다. 그래서 과학과 공학은 분화되고 전문화된 직업의 기초가 되고 그 직업에 빨리 익숙하게 하는 기초가 된다.

이 공학의 법칙도 그냥 그대로 기술적 실천에서 규칙적 지시가 되는 것은 아니다. 이 법칙을 구체화하고 그것을 보충하는 갖가지 지식이 필요하며, 공업교육의 목표의 하나는 이들 지식을 습득시키는 일이다. 기계. 장치. 도구. 재료에 대해서 꼭 알아야 할 구체적인 사실, 이것을 취급할 때 누구든지 가져야 될 실제적인 지적 능력이 필요하다.

그래서 제조법, 조립법, 조작법, 시험법, 검사법 등의 실제적인 기술적 방법에 익숙해 있지 않으면 안 된다. 이러한 여러 가지 지식과 이들을 적용하는 능력과의 연계 없이는 과학과 기술의 법칙이 그냥 그대로는 생산에 응용되지 않는다.

공업교육의 중요한 목표의 하나는 기본적인 기계, 도구, 재료의 취급에 익숙하게 하는 일이다. 지금까지 공업교육에서는 생산의 실제적 경험을 쌓아 기술적 능력을 몸에 익숙하도록 하는 게 중요한 목표였다. 그러나 현대의 생산기술은 일정한 작업방식에 의한 수작업의 훈련보다는 개량되어 복잡하게 되어 가는 생산 공정을 이해하고, 그것에 쉽게 적응하여 나갈 수 있도록 하는 기본적인 공업교육이 그 이론적 기초의 이해와 함께 중요시 된다. 이 공업교육이 널리 생산에 이용되려면 가장 기초적. 전형적. 대표적이면서 적응되도록 요소 적 기술을 계통적으로 습득시킬 필요가 있다.

또 공업교육에서의 설계. 제도나 계획 등의 종합적인 능력을 몸에 익숙하도록 하고, 여러 가지 조건하에서 판단하고, 선택하고, 결정하는 능력, 기술적. 공학적 여러 문제를 해석하고 해결하는 능력을 구비시키는 것이 필요하다.

공업교육이란 일정한 사회적 조건하에서 그 기능을 발휘하고 있다. 따라서 공업교육의 목표는 또 기술적 실천을 통해서 현대의 생산의 주요 부문에 대해서 알게 하고, 생산의 조직, 생산하는 가운데 인간관계, 노동을 기초로 해서 성립되고 있는 사회적 여러 관계를 이해시키는 일이다. 여기에는 생산조직의 과학, 인간의 노동과학이 직접 결부되는 것뿐만 아니라, 역사, 지리, 정치, 경제 등의 사회과의 여러 과목, 기타 일반 교양과목의 확실한 계통적 학습의 기초로 공학과목의 학습과 밀접한 관련시킴이 필요하다.

공업교육의 목표는 교육내용의 실용화, 교수방법의 선진화, 교육대상의 다양화에 있다고 보겠다. 이러한 교육목표는 신지식 산업을 주도할 우수한 공학도를 양성하고 장차 우리나라 공업분야의 지도자로서 충분한 자질, 강력한 기초공학 실력, 인화와 리더십을 갖춘 인재들을 육성하기 위한 것이다.

좀 더 구체적인 공업교육의 목표를 제시한다면 다음과 같이 나타낼 수 있다.

첫째, 공업에 관한 문제를 관련 학문의 폭넓은 지식을 이용하여 이해, 분석, 해결할 수 있는 능력을 갖도록 한다(직무수행능력).

최근 공업은 고속화, 고정밀화 및 메카트로닉스화로 매우 빠르게 발전되고 있다. 이러한 최첨단 기계 및 생산 제품을 이해, 분석, 개발하기 위해서는 공업 전반에 걸친 기초역학과 전공이론 등을 체계적으로 이수하여야 한다. 이러한 체계적인 전공지식의 함양을 통하여 기계의 기능이나 특성에 따른 구성부품이나 제품을 설계하고 종합적으로 평가 해석할 수 있는 능력을 갖도록 한다.

둘째, 공업에 관한 문제를 해결함에 있어서, 관련 지식을 종합적으로 응용할 수 있는 창의적 능력을 갖도록 한다. (창의적 능력) 첨단 공업기술 세계에 적응능력을 갖춘 공학도와 전문가로서 창의적인 능력을 쌓아가기 위하여 기본적이고 합리적인 사고력과 과학적인 전공이론을 충실히 교육한다. 기술자로서의 튼튼한 기틀을 마련하기 위하여 기초과학과 공학이론은 물론, 실험실습과 창의적 설계 과정을 이수하여, 창의적인 역량을 발휘할 수 있는 전문적인 지식을 보유하도록 한다.

셋째, 지역사회가 요구하는 고부가가치의 지식기반 산업분야의 다양한 업무 수행에 필요한 협동능력 및 현장적응능력을 갖도록 한다. (협동 능력 및 현장적응능력) 현대 산업사회는 고부가가치의 지식기반사회로 빠르게 진행하면서 개방적이고 폭 넓은 사고와 협동능력 및 현장적응능력을 갖춘 인재를 필요로 하고 있다. 따라서 인성과 기술개발의 조화를 교육목표로 설정하여 신입생에서부터 다양한 교양강좌와 세미나를 통하여 협동능력을 발전시키며 또한, 어학 및 컴퓨터 활용 능력향상 교육과 산학협동교육 등을 통하여 산업 현장에서 요구하는 현장적응능력을 갖추도록 한다.

넷째, 세계적 환경변화에 효과적으로 적응할 수 있는 풍부한 교양과 국가와 인류사회 발전에 이바지할 수 있는 민주시민의 자질을 갖도록 한다. (민주시민의 자질) 인류의 생활향상에 기여할 수 있고 민주시민의 자질을 갖춘 교양인으로서의 기본소양을 함양하며, 개방적이고 폭 넓은 사고와 도덕적인 인성을 갖추도록 교육한다. 다양한 교양강좌와 세미나, 교수와 만남을 통하여 적극적으로 자기 계발의 동기를 부여하며, 청년으로서 인격도야와 자질을 함양하고 발전시키도록 한다.

또한 지역사회와 국가에 봉사할 수 있는 공업기술자의 자질과 능력뿐만 아니라 해외 장・단기 연수 등의 경험을 통하여 세계화와 다국적 기업화에 필요한 세계인으로서의 자질을 갖추도록 한다.

특히 취업을 전제로 한 공업교육은 그 내용이 실용적인 것이어야 하며, 교육효과를 극대화할 수 있는 선진적인 교육방법을 수반하여야 한다. 새로운 정보화 기술에 능동적으로 대처하기 위해서는 졸업생 및 산업현장 근무자들을 위한 첨단 기술정보 교육을 개발하여 운영하는 것은 불가피하다.

따라서 재학생과 사회인으로 확대하여 교육대상을 다양화하여야 한다. 직업교육 중심의 특성상 산업체의 요구에 능동적으로 대처하고 미래지향적인 교육과정을 보다 체계화하기 위하여 현장성 및 창의성 함양, 정보화 교육의 강화 등도 교육 분야에서 촉구해야 할 것이다.

여기서 공업교육은 직업적 기능을 습득시키고 근로를 배워 직업에 직접 재 구실을 하는 인간을 양성 시키는 게 주요 목적이었다. 그러나 현대는 공업교육에서 그 역할의 중요성을 새삼 강조하지 않을 수가 없다.

INDUSTRIES
EDUCATION

제5장

# 공업교육의 목적

工業教科教育論

# 5. 공업교육의 목적

국가 및 개인은 무엇 때문에 공업교육을 하고 또 그것을 받는 공업교육의 실시를 단순히 제도적, 경향적인 것으로 받아들일 뿐만 아니라, 그 교육과 인간과의 관계를 잘 이해하는 것은 이 교육의 실천에 신념과 박력을 부여하는 것이다.

## 5.1 공업교육과 환경적응

공업교육은 환경에 대한 적응능력을 기르는 것을 의도하고 있으나 공업교육은 인간에 있어 적응하는데 값어치 있는 독립된 하나의 환경이라 할 수 있을 것이다. 기술의 여러 가지 측면에서 본 바와 같이 역사를 움직이는 하나의 요인이며, 경제변동이나 문명의 실체를 규정하는 요인이기도 하였다.

공업기술의 상태는 역사나 사회현상의 설명 중에서 있고, 그 물적 실체중의 논리는 이과에서 다루어지고 있다. 확실히 공업교육에 의한 소산은 자연 과학적 이법에 뒷받침되고 경제적 이법에 의해 분배되어 여러 가지 영향을 인간생활에 미치고 있으나, 공업적 소산은 자연물과는 다른 형태로 우리들 주위에 존재하고 있다.

공업적 소산은 거기에 자연과학적 이법이 있다 하더라도 저절로 생성 되는 게 아니고, 인간의 뜻에 의한 통제와 인간의 노력에 의하지 않으면 존재할 수가 없다. 그러므로 기술은 자연계나 인문계와 독립된 영역으로 취급하지 않으면 안 된다.

환경으로써 아름다운 그림이나 공예품의 감상, 창조 등을 위해 미술과가 있고, 아름다운 음의 작품 감상, 창조 등을 위해 음악과가 있는 것은 예술작품이 각기 독립된 형태로 존재하고 있고, 그것이 인간에게 다룰만한 가치가 있기 때문이다. 환경으로서 기술적 소산의 이해, 창조를 위해 기술 관련 교과가 있는 것은 당연하다.

음악이나 회화 조각 중에서 자연과학적 이법이 있으며, 그 작품의 사회. 경제적 처우는 사회과적으로 설명된다. 하지만 그 제작과정은 다른 어떤 것에 의해서도 대행되지 않은 영역에 속하고, 그 교육적 효과를 생각하면 독립된 교과로 취급되지 않을 수 없다. 수학과는 환경으로 '물'의 존재형식을 취급하고, 국어과는 환경으로서 '언어'를 취급하고 있다.

이렇게 본다면 인간의 존재에 지배하는 영향이 있는 기술적 소산과 그 생산과정을 교육의 장에서 취급하는 것은, 환경적응을 하나의 사명으로 하고 있는 교육에서는 당연히 필요한 것이다. 그것을 알고 그것으로 생산하는 것에 따라 만들어진 것이나, 만드는 사람에 대한 이해를 깊게 하는 것은 국민의 공통적인 이해를 위해 필요할 뿐만 아니라, 물에 대한 인식을 새롭게 하여 상품선택의 눈을 열어 주는 것이다.

국토와 자원이 궁핍한 우리나라가 국제사회와 더불어 살아가기 위해서는 원료를 수입하고, 그것을 되도록 효율적으로 가공하고 수출하는 정책을 수립하지 않으면 안 되고, 우리들은 이와 같은 환경에 적응해가지 않으면 안 되는 구체적 상황아래 놓여 있다.

그 위에 현재는 정보화시대라 일컬어지는 바와 같이 넘쳐흐를 정도의 정보가 범람하고 있고 앞으로도 줄어들지는 않을 것이다. 이와 같은 정황에 대처하기 위해서는 그 정보에 그 정보에 매몰되는 게 아니고 그것을 훌륭하게 처리하고 잘 활용하는 것이 중요하다.

정보를 만들어 내거나 그것을 이해하는 것도 필요하지만, 그것만으로 문명은 진보되는 게 아니고 그것을 이해하는 것도 필요하지만, 그것만으로 문명은 진보되는 게 아니고 그것을 인간생활에 환원시켜 생활을 풍부하게 하지 않으면 안 된다.

그러므로 정보는 활용되어 처음으로 의미를 가진다는 전제를 세워 그 이용방법을 배울 필요가 있다. 정보를 처리하고 정보를 실천에 옮기는 것을 교육내용으로 하는 교과, 공업관련교과로 그것을 바르게 살아 있는 환경에 적응하는 것을 학습하는 교과이다.

## 5.2 비진스키에 의한 노동과 인간

비진스키는 "우리들이 생각하고 있는 노동이라는 것은 인간 생활 중에서 진실로 인간적인 목적을 달성하기 위해 무조건적으로 필요하므로 그것을 실행하고자 결심한 자유스런 기독교적 도덕에 합치되는 인간의 활동이다." 라고 〈교육적 인간학〉에서 말했다.

말할 것도 없이 공업은 이 인간 활동 방법의 하나이며, 그것은 유용성을 가지는 것이었다. 공업의 실천성과 유용성에 주목하고 있는 것이 노동이므로 노동이라는 가치를 무시하고는 공업기술을 논할 수 없다. 공업교육에 의해 근로를 중요시하는 태도를 기르는 것이 기대되고 있으나 그것은 공업기술을 노동적 측면에서 이해함으로 비로소 가능하다. 다음은 비진스키의 글을 간략하게 옮긴 것이다.

그는 노동이 국가의 운명에 관계되는 문제임을 로마제국의 쇠퇴를 예로 하여 설명하고 있다. "누더기를 입은 로마의 서민까지도 어떤 일을 한다는 것은 하찮은 것으로 생각하고, 몇 천 명이라는 빼앗긴 시대, 그래서 게르만 용병들도 로마인이 자기들의 조국을 수호하는 의무조차 빼앗아 버린 시대의, 로마인으로부터 노동의 필요를 앗아간 노예는 로마인 자신을 역사상 전무후무한 자발적 노예로 만들어 거기에는 환란, 노예제, 행복을 가질 없는 부, 사치에서 보여주는 불행의 정신적 고통이 있었다. 또 독립전쟁 전후의 남북 아메리카의 실정에 의해 노동이 지역의 발전에 관계됨"을 지적하고 있다. 즉 독립전쟁의 조금 전까지는 자연, 자본, 주민의 교양이라는 여러 가지 점에서 남부 여러 주가 우수했다. 그러나 흑인의 수입으로 개인적 노동의 필요성까지 빼앗겨 버린 남부는 집요하고 정열적이라고까지 한 노동력만이 우월적인 북부에 지배권을 넘겨주지 않으면 안 되었다. 남부를 멸망시킨 것은 무엇보다도 노동을 멸시한 교양 이었다. 같은 사실이 계급의 흥망에도 볼 수 있다.

일본의 平安貴族과 徳川武士의 쇠퇴도 그들의 비생산성에 있다고 본다. 개인 생활에서도 마찬가지이다. 흔히 하는 말로 "부모는 돈을 벌어서 먹고, 아들은 놀고먹고, 손자는 사먹는다."라는 게 있다. 이와 같은 주기성은 우리나라도 있다. "자기 스스로 자수성가한 아버지는 자기 아들로 하여금 노동의 필요를 없애기 위해 전력을 다해 노동을 하고 고통을 감수하면서 드디어 많은 재산을 남기고 간다. 그런데 이 재산은 자식에게 무엇을 남기는가? 그것은 자식의 무도덕성의 원인이 되어 자식의 지적 재능이나 육체적인 힘을 무력화 시킬 뿐만 아니라, 완전히 불행에 빠트리고 만다."

"인간의 몸과 마음, 머리가 노동을 요구하고 그 요구는 대단히 끈질기며, 만일 인간이 그 이유는 어떻든 자기의 개인적 노동을 그의 생활에서 잃어버리는 경우에는 그의 옳은 길을 잃어버리고 만다." 불만이 그치지 않는 생활, 우울하고 무감동, 거기에 한없는 심심한 생활, 어린아이와 같은 변덕 심, 출생의 쾌락에 빠지고 서서히 자살하고 만다.

노동은 인간의 육체적, 정신적 본능의 완전한 법칙으로 인간의 향락과 행복에 빠뜨릴 수 없는 조건이 되고 만다. 육체적 노동은 인간 육체의 튼튼함, 건강 및 육체적 능력의 발달과 유지에 필요함은 말할 필요조차 없을 것이다. 지적 노동은 신경계의 강력한 발달에 유용하다. 노동은 또 감정을 깨끗하게 한다. 노동 외는 인간의 행복은 없다. 무악은 모든 악의 어머니이다.

그러므로 "참된 교육은 만일 그것이 인간의 행복을 원하는 것이라면 생활의 노동을 위해 준비하지 않으면 안 된다. 교육은 인간에게 노동의 습관과 노동 애를 발달시키지 않으면 안 된다." 그러므로 "어린아이의 젊은 힘에 맞는 노동을 학생들에게 부과하지 않으면 안 된다."

지적노동을 한 다음에 가사의 일손 돕기, 정원이나 채소밭일, 다듬질이나 선반작업, 제본 등의 육체노동을 한 다음에 가사의 일손 돕기, 정원이나 채소밭의 일, 다듬질이나 선반작업, 제본 등 의 육체노동을 계획적 작업으로 하여 부과하면 그것은 유익한 휴식이 된다.

"이렇게 하여 교육은 한편으로 학생에게 유익한 노동을 스스로 찾는 가능성을 줌과 동시에, 다른 한편으로는 노동에 대한 부정적인 것을 배제하고 가치관을 심어주도록 노력하지 않으면 안 된다. 노동의 능력과 노동에 대한 사랑은 가난한 사람이나 부자에게도 자기 자식에 남겨 주어야 할 최상의 유산이다." 즉 노동은 민족, 계급, 개인이 노예나 몰락 자가 되는 것을 방지하며 인간이 행복하게 되는 조건이다. 그러므로 청소년은 젊은 시절부터 노동의 습관과 노동 애를 발달시키지 않으면 안 된다.

## 5.3 칸트에 있어서의 공업기술

Immanuel kant(1724~1804년)에 의한 기술은 어떤 대상의 인식을 기계적이 아니고 의식적으로 목적에 적합한 산물이나 작품을 가져다주는 의지행위에 의한 숙련을 목표로 하는 기술에 기초를 두는 실천능력이며, 그것은 목적에 맞게 인식을 의식적으로 적합 시키는 것이었다. 즉 기술에는 실천력과 지침을 부여하는 인식을 실천에 적합 시키는 능력이 관계되고 있다. 다시 말하면 실천력과 사고력이 관계되고 있음을 표시하고 있다.

이 사고력을 Kant는 '개념의 적용에 관계되는 것'으로 판단력이라고 이를 붙인다. 삼목정은 이와 같은 관계를 "Kant는 판단력 비판에 필연적인 세계와 자유의 세계를 결합하는 지위를 부여하였으나 기술은 당연히 그와 같은 자유의 세계와 필연의 세계와를 결합하면 것이다."라고 설명하고 있다.

필연의 세계, 결국은 원인과 결과와의 자연개념(과학)에 따라 자유에 상정(가상)되는 목적에 그 원리를 적용하여 결합시키고 가능한 결과를 가져오게 하는 것 그것이 판단력이다. 판단력은 자유에 결과를 상정할 수는 있으나, 그 선택에 대해서 지령적인 역할을 다하는 선천적 원리는 합목적성이고, 거기다 근원적으로 쾌 또는 불쾌의 감정과 직접 관계하고 있다.

판단력은 그 위에 인간의 정신력의 다른 면에도 관계되는 것이나, 그것을 체계적으로 이해하기 위해서는 상급능력의 모든 것을 체계적 통일이 되게 해서 보면 다음 표와 같다.

| 심정의 전능력 | 인식능력 | 선천적 원리 | 원리가 적용되는 것 |
|---|---|---|---|
| 인식능력 | 오 성 | 합법칙성 | 자연 |
| 유쾌와 불쾌의 감정 | 판단력 | 합목적성 | 기술(Kant) |
| 욕구 능력 | 이 성 | 궁극목적 | 목 |

판단력은 자연개념을 적용하는 것으로 그것은 자연과학의 이론 철학으로부터도 여러 가지 지령을 받지 않으면 안 되므로 판단력은 법칙성을 선천적 원리로 하고 있는 오성에 '가까운 것'으로 하고 있다. 한편 이성의 상위능력인 욕구 능력에는 필연적으로 유쾌한 것과 불쾌한 것이 연결되어 있으므로 선을 선천적 원리로 하는 이성에도 관계가 있다.

이렇게 하여 자연 개념의 영역에서 자유개념에의 이해를 달성한다는 것이 적어도 잠정적으로 추측이 된다. 즉 판단력이 감성과 이성의 매개 항으로써 정신력의 전체 구조 중에 중요한 지위를 차지하고 있게 된다.

Kant에 있어서는 심정의 전 능력은 인식능력과 유쾌, 불쾌의 감정, 그래서 욕구 능력의 셋으로 성립되며, 그것들은 감성과 판단력과 이성에 의해 인식되는 것이다. 또 그것들은 법칙에 합당 한가 아닌가, 궁극 목적인 선에 어느 정도 접근 하는가 않는가에 따라 유도되어 그들 세 능력은 과학의 세계, 공업의 세계, 윤리의 세계에서 작용하는 것이다.

INDUSTRIES EDUCATION

제6장

# 공업교육과 그 역사

工業教科教育論

# 6. 공업교육과 그 역사

## 6.1 공업교육의 역할

공업교육은 지금까지 주로 직업의 준비를 목적으로 이루어져 왔다. 보통 공업교육은 직업을 유지하며, 이것을 다음 세대에 전한다는 구실로 역사적으로도 옛날부터 전해 내려온 교육이다. 이 직업 유지의 구실을 한다는 특정 목적으로 늦게나마 공교육제도 중에 끼어든 교육이다.

공업교육에서는 각 시대의 사회적. 경제적 필요성에서 직접적인 수공 적 기능이 교육되었고, 축적되어 두터운 층을 이루고 있는 많은 경험적 사실 · 지식 · 지능이 전해 내려왔다. 도제무덕가가 붕괴되고 공장제 수공업에 이어 대공업이 개시되고 연소 근로자가 대량으로 고용됨에 과학과 기술의 발달은 생산의 방법과 조직에 변혁을 초래하고 국민의 사회생활조건을 근본적으로 바꾸어 국민에 대해서 새로운 사고와 행동의 실천을 요구해 왔다. 따라서 현대의 공업교육 내에 새로운 역할과 기능을 찾아 새로운 목표를 새로운 목표를 설정하고 그 교육의 내용과 방법을 바꾸어 갈 필요가 있다.

공업교육에서 첫 번째 역할은 청소년의 여러 가지 능력을 전면적으로 발달시켜 완전한 인간을 형성시키는 일이다. 때문에 다른 여러 교과의 교육, 고교에서의 보통교육과 함께 기초적인 공업교육이 필요하며 공업교육은 이 역할을 감당하는 중요한 구성부분이다.

현대에 살고 있는 모든 국민에게 인간의 사회생활의 기초이고 사회의 발전을 규정하고 있는 현대의 생산에 대해 이해시키고, 현대의 생산기술의 기초를 터득시켜 노동을 기초로 하여 성립되는 사회적인 여러 관계를 이해시킴은 국민에게는 꼭 필요한 교육이다.

공업교육의 두 번째 역할은 실제적. 직업적 능력의 기초를 부여하는 것이다. 공업교육은 청소년의 여러 가지 능력을 다방면으로 발달시킴과 동시에, 교육을 끝마치고 사회의 실제 활동분야에 들어가는데 필요한 일정량의 지식과 기술적 능력을 몸에 익숙토록 하여, 장래 선택할 직업의 기초로서의 구실을 하며 선택한 직업에 빨리 적응되는 기초를 부여하는 것이다.

또 고교의 교육을 받고자 하는 학생들의 교육을 질적으로 향상시키고 이것을 기초로 하여 전문적인 지식과 기술을 고도로 발휘하여 과학과 기술 분야에 전문가가 되는 데 필요한 기초를 만들어 주는데 있다.

공업교육의 세 번째 역할은 이 공업교육을 통해서 논리적으로 사고하며, 사물을 합리적으로 처리하는 능력을 몸에 익히게 하는 것이다. 복잡한 기술적 현상을 단순한 요소로 분석하고, 이것을 종합하여 일반적이 기술적 법칙을 발견하고 기술적 경험을 기초로 하여 기술적 사상의 법칙성에 접목시키는 게 중요하다.

또 자연의 법칙이나 공업의 법칙을 실제적 기술에 적용시키고, 기술적 실천과 기술의 습득에 의해 이들 여러 법칙을 검증 시키는데 필요하다. 이를 통해 현상을 합리적으로 처리하고 기계나 도구・재료를 소중히 하고 협력해서 일을 하는 습관과 능력을 몸에 익숙하게 할 수가 있다.

따라서 공업교육은 단순히 자연의 현상이나 기술적 현상의 처리뿐만 아니라, 이를 통해 사고와 행동의 규칙을 터득하고 공업교육에 의해 획득된 논리적 사고나 인간관계를 개선하고 사회적 여러 문제를 분석하고 처리하는 보편적 능력으로까지 높일 수가 있다.

## 6.2 공업교육의 개념

공업교육을 산업교육(industrial education)이니, 혹은 기술교육(technical education), 직접 기술교육(volcational technical education)이라 하며 여러 가지 용어로

사용되고 있다. 여기서는 먼저 공업교육분야를 한 영역으로 포함되는 실업교육(volcational education)의 정의와 그 영역 속에서 공업교육이 차지하는 위치, 그 성격을 규명하여 본다.

### 6.2.1 실업교육의 정의

미국직업협회에서 내린 실업교육에 대한 정의를 소개하면 다음과 같다.

① "유용한 생산 업무에 취업하고 승진하는 데에 요구되는 기능, 능력, 이해, 태도, 작업습성 및 당해 직업에서 부닥치게 되는 지역정보의 판단력을 발전시키기 위해서 베풀어지는 교육"이라 하였다.

② 미국 실업 교육법에는 다음과 같이 규정하고 있다. "학교 혹은 학급(임시로 마련한 현장 또는 실습장 포함)에서 공공감독 또는 지방교육 당국의 통제나 계약 하에 타인으로 하여금 공천된 직업에 반 기능공, 숙련공 또는 기술공으로서 흡족하게 취업할 수 있도록 계획된 프로그램의 일부로서 행해지는 직업이나 기술의 훈련이다."

위의 뜻은 상당히 넓은 뜻을 내포하고 있으며, 이를 좀 더 발전시켜 해석하면 실업교육은 전체교육의 일부이며, 유능한 일꾼 뿐 아니라, 훌륭한 시민의 육성도 아울러 고려해야 한다는 말이 될 것이다.

그러나 후자의 정의에는 특정직에서 요구되는 기술의 수준에 맞추어 취업위주로 하는 기술훈련(technical training)이라는 좁은 의미를 내포하고 있다. 전자는 소위 직업인에 필요한 제반 자질을 위한 교육(vocational education)이라면 후자는 취업을 위한 훈련(vocational training)에 가깝다고 볼 수 있을 것이다.

F.T Struct는 일반교육과 실업교육과의 관계를 다음과 같이 그림으로 표시하면서 일반교육은 특정 직업에 개의치 아니하고 넓은 뜻에서 생활에 도움을 줄 수 있는 지식, 기능, 태도에 강조점을 두는 것인데, 직업교육은 개인에게 있어서 특정직업의 전반적 혹은 부분적으로 요구되는 지식, 기능 태도를 다루는 것이라고 하였다.

이렇게 실업교육은 다른 영역의 교육(일반교육, 시민교육)과 구별되지만, 그렇다고 시럽교육 기관이나 기술 훈련생을 다루는 사업체에서 일반교육을 무시한다거나 실업교육을 이것에 대치시키는 것으로 생각해서는 안 될 것이다. 그 이유는 Conant 박사가 지적하는 점을 참고하더라도 쉽게 일 수 있을 것이다.

"실업교육은 일반적 아카데믹한 교육을 대치하는 것 이라기보다는 그 속에서 자라나고 그것을 보충하며 양양 하는 것이다. 실업교육은 전 교육과정의 중요부분을 이루고 있으며, 그에 따른 최저의 학구적 수준을 가진 학생들이 갖지 않으면 안 될 적성을 필요로 한다."고 하였다.

### 6.2.2 실업교육의 영역

몇 가지 자료에서 그 영역을 찾아보면 다음 표 6-1과 같다.

표 6-1 실업교육의 가 영역

| UNESCO/ILO의 건의 | Conant의 | OECD의 보고 | 문교부 |
|---|---|---|---|
| 1. 공업교육<br>2. 농업교육<br>3. 상업교육<br>4. 관련서비스교육 | 1. 공업교육<br>2. 판매교육<br>3. 가정교육<br>4. 농업교육<br>5. 간호교육 | 1. 기술교육<br>2. 산업(공업)교육<br>3. 농업교육<br>4. 상업교육<br>5. 분배교육<br>6. 어업교육 | 1. 농업계<br>2. 공업계<br>3. 상업계<br>4. 수산계<br>5. 가정계<br>6. 상선교육<br>7. 가정교육 |

위의 네 가지 자료에서 볼 때 실업교육의 영역은 주요 산업의 영역과 일치되는 점을 찾아 볼 수 있다.

우리나라의 실업교육기관과 그 학과의 종류를 영역별로 보면 대체로 다음과 같다.

① 고등학교-농업, 공업, 상업, 종합, 수산 및 해양, 예술 등

② 전문대학-공업계-공업계, 농업계, 수. 해양 계, 실업계, 보건 계, 간호 계, 예술계

③ 기술학교 및 고등 기술학교-각종 기술영역 포함.

V.S Martinpvsky교수는 공업교육(technical ducation) 기관은 전문가에 따라 셋 또는 네 가지 범주로 나누어진다고 하였다. 즉 기능공(skilled worker), 기술공(technician), 기술자(engineer), 혹은 연구종사자로서의 기술자 등의 양성을 위한 기관으로 나누고 있다.

여기의 기술자는 실무종사자와 연구종사자의 두 가지로 나누게 된 것인데, UNESCO의 총회에서는 기술자를 두부류로 나눌 것이 아니라 기능공, 기술공, 그리고 기술자의 세 범주로 나누는데 의견을 이치를 보이고 있다.

### 6.2.3 공업교육의 개요

이상에서 살펴본 바와 같이 공업교육은 실업교육의 한 영역을 차지하고 있으며, 급격한 기술발달로 인한 고도의 공업사회를 지향해 나아감에 따라 그 영역과 교육수준도 세분되어 가는 경향을 나타내고 있다.

공업교육(technical and industrial education)은 간단히 말해서 하위 반 기술공과 상위의 과학 기술자 사이의 중간층을 형성하는 기술공과 기술공의 양성을 목적으로 하는 교육이라고 할 수 있다. Walter B. Jones와 Harry C. Thayer는 공업교육은 목적 면에서 보면 직업적인 것이고, 성질상으로 보면 기술적인 것으로서 대학교육보다 낮은 수준의 교육에 속하는 것이라고 하였다.

이 말은 곧 대학과정을 통해서 길러져 나오는 과학기술자(engineer or scientist) 보다는 저수준이고, 숙련공 보다는 고수준의 기술적 지식을 필요로 하는 직업 기술인의 양성을 뜻하는 것이라 하겠다. 구체적으로 과학기술조원 기술공(technical specialists or technician), 생산관리자(production or maintenance supervisors). 기술판매인 또는 비슷한 직의 종사자가 대상이 되고 있다.

위의 두 사람은 공업교육의 정의를 다음과 같이 내렸다. “공업교육은 공업 분야의 직업에 처음으로 취업하는 것을 목적으로 하거나, 기 취업한 자의 승진이나 재훈련을 목적으로 하는 기초적인 수지 조작적 기능, 안정상의 판단력, 기술상의 지식 및 기타 관련된 지식을 넣어 주기 위하여 계획된 교육이다. 이 교육은 어느 생산

분야와도 마찬가지로 제조품의 설계, 생산, 조립보존, 서비스 또는 수리 등에 직접 관련되는 제벌 기능(skilled or semi skilled, trade, craft or occupation)의 수련을 뜻한다."라고 하였다. 그리고 공업교육의 과정은 각종 기술계 학급, 일반 종합 고등학교, 공장 및 기업체 내에서 과하여지는 것, 그리고 학교와 생산기관과의 협조 하에 행하여지는 도제훈련 프로그램(apprentice-ship program)까지도 포함된다고 하였다.

① 기능공 수준의 교육
② 기술공 수준의 교육
③ 기술자 수준의 교육

기능공이란 광범한 교육을 받고 특정분야의 수 공적(trade or craft)의 훈련을 받은 사람에게 적용되는 말이며, 기술공이란 기술에 관한 지식과 기능공과 기술자 중간에 관련된 학식에 필요로 하는 직업에 종사하는 사람을 뜻하는 말이고, 기술자 수준의 직은 점검과 보존, 세밀한 발전계획, 생산 작업의 감독, 세부조직 등의 일을 필요로 한다. 따라서 기술자를 돕는 일은 기술공직의 중요부문을 차지한다.

기술자란 말은 공인된 대학 또는 동등한 수준에 해당하는 교육을 필요로 하는 직업에 종사하는 자에게 적용되는 말이다. 이 수준의 직업에서의 연구, 개발, 조직, 계획, 생산등과 같은 활동이 포함된다.

위에서 볼 때 공업교육은 교육수준 상으로 대학교육 정도 이하에 속하며, 공업분야 직업에 처음으로 취업하기 위한 준비과정의 교육과 기취업자의 향상을 위한 재훈련도 포함된다. 그러므로 공업계 학교교육 뿐 아니라, 기업체 내의 기술훈련, 학교와 산업기관과의 공동으로 행하는 산학협동훈련(cooperative training system)도 모두 공업교육의 범주 안에 들어간다. 여기에서 기르고자 하는 기술수준은 상. 하위기술의 중간을 차지하는 중견기술이다.

# 6.3 공업교육의 역사

공업교육은 공업생산의 필요에서 생긴 것이며, 경제의 발전과 밀접하게 관련되어 있다. 그래서 근대적인 공업교육이 조직적으로 이루어진 것은 기술이 기술의 과학을 가지게 되고부터 이다. 전통이나 비전이 연결된 수공적 기능을 가르치는 교육의 조직은 중세의 도제 제도 중에 볼 수 있다.

이 제도는 직업을 유지하고 기술을 전달하는 교육의 조직일 뿐만 아니라, 도덕적·공민적·종교적 훈련 및 일반교육도 포함되어 조합의 성원으로서의 전인적인 능력을 양성하는 것을 목표로 하는 교육조직이었고, 이 조직은 도제제도가 붕괴되고 공장제 수공업이 성립할 때까지 계속되었다.

## 6.3.1 공업교육의 선구

공장제 수공업에서의 생산방법의 변혁은 노동고정의 분할에 의해 미숙련 노동의 도입을 가능케 하였고, 숙련노동에 있어서도 그 기능의 간단 화를 위해, 수공업을 위한 교육에 비례 간단하여 기술적 진보에 따른 공업교육은 이루어지지 않았다.

그러나 근대적인 공업교육을 위한 기초적인 조건은 공장제 수공업 시기에 준비되었다. 그 첫째는 과학과 기술의 결합이며, 둘째는 산업에의 연소 노동의 도입이다. 공장제 수공업시기의 기술적 고안의 대부분은 직인의 손에 이루어졌으나, 기술상의 여러 문제는 과학에 풍부한 연구의 소재를 제공하여 공업기술은 과학상의 문제의 해결을 요구 하였다.

이와 같은 선진적인 공업기술의 발전을 토대로 자연의 연구에서 실험과 관찰에 기초를 두는 귀납법의 중요성을 지적한 F.Bacon은 뉴. 아트란티스(1627년)에서 이상사회를 묘사하고 공업기술교육의 방법과 기술학교의 전명을 나타내고 있다. 같은 시기의 칸타페라는 태양의 도(1623년). J.Milton의 교육에 대해서(1644년) 안에서 기술교육의 전형이 묘사되어 있다. 이와 같이 17세기에는 몇 개의 Utopia가 기록되어 공업기술교육에 대한 제안이 발표되었다.

공장제 수공업시기에 연소노동이 산업에 널리 채용됨과 아울러 기술교육은 교육과 생산노동과의 결합문제로 제기되었다. 교육과 생산노동과의 결합을 통한 인간 형성이라는 사상은 16세기의 토마스 모아의 Utopia에 등장하였고, 17세기에는 J. 베라즈의 모든 유용한 직업과 농업의 생산학원을 설립하는 제안(1696년)에 나타나 있다. 이들 여러 제안에는 공교육에서의 종교교육에 대한 견해의 차이, 교육과 생산노동과의 결합을 어떤 방법으로 실현하는 가에 대해 각종 전형이 나와 있다. 이들 제안이 후세에 미친 영향은 대단하였으나 당시로서는 현실적이 못되었다.

공장제 수공업기의 생산의 기초는 의연히 수공 적 숙련이었기 때문이다. 이들 제안이 현실문제가 되고 과학적 지초를 가진 공업교육이 요구된 것은 대공업 출현 이후이 일이다. 이렇게 하여 싹이 튼 공업교육은 근로대중의 주체적 운동을 통해서 성장하고 실현되었다.

### 6.3.2 화학자 lavoisier와 기술교육

교육과 생산 노동과를 결합시키고 과학과 기술과를 결합시킨 종합기술교육의 실현은 18세기말의 프랑스 혁명이 실증하고자 하였다. 18세기 후반에는 Diderot, d'Alembert 등이 백과전서를 간행하고 거구들의 계몽사상과 함께 과학지식의 보급에 나서 과학자들이 Academy, 대학 등을 중심으로 연구 활동을 일으켰다. 그러나 당시 프랑스의 공업은 수공기술을 기초로 한 것이라 이 시기의 기술이 도달하는 데는 한계가 있었다.

대혁명시기인 1791년에 입법의회 내에 공교육위원회가 설치되고 교육개혁에 관계되는 다수의 법률안, 개혁안이 제시되었다. 그 가운데 Condorcet의 교육개혁과 함께 가장 전형적인 것은 A. Lavoisier의 교육계획이다. Lavoisier의 계획은 근로자의 지지를 받은 유일한 것이며, 그 계획의 첫째는 초등교육에 관한 것이며, 모든 아동에 사회적 조건의 구별 없이 기술의 교육을 포함하여 자유스런 초등교육을 균등하게 부여하겠다는 것이다.

둘째로 중등교육에서는 공무를 바라는 것과 기계적 기술을 원하는 두 종류로 나누고, 후자는 새로이 신설되는 Institution에서 훈련을 받는다. 초등기술학교와 Technical Institution은 프랑스 각 지방의 주요도시에 널리 설치된다. 셋째는 과학과 기술의 여러 학회와 연합조직을 만드는 것이다. 이것으로 각 기술 분야를 연계하여 각 분야가 서로 자극하며 같은 보조로 진보를 가할 수 있다. 이 계획은 현대의 선진공업국의 공업교육과 여러 학회의 조직을 예견한 것이었다.

### 6.3.3 대공업의 발달과 공업교육

공장제 수공업의 생산고정에서 노동이 분화되고 도구가 발달하여 기계가 도입되고 기계적 생산에 이행되어 대공업이 출현한다. 대기계공업의 생산과정에서 숙련노동과 비숙련노동의 분화가 이루어져 비숙련노동이 점차 증대한다.

작업이 분화되고 단순화됨에 따라 직인의 숙련노동에 대한 수요가 줄어들고 작업능력의 습득은 단시간에 이루어진다. 따라서 공업교육은 전혀 필요 없게 되거나 또는 분화되고 전문화되어 간다.

한편 생산기술의 발전에 따라 전문적인 교육을 받은 소수의 고급노동자가 필요하게 되고 특히 자연과학의 발달, 공학의 성립에 의해 고급기술자의 양성기관이 각국에 설립된다. 그러나 한편 대공업의 발전에 따른 노동자의 이적 황폐에 대해 공장법의 공포를 서두르게 되고 그 가운데는 교육의 조항이 들어있다.

그 후의 대공업의 발달은 부분적인 인간이 아니고 전면적으로 발달한 인간을 필요로 하게 되고, 과학적 지식을 가지고 기술적으로 교육된 노동자 요원의 증가의 필요, 선진적인 자본주의 국가에서 인정되어 독일 기타 유럽제국에서 노동자를 위한 공업학교, 직업학교, 보습학교가 설립하게 되었고, 미국에서는 이런 종류의 학교 설립 이외에 보통교육 안에 공업 기술적 교과가 들어가게 되었다.

### 6.3.4. 기계공 강습소 운동

현대의 공업교육, 특히 미국의 공업교육에 영향을 준 것은 영국에서 발전한 기계공 강습소(Mechanics Institute)와 러시아에서 창시된 러시아 법이라 불리어지는 공업기술 교육의 방법이다. 전자는 도제제도 중에서 요구된 비전이나 비밀로 대물림하는 과학적 지식의 습득을 목적으로 하는 운동이며, 노동자 중에서 자주적으로 일어난 것이며, 그라스고의 안다슨 연구소의 G. 바크베크(1776-1841년)에 의해 확산되었다.

바크베크는 1800년에 노동자의 과학적 지식을 높이기 위한 강습소를 시작하였다. 이 강습은 급속도로 확산되어 1824년에는 이것이 기계공장강습소의 설립이 되었다. 이 강습소의 목적은 과학의 각 부문, 기술의 원리, 기술의 실제에 대해서 교육하는 것이었다. 1841년에는 영국에 216개의 강습소가 설립되어 그 회원은 25,000명에 육박하였다. 이 운동은 노동자의 정치운동의 확대와 무관하지는 않았다. 또 상류계급에서 과학적 지식이 충분치 않은 당시로서는 이 운동은 상류계급, 국교파, 보수파로부터 반대와 방해를 받아 드디어 쇠퇴해 갔다.

쇠퇴의 원인은 이외에도 이 강습소가 대상으로 한 계급의 보통교육이 충분치 않았고, 교수요목에서 경제나 정치를 빼고 직인들을 유인할 수가 없기 때문이기도 하였다. 그러나 약간의 강습소는 다수의 직인들을 과학에 주목케 하고 과학의 보급과 더불어 당시의 대학이 아무 것도 할 수 없었을 때 모든 계급에 유용하였다. 이 강습소는 현존하는 영국이나 미국의 Technical Institute의 기원이 되었으며 공업교육의 보급에 큰 역할을 하였다.

### 6.3.5. 러시아 법

러시아에 공업교육의 발달을 가져온 것은 지체되고 있던 이 나라의 자본주의의 급속한 발달과, 생산기술이나 공학의 발전에 더불어 특별히 교육된 노동자, 기술자에 대한 급격한 수요가 생겼기 때문이다. 19세기 후반을 통해서 러시아의 기술교육은 합리적인 교수방법을 창조하는 데 대단한 노력을 기울였다.

모스크바 철도기술학교의 마르코프와 공동으로 기계기사 소베트킨은 1868년에 새로운 공업기술 교육의 방법을 고안하고 거기에 근거를 두는 교육계획과 필요한 도구의 요소를 작성하였다. 그것은 실제 일의 전 작업을 가르치는 대신 임의의 노동과정의 과학적 분석을 하고, 그 가운데 가장 중요한 요소작업과 작업방법과를 분리하여 가르치는 것이며, 종래 도제제도 중에서 모방과 개별지도와는 달리 수노동의 교육을 과학에 전가한 것이다.

이 방법이 수차 국제박람회에 제시되고 1876년 미국에 소개되어 현대 미국 기술교육의 기초가 되어 작업분석(job analysis)으로 널리 보급되고 있다. 그러나 러시아에서는 혁명 전에서의 공업기술 교육의 실제 면에서 이들 성과에도 불구하고 공업기술교육의 과학적인 일반적 방법은 창조되지 않았다.

### 6.3.6 미국에서의 공업교육의 발전

미국에서의 근대적인 공업교육의 창시는 기계공 강습소 운동과 러시아 법의 수입에 기인한다. 특히 C. M. 웃드워드(1837-1914년)와 J. D.랑글(1822-1902년)에 의해 연구되고 보통교육의 기술교육=수공 교육운동으로 전개 되었다.

수공(manual training)은 그 성격이 기초적이고 특수한 기술적 훈련이 아니므로 모든 공업 분야에 기초를 제공하는 것이며, 이 교육이 모든 중등학교에서 일반에 요구되면 공업교육의 문제는 해결된다고 생각하였다. 여기서 특수한 기술교육은 사립 직업학교에서 이루어졌다.

직업적 기술교육의 운동이 일어난 것은 1906년 Massachusetts 공업교육위원회 보고서의 발표와 같은 해의 전국 직업교육 지능화의 조직 이후의 일이다. 이 보고서 가운데 수공교육이 비판되고, 정계, 재계의 지지를 얻어 주립의 단독직업학교가 동부 여러 주에 설립되어 1917년 스미스 휴즈 법의 제정에 이르고 현재의 공업교육의 기초가 이루어 졌다.

그런데 이 시기까지는 미국의 공업교육이 보통교육으로 발전되어 온 것은 주목할 만한 사실이다. 신흥 자본주의국으로 지식이 있고 기술적으로 교육된 노동자 요원의 증대의 요구가 확실하게 인식되어 있기 때문이다. 그 후 세계경제공황이나 제2차 세계대전을 경험한 미국 산업사회의 변화에 따라 공업교육은 그 목적이 수정되고 탄생, 당시의 적극적인 의의가 변화되고, 새로운 공업의 교육에서 수노동의 훈련으로 이행되고 특정 기업의 직업적 요구에 적합한 훈련으로 이행되고 있다.

### 6.3.7 소비에트의 종합공업교육

인간의 전면적인 발달, 교육과 생산노동과의 결합을 목적으로 하는 종합공업교육은 소련에서는 사회주의 건설의 조전으로서 전개되었다. 1919년에 결정된 공산당 강령에서는 종합공업교육의 실시가 들어가 있으며, 레닌에 의해 그 이론과 실천의 방향이 확립되었다.

① 공산주의를 종국적으로 확립하는 능력 있는 세대를 교육하는 것이다.
② 전면적으로 발달한 인간의 교육이며 지능노동과 근육운동과의 분리를 지양시키는 교육이다.
③ 종합 공업적 노동교육과 과학의 기본과의 통합이다.

즉 '과학의 기본'을 주어 '이론과 실천에서 생산의 모든 주요부분'을 알려 '교수와 생산노동과를 긴밀하게 연계'시키는 것이다. 이와 같은 종합공업교육의 실현을 추진시킨 것은 1952년의 제19회 당 대회의 결정이며, 그 이후 공산주의에의 점차적인 이행과, 그 물질적 기초의 창조를 겨냥 종합공업교육의 추진과 실현이 평가되고 있다.

후르시초프의 교육개혁의 제안에 기틀을 두는 1958년의 교육법에서는 중등교육을 두 단계로 나누어, 제1단계에서는 전원의 무제의 8년째 학교를 만들고, 이것은 불완전 중등 보통교육의 노동. 종합공업학교로 한다. 이 8년째 학교의 교육은 과학의 기초교육, 종합기술교육, 노동교육, 사회적 유용노동에의 참가를 결합시켜 구성된다. 제 2단계의 교육은 학생은 완전하게 중등교육을 받게 된다.

8년째의 학교를 수료한 모든 청년은 다음과 같이 교육을 받아야 한다.

① 노동자. 농촌청년중학교-야간(또는 교대제)의 중등보통교육학교,
② 생산교육을 시키는 보통 · 노동 · 종합기술고등학교,
③ 테크니즘 기타중등전문학교

어느 하나에서 사회적으로 유용한 노동에 참가하면서 교육과 생산노동과의 결합을 기초로 하여 3년간의 교육을 받는다.

이 개혁의 5년 후, 종합공업교육의 경험이 집약되어 1964년 9월에 시작되는 신학년도부터 교과 프로그램이 개정되어 과학기술의 금후의 발전에 대응하기 위해 노

동과 학습의 부담을 경감시키는 것을 목적으로 8.2제의 이행을 결정하였다. 그래서 1966년 말에는 초등교육기관을 4년에서 3년으로 단축하는 새로운 교육과정의 시안이 작성되고 있다.

INDUSTRIES EDUCATION

제7장

# 공업기술과 공학

工業教科教育論

7.1 공업기술과 사회
7.2 공업기술의 윤리적 측면
7.3 공업기술과 과학
7.4 공업기술학과 공학

# 7. 공업기술과 공학

공업기술의 원리는 공업기술을 가르친다는 것과 공업기술에 의한 인간형성이라는 교육적 관점에서 검토되어야 한다. 과학교육이 그 지도 원리의 하나를 과학의 논리에 구하듯, 여기서도 공업기술의 논리를 밝혀 거기서 공업기술의 본질을 구명할 필요가 있다. 다음 공업기술이 가지는 몇 가지 측면을 밝혀 본다.

## 7.1 공업기술과 사회

### 7.1.1 공업기술과 현대사회

"우리들의 인간과 세계와의 관계를 유의할 때 가장 두드러진 특징으로 근대 기술을 들지 않을 수 없다. 그 결과로 근대 산업사회가 형성되어 왔기 때문이다."라고 하이데거는 말한다. 한편 淸水機大郎은 "현대문명의 특징을 나타내는 말은 꼭 부족한 것은 아니나 기계문명이라는 용어는 이들 가운데 가장 대표적이고 또 정통적인 것처럼 생각된다."하면서 다음의 이유를 들었다.

첫째, 기계를 무시하고 현대생활을 말하기는 불가능하며, 앞으로 점점 불가능하게 될 정도로 생활의 여러 측면이 기계에 의해 지배될 것이다.

둘째, 문명이라고 하는 것은 인간이 자연으로부터 개방되어 자연을 정복해 가는 과정인데, 기계에 의하지 않는 자연의 정복은 생각할 수 없으며, 기계문명 바로 그것이 자연의 정복을 의미하기 때문이다.

그간의 사정을 일고육랑은 「기계문명」이라는 논문에서 사회의 형태학적 측면 및 기계적 측면에서 상세하게 설명하고 있다. 즉 자본주의사회, 사회주의사회를 통해서 인구구성, 거주 지역, 생활양식 등에서 현대사회는 다음의 유사성을 나타낸다고 하였다.

① 산업별 인구구성의 변화 - 공업인구의 증가와 더불어 서비스업 인구는 늘고 농업인구는 감소된다.
② 도시화의 진전 - 인구의 도시집중과 생활양식 및 사고양식의 도시화
③ 생활수준의 향상 - 임금의 상승과 노동시간의 단축
④ 생활양식의 획일화 - 특히 복장과 여가이용에 있어서
⑤ mass communication힘의 증대 - 신문, TV, 라디오, 잡지 등의 보급
⑥ 교육의 보급 - 고등교육의 급속한 보급
⑦ 과학연구의 조직화 - 19세기의 사적 과학에서 산업계의 과학, 정부의 과학으로 형성 되었다.

공업은 기계를 보다 유효하게 활용하므로 그 노동생산성은 농업보다 높고, 따라서 생산은 공업생산으로 기울어지나, 대량생산방식의 채용으로 공업인구의 현저한 증가는 인정되지 않는다. 그러나 공업생산의 증대는 자재, 상품, 사람들의 유통을 촉진시켜 서비스업 인구의 현저한 증가를 가져왔다. 이와 같이 증가된 노동의 수요는 기계력의 침투로 공급 가능한 농촌에서 제공되어 농업인구는 현저하게 줄어든다.

또 생산이 기계화되고 기술상이 이익이 증가되면 생산의 규모는 점차 크게 되는 경향을 가진다. 이는 기계적 공업에서나, 장치공업에서나, 제삼차산업에서도 마찬가지이다. 그래서 하나의 산업은 그것에 수반된 관련 산업을 그 주변에 가지며, 이로 인해 집적된 인구는 동시에 상품에 대한 시장도 형성한다. 이렇게 하여 인구는 도시로 집중되지만 그것은 기술의 진전과 관계가 있다.

인구의 집중은 생활의 복잡성, 대량생산에 의한 공급량, mass communication힘의 증대에 따라 농촌에서 볼 수 있던 보수적이 아닌 관용적인 Cosmopolitan적인 사고형식을 가지게 되고, mass communication이나 대량생산된 소비재가 도시를 모델로 하기 때문에 사회 전체의 생활양식도 도시화의 경향을 띠게 된다.

또 공업기술의 진보에 의한 생산력의 증대는 약간의 분량을 근로대상에 주어 임

금의 상승과 노동시간의 단축을 초래한다. 그밖에 인쇄술, 전파기술 또는 유동에서의 기술의 발전은 mass communication힘의 증대를 초래하여, 대량생산방식에 의해 얻어지는 상품의 증가는 임금상승과 맞물려 생활양식의 획일화를 촉진한다. 공업기술이 진보되면 고도의 지식을 갖춘 기술자, 사무직원, 관리자가 대량으로 요구되어 고등교육의 보급을 유도한다.

한편 공업기술의 효용이 확인됨에 따라 더 한층 고도의 공업기술개발이 기획되지만, 그것은 소규모의 개인적인 연구로는 불가능하고 국가의 위신에 관련되는 정부의 과학의 정점으로 인원, 설비, 연구비의 증대와 조직화가 이루어지게 되었다. 오늘날 사회적 여러 측면이 기계의 기능에 의해 크게 영향을 받고 있음을 이해하게 된다. 요컨대 생활양식이 기술적인 향상에 종속되고 현대사회는 기계에 의해 특징지워진다고 보아야 할 것이다.

### 7.1.2 역사에서 볼 수 있는 공업기술의 영향

석기시대, 청동기시대, 금속기시대라 할 때 그것은 노동수단의 재료에 의한 시대구분이고, 구석기시대, 신석기시대 또는 승문식문화, 미생식문화라는 표현은 노동수단의 제법에 의해 시대를 구분하고 그 시대의 문화를 대표시키고자 하는 것이다. 마르크스는 자본론에서 "노동수단의 유물은 사라진 경제적 사회구조의 가치판단' 으로 '무엇이 만들어지는 것인가 하는 것이 아니라 어떻게 하여 어떠한 노동수단을 가지고 만드는가 하는 것이 경제적 여러 시대를 구분한다."고 하였듯이 공업기술은 역사를 움직이는 하나의 요인이다.

① 「인류와 기계의 역사」를 지은 S. Lilley는 "구석기시대의 수렵인 이나 식물 채집자는 원시공산사회라 불리는 형의 평등이 지배하는 사회에 살았다." "그러나 동이나 기타 발명의 사용과 함께 공동체에 속하는 사람들의 부와 힘의 차이는 급속도로 크게 되고, 어떤 것은 지방적인 공동체를 차례차례로 지배하여 여기서 군대를 만들고 이어 고대국가를 형성하였다." 그래서 "평등한 소농민의 단순한 공동체는 자취를 감추고 계급분열은 사회구조의 기초가 되었다."고

기술하고 있다.

② 철의 출현은 "대부분의 인간은 우수한 도구나 무기를 가지게 되고, 귀족의 비호 하에서 독립한 다수의 공인계급과 상인계급이 나타남에 따라 보다 고도의 경제적 평등과 경제력의 분산을 초래하였다."

③ 또 "물, 바람, 동물의 힘 - 이세 가지의 동력원은 …… 노예제도 없이 고도의 문명출현에 기초를 이룩하였으며, 이것이 발달됨에 따라 노예제도는 점차 사라졌다."

④ 새로운 근대사의 밝은 별인 "르네상스는 먼저 번영의 절정에 도달한 14세기 북 이태리 도시에서 일어났다." 특히 "모직물, 모피 등의 거래와 금융업에 의해 일찍부터 번영하였던 휘렌시에서는 시정을 장악한 메데치 家門이 이 시대의 르네상스의 미술가와 학자를 보호하여 고전연구와 미술관을 세웠다." 따라서 훼렌시에서 출생한 'Dante, Petrarca, Boccaccio의 세 문학자를 위시하여 많은 천재' 는 이와 같은 물적, 사회적 환경에 의해서도 배출된 것이다.

⑤ 나침반, 철포, 활판인쇄술은 르네상스의 삼대발명이라고 한다. "나침반의 개량으로 원양항해가 가능하였고, 또 화약의 응용에 의해 대포와 소총이 사용되기에 이르렀고 전술이 변화되었다." 그래서 "중세의 성곽은 위력을 상실되고……봉건제도의 붕괴를 촉진하였다." "이상의 두 발명은 다른 한편으로는 서유럽 제국의 해외진출, 따라서 식민지 개척에도 결정적인 구실을 하였음에 주목하지 않을 수 없다." 또 중세의 사상이나 학문은 성직자가 독점을 하고 있었으나 활판 인쇄술의 발명은…… 값싼 활자본을 보급하게 되었고, 사상과 학문을 급속히 민중에게 확산시키는 결과가 되었다.

교황으로부터의 파문 장을 대중 앞에서 불태운 Luther의 행동으로 시작되는 종교 개혁은 이 인쇄술의 발명 보급과 무관하다고는 볼 수 없으며, 그리하여 포르트갈 인에 의한 대서양을 거쳐 희망봉에 도달하는 일련의 신항로 개척은 나침반과 관계가 있으나, 이렇게 하여 "유럽이 대서양측에서 세계 각지로 자유스럽게 왕래하게 된 결과 지중해의 상업을 중심으로 번창하였던 이태리의 여러 도시는 쇠퇴하기 시작하였고, 대서양에 자리 잡은 에스파냐, 포르트갈이 이후 오랫동안 세계의 무역을 독점하기에 이르렀다."

⑥ 1585년 영국의 함대가 스페인의 무적함대를 격파하게 된 주된 원인의 하나는 영국이 기술적으로 우수하였기 때문이며, 영국의 상인은 새로이 우수한 선박으로 전 세계와 거래를 하고 공업발전에 호응하여 상업 활동도 활발하였다. 이렇게 하여 영국은 1640년까지의 양 세기 사이에 유럽 가운데 상공업이 가장 우수한 나라의 하나로 변하였다.

⑦ 이러한 사실을 가능케 한 중요한 요소의 하나는 '독일에서 완성된 해저전선의 기술을 국가의 목적을 위해 일찍 채용하고 해저전선에 의한 통신권의 확보'에 노력하였기 때문이다.

⑧ 면직물은 17세기 말경부터 모직물 대신에 유럽의 상류사회에 애용되고 그 수요는 극히 많아지고 값싼 직물을 대량으로 본국에서 생산코자 하는 바람이었는데, 이 기대에 부응하여 John Kay의 비서(1733년), Hargreaves의 방적기(1765년), Arkwright의 수력방적기(1768년)가 차례로 발명되고 Crompton의 Mule방적기(1779년), Roberts의 자동 Mule방적기의 발명도 여기에 계속되었다.

이와 같은 기술의 진보는 '산업혁명을 유발'하였으며, 이 산업혁명의 결과 종래의 Manufacture는 공장제 기계공업으로 크게 전환되었고 급속히 자본주의를 발전시키게 되었다.

⑨ 19세기 후반부터 제1차 세계대전까지…… 자연과학이나 기술면에서의 발전은 더 한층 눈부신 것이었다. Morse의 전신기(1876년), Edison의 전등(1879년), Marconi의 무선전신(1896년)이 계속 발명되어 '인간생활의 향상에도 큰 가능성을 부여하는 한편 전쟁기술에도 크게 영향을 주어…… 무기생산과 자본주의의관계를 밀접하게 하여 소국이나 식민지에 대해 강대국의 우월을 결정적'으로 하였다.

⑩ 전쟁의 승패와 기술이 관계된 예는 대단히 많다. 예를 들면 독일이 일본과의 해전에 앞서 텔레푼겐 회사에서 무선송신기를 사서 설치하고도 마다가스카르에서 독일인 기사가 도망간 발틱 함대에 비해 일본함대는 국산의 불꽃 통신

기에 의해적 함대를 보았다는 정보를 三笠의 코벌라 검파기로 잡을 수 있었다.

또 세계 제2차 대전에서 영국은 영불해협의 해안에서 CH국을 배치하여 독일군의 공습을 막을 수 있었고, 근접 신관에 의해 Ⅵ호를 96% 격추시킬 수 있었다. 또 1945년 8월 6일과 9일 원자폭탄 투하로 '정부는 각의를 열어 항복논의를 거듭한 결과 이때 원폭에는 대항할 기술이 없다는 주장이 지배적이어서 역사적인 어전대회가 열려 8월 15일 포츠담선언을 수락하고 항복하게 되었다.' 이상의 사실에서 기술은 역사를 움직이는 하나의 요인임을 알 수 있다.

## 7.2 공업기술의 윤리적 측면

三木清은 공업기술은 행위이고 행위의 형태라고 말할 때 그는 기계기술을 윤리적 측면에서 다루고자 하였다. 윤리학에 의하면 "인간은 자기의식에 의해, 의지에 의해서, 자신의 활동의 방법을 스스로 결정해서 활동한다. 이와 같은 활동을 행위라 한다." 따라서 실천개념으로서의 기술은 윤리학에서의 행위와 동일한 범주에 속한다고 볼 수 있다.

그러나 모든 행위가 언제나 윤리적이 아니듯 기술적 행위가 무조건 윤리적이라고는 할 수 없다. 국내문제에 한해서 보더라도 어떤 종류의 파괴행위는 지극히 기술적이었다. 근데 공업기술이 공해를 초래하여 세론의 비판을 받은 것은 이미 알고 있는 사실이다.

'우리들의 일상생활에서 행위의 기준이 되고 있는 것은 직접적으로 윤리만은 아니다. 우리들은 법률적 의무, 경제적 이익, 공업기술상의 편리 등에 따라 행위의 방법을 정하고 있다. 그래서 법률이나 경제와 공업기술은 보통 윤리와는 다른 것으로 보고 있다.' 그러므로 '우리들은 어떤 법률을 만들 것인가? 어떤 경제활동을 할 것인가? 공업기술을 어떻게 이용할 것인가를 결정할 때 언제나 윤리를 고려하고 윤리에 따르지 않으면 안 된다. 이렇게 생각한다면 우리들은 법률행위, 경제행위, 기타 기

술적 행위에 있어서도 결국은 윤리를 궁극적인 기준으로 하여 행위하고 있다고 하지 않으면 안 된다.'

따라서 아리스토텔레스가 공업기술이 인간의 최고선인 행복에 봉사하는 것으로 보고, 칸트가 그 행위의 바탕에 이성을 두고 의지행위에 의한 생산만을 기술이라고 부를 수 있다고 간주하고, 오르데카가 기술을 선한 것을 위하여 종속시킨 것은 공업기술이 인간에 대해서 항상 선한 결과를 가져다주는 것이 아니므로, 그러한 윤리적인 제약을 고려하지 않으면 안 된다. 즉 공업기술은 그 지도방침으로 규범으로서의 윤리성을 필요로 하는 일면이 있다.

여기에 대해서 공업기술의 결과인 생산물과 그 과정의 노고를 생각한다면 기술은 노동과 중복시킬 수가 있다. 이렇게 본다면 '근로를 시작으로 절제 그리고 합리성 등의 모든 덕목이 그 자신 노동의 모든 덕목으로서 노동이 요구하는 신체적 정신적인 노력과 긴장을 통하여 우리들 가운데 함양되는 덕성임에 주의를 하지 않으면 안 된다.' 즉 '노동은 인간의 윤리적 힘도 창조하는 것이고 공업기술의 계속적 실천은 그것 없이는 불가능한 여러 덕목을 필연적으로 연마한다는 일면도 더불어 가지고 있다.

공업기술을 내부 구조적이 아니고 인간의 행위로 볼 때 '선하다.', '악하다.'라는 말로 표현하는 윤리적 가치관, '할 수 있다.', '할 수 없다.'로 표현되는 윤리적 규범, 또는 의무의 관념 없이 공업기술의 행위는 수행되지 않는다. 이와 같은 측면을 강조한 것이 노작교육에서의 도덕교육파이다.

## 7.3 공업기술과 과학

과학기술이라 말할 정도로 양자의 관계는 깊다. 그러나 공업기술은 반드시 과학에 기초를 두어야 한다는 오해라든가, 과학교육을 하면 기술교육은 필요하지 않다는 논의도 생긴다. 그런데 공업기술교육에 과학교육으로부터 구별된 독자적인 영향을 주기위해서는 양자를 명확하게 구별하여 두지 않으면 안 된다.

### 7.3.1 공업기술과 과학의 상위

기업에서의 연구자의 연구가 단순한 연구보고에 머물고 실제 기업에 아무런 구실을 못한다면 농학은 빛나도 농업은 망한다는 비난 등은 과학과 공업기술의 관계가 막연하게 인식되고, 양자의 구별이 명확하게 인식되지 않는 데 기인된다. 다음에 그 다른 점을 살펴본다.

(1) 목적의 상위 "과학의 최종목적은 법칙을 확립하는 데 있으며, 그것은 철학과 마찬가지로 진리탐구의 학문이다." 이것은 그리스의 피타고라스학파의 창시와 관계되는 '과학을 위한 과학'을 신조로 하는 영원의 진리를 찾는 사람에 의해 이룩된 것이며, 과학의 기본적 특질로 법칙의 정밀도와 보편성을 들 수 있다. 여기에 비해 공업기술은 목적적 제작을 위한 수단이었다. 공업기술의 목적은 그 과정은 아니고 결과이고, 제조품이고, 생산물이다. 생활과제의 해결을 목적으로 하는 당위의 방향을 가진다.

(2) 발상법의 상위 과학에서의 발상은 '그것은 무엇인가', '그것은 왜 그런가?' 로 그 기술은 '무엇을', '어째서'이다. 그래서 기술에 있어서의 발상은 '그 실용성은'이고 '어떻게 하여', '어떻게 할까?'로 그 객관화된 기술은 그것을 여하히 하는가? 어떻게 하는가의 방법이다.
공업기술에는 과학적 발상법과 기술적 발상법을 병용하지만, 전자만으로는 충분치 않다. 공업기술을 위한 그 발상법은 그 전제이고 보조수단이며 여기서는 기술적 발상법이 주도적 역할을 한다.

(3) 영역의 상위 공업기술은 과학보다 오래되었고 과학이전에 기술이 있었음은 기술사에서 나타난 그대로이다. 또 과학이라고 이름 붙여지지 않은 '이치에 의한 방법'에 의하여 남방 미개인은 오늘날도 생활하고 있다. 공업기술은 시간적 공간적으로 과학보다 폭이 넓다.
藤村敏一은 기업체에서의 아이디어의 원천으로 ① 연구부문, ② 제조부문, ③ 특 허부문 ④ 영업부문 ⑤ 구매부문 ⑥ 경영관리부문 ⑦ 기타를 거론한다. 즉 아이디어 연구부문 중에서 뿐만이 아니고 다른 부문의 사람들과 다른 부문이 접촉하고 있는 사람들의 관찰, 불만, 의견 중에서도 찾아 볼 수 있음을 말한다. 또 기술이 예를 들어 과학의 응용이고 과학적 방법에 의해 개발된 것이라 해도 그것만으로는 생산의 장에 있을 수 없다. 경제성과 미적 요소를 필요로 하기 때문이다.

(4) 과학과 공업기술의 시간적 거리 최근의 공업기술이 과학기술이라고 불려 질 때 과학과 공업기술의 결합은 직선적이어서 과학적 진리의 발견은 바로 공업기술의 발명을 의미하는 것처럼 생각하기 쉽다. 그러나 뒤에 설명하는 것과 같이 과학에서 공업기술에의 과정에는 몇 개의 단계가 있어 거기에 시간의 경과를 필요로 한다. Edison이 축음기의 아이디어를 구체화하기 시작한 것은 1864년이었으나 최초의 모형을 만든 것은 1877년이었다.

우라늄에 중성자를 충돌시키면 새 원소가 된다는 가능성을 실험적으로 확인한 것은 1934년, 원폭제조의 아이디어를 Rusebelt 대통령이 보고 받은 것은 1939년 가을, 그래서 최초의 실험이 이루어진 것은 1945년 7월이었다. 미국의 두뇌와 경력을 가지고도 원리에서 기술화를 위해서는 우라늄 235의 분리, 임계량, 중성자 반사재료, 기폭방법의 결정, 총 무게를 가볍게 하는 방법 등의 연구에 6년이라는 세월이 걸렸다. 원리와 공업기술의 시간적 거리는 짧아지는 경향은 있으나 거기에 새로운 내용이 있음은 분명하다.

### 7.3.2 공업기술과 과학과의 협력

양자의 상호 의존적 관계를 열거하면 다음과 같다.

① 공업기술은 과학에 연구수단을 제공한다. 이 사실은 거대한 과학뿐만 아니라 어 떤 분야에도 앞으로 점차 중요하게 될 것이다.

② 공업기술은 과학에 문제를 제공한다. 기술사가 보여 주는 바와 같이 많은 기술은 과학에 의하지 않고도 발생하여 필연성을 가지고 움직이고 있다. 공업기술 중에는 아직도 해명되지 않은 많은 문제가 남아 있고 과학에 문제를 제공하고 있다.

③ 과학은 공업기술에 아이디어를 준다. 특히 전기기술과 화학기술에 현저하나 앞으로는 어느 분야에서나 강화될 것이다.

④ 과학은 공업기술에 연구수단을 제공한다. 최근 기업체에서는 연구부문을 설치, 공업기술을 적극적으로 창출하는 노력을 기울이는 경향이 뚜렷해졌다. 그것은 무역의 자유화에 의해 공업기술의 수출보다 제품의 수출 쪽이 쉽고, 또 유효하고 또 상품의 수명이 짧게 된 데 기인한다.

공업기술연구에는 순수기초연구, 목적 기초연구, 응용연구, 실용화연구 등이 있으나, 이들 연구는 어느 것이나 실험, 관찰이라는 과학적 방법을 사용하므로 그 형태는 과학연구와 다를 바 없다.

이들 연구는 직접, 간접으로 실용성을 목적으로 하지만 그 방법과 고찰의 과정에서 과학을 수단으로 사용한다. 기술개발 과정에서 과학적 방법에 의해 얻어지는 지식과 견해는 과학 및 과학의 일종인 기술학의 내용에 넣더라도 목적은 당연히 기술의 발명이 아니어서는 안 된다. 과학은 공업기술의 수단도 된다.

### 7.3.3 공업기술-과학-경제 사이클

공업기술이 과학과 다른 점을 지적하면서 과학과의 연계성에 돌아왔다. 기술에 관여 하는 여러 가지 인자와의 관계를 통일적으로 이해하여 둘 필요를 느낀다.

아리스토텔레스는 마구를 만드는 공업기술은 군사기술에, 군사기술은 정치에 사용된 다고 하였다. 즉 여러 가지 공업기술 사이에 목적, 수단의 관계에 기초를 두는 계층적 관계가 있어서 모든 공업기술은 정치에서의 수단이라고 생각하였다. 그러나 기술 수단임과 동시에 목적이다. 과학은 종종 기술에 자극을 받았으며 공업기술은 또 과학 에서 영향을 받아 발달한다.

그래서 양자는 서로 서로 독자적이면서 하나로 연결되어 있다. 공업기술은 경제의 수단이지만 공업기술이 경제에 종속되고 경제에 속박되고 만다면, 그 진보는 부정되고 나아가서 경제의 발전을 저해되고 말 것이다. 경제에서 개방되고 독자성을 인정받음에 따라 기술의 자유로운 진보가 기대되며 경제도 그 은혜를 받을 수가 있다.

최근 정부 및 기업체가 기술개발을 위해 관청이나 연구 부서를 만들어 재정투자를 하고 있음은, 기술을 경제나 정치로부터 해방시켜 기술개발을 목적으로 하여 경제 지출을 하고 있음을 보여준다. 상천춘희는 「현대기술론」에서 기술이 과학과 경제의 경계영역이라는 독자의 장에 있다는 표현을 사용하고 있다. 기술이 과학과 경제의 사이에서 있기 때문에 목적임과 동시에 수단이라 함은 서로 가역적인 존재임을 의미한다. 지금 정치 · 경제 · 기술 · 과학이 서로 서로 목적적 수단적 존재라고 하면 다음과 같은 관계가 성립하지 않으면 안 된다.

즉 과학은 정치로부터 비용을 받아 자유롭게 과학적 사고에 기초를 두어 진리를 탐구한다. 공업기술은 과학으로부터 원리를 제공받아 경제적 유용성이라는 사상을 바탕으로 기술적 사고를 활동시켜 신기술의 개발에 노력한다. 경제는 기술로부터 신기술을 제공받는데, 그것은 생산성이라는 기준에 따라 채택 여부를 결정하고 부의 축적에 노력한다. 한편 경제가 기술연구를 계획할 경우에는 생산성은 일단 무시하지 않으면 안 된다.

또 공업기술이 기초연구를 계획할 때나 공업기술이 과학의 수단이 되었을 때는 경제적 유용성을 버리지 않으면 안 된다. 경제가 응용연구나 실용연구를 의도하고 그 연구 부문에서 과학적 방법을 사용하여 신기술의 개발에 노력을 할 경우, 경제나 과학은 수단이고 공업기술은 목적이다. 정부가 예산을 세워 기술개발을 의도하는 경우도 공업기술은 목적이 된다. 정치가 기술을 직접적인 수단으로 한 것은 전전 군사기술 및 우주개발 기술일 것이다.

과학-기술-경제-정치 사이클의 회전이 원활하게 이루어지면 문화의 향상, 부의 증대, 국가의 위신도 높아진다. 그러므로 정치가 과학, 공업기술의 연구를 조성하고 기업체가 연구투자를 하는 것이다. 공업기술이 수단임과 동시에 목적이다.

## 7.4 공업기술학과 공학

공업기술학이 객관적 법칙성의 의식적 적용이라고 한다면, 의식하여 적용하는 객관적 법칙성을 체계화한 공업기술학이란 어떤 것인가? 星野芳郎에 따르면 Beckman은 1772년 공업 여러 부문을 기능의 내부적인 유사성에 따라 분류하고, 그것을 토대로 공업기술학을 특수기술학과 일반기술학으로 구분하였다고 한다.

앞의 것은 일정한 제품을 만들 때의 전 공정을 기술하는 것이며, 뒤의 것은 여러 가지 산업공정의 개개의 조작에 공통된 방법을 몇 개 선택하여 정리하고 비교하는 것이었다.

星野는 전자를 공업기술학, 후자를 공학으로 구별하고, 다시 후자는 보통의 공학과 기초공학으로 구별한다고 하였다. 산전계일은 이를 받아들여 공학과 기초공학은 넓은 의미의 기술학의 일부이고 星野의 기술학을 좁은 의미라고 하였다.

마르크스에 있어 공업기술학은 대공업의 원리에 의해 창조된 참으로 근대적인 과학이고 자연에 대한 인간의 능동적 태도를, 또 직접적 생산과정을 나타내는 것이라고 자본론에서 밝혔다. 공업기술학은 기술이나 기술현상을 대상으로 연구하며 서술하는 과학이다.

공업기술학에는 세 가지의 서로 다른 견해가 있다. 첫째는 종래의 기술론, 기술철학을 학문으로까지 발전시키고자 하는 의미에서의 기술학, 둘째는 기술학, 즉 공학이나 농학이라는 견해이고, 셋째는 공학의 한 부분을 독립시킨 것이라는 것이다. 공업기술학은 기술의 인간학, 철학, 기술의 역사와 기술의 사회학이라는 견해도 있다. 따라서 공업기술학을 통일적으로 증명한다는 것은 어렵고 기술학, 공학, 기술의 관계와 첫째, 둘째의 견해를 살펴본다.

첫째의 입장에서는 기술에 관계되는 큰 학문영역으로서 공학, 농학 및 의학의 세 가지를 들고 그 가운데 공학적 기술을 중심으로 고찰한다. 그래서 本多修郎과 鈴木高明은 「기술학 개론」에서 공학을 '기술의 실체에 관한 학문'이라 하여 대상에 따른 구분으로 기계 계, 건설 계, 전기 계, 화학계의 넷으로 구분하였고, 학문의 성질에 의한 구분으로 좁은 의미의 공학을 도학, 기초공학, 생산공학 셋으로 나누고 있다.

여기서 말하는 좁은 의미의 공학이란 선박 · 비행기 및 교량 등 각종 기계 · 구조물을 제약하는 자연과학적 요인에 관한 학문이다. 생산공학은 재료, 도구, 기계, 작업방법, 작업조직 등 기계 · 구조물의 생산 · 시공법에 관계되는 설명이다. 그리하여 이와 같은 구분에 기초를 두고 공학, 기술 및 지도이념과의 관계를 그림 7-1과 같이 표시한다.

즉 좁은 의미의 공학과 생산 공학은 설계 · design이나 생산 · 공정에 연결되는 '기술'이고, 기초공학은 연구에 의한 '학문'으로서 기술과는 구분하여 표시하고 있다. 따라서 전체 의미로서의 공학은 기술과 구분되고 공학은 기술된 것이고 학문이기 때문에 법칙성(지식)의 체계라고 볼 수 있다.

둘째의 입장은 기술학 즉 공학이고, 셋째의 입장인 기술학은 내용적으로 보아 영목의 생산 공학에 속하는 것으로 볼 수 있다. 따라서 어떠한 입장을 취하더라도 기술학은 법칙성(지식)의 체계이고 공학도 마찬가지이다.

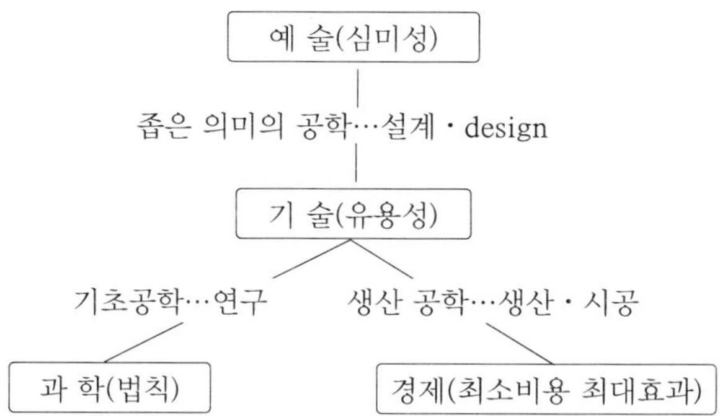


그림 7-1 공학과 기술의 관계

原善四郎은 공학과 기술의 관계에서 공학은 기술에서의 법칙성을 탐구하는 지적 활동이고 기술에 관한 과학이라 하였다. 그에게 있어 과학은 자연 및 사회의 법칙성을 탐구하는 인간의 일과 그것으로 파악된 법칙성의 체계로 공학과 기술학도 마찬가지이다. 기술은 자연법칙의 적용이라는 그곳에 그 진수가 있고, 자연과학과 기초과학에서 얻어진 법칙을 생산 면에 응용하여 가는데 기술의 특징이 있다고 하였다.

石谷淸幹은 「공학개론」에서 "공업에 관한 자연과학을 공학이라 한다."고 정의하고 다음과 같은 설명을 덧붙였다. 공학의 대상은 기술적 여러 수단이 사용되는 장면에 따라 규정되는 것이 아니고, 그 장면에 관계되는 방법에 따라 규정되는 그 무엇이 있다. 그와 같은 관여의 방법은 노동운동이나 경제학의 연구대상과 같은 게 아니고 그 과정을 자연현상으로 파악하는 점에 제1의 특색이 있다.

제2의 특색은 그 관여의 방법이 이용하는 목적을 가지고 관여한다는 유목적성을 가지는 사실이다. 공학을 응용과학이라 함은 기초과학에 대해서가 아니고 순수과학에 대해서 사용한다는 것이 바로 유목적성인 것이다.

공학적 관여의 제3의 특색은 전개성에 있다. 전개성이란 노동수단을 가정주부가 단순히 사용한다고 하는 수용성에 대한 개념으로 주체성에 의해 자신의 의지를 전개한다는 의미이다.

이렇게 본다면 석곡은 '생산기술에 대해서 자연과정성, 유목적성, 전개성의 세 가지 특색을 가지는 태도로 대처하는 자연과학의 분야가 공학과 농학을 합한 것이고, 여기서 농학을 뺀 나머지가 본래의 공학이다.' 공학과 농학을 합한 것에 이름은 붙이지 않았으나, 그것은 넓은 의미의 기술학으로 보는 견해이다.

공학의 기초에는 가치철학, 경제학, 기술론, 순수자연과학이 있다. 가치철학이란 선택기준을 연구대상으로 하는 학문이며, 품질의 신뢰성, 안전성, 무게, 부피, 량, 생산, 미관, 내구성, 내열성, 무공해성, 내진성, 거주성, 경쾌성 등이 문제가 된다. 요컨대 위의 세 조건을 구비한 자연과학이 바로 공학이다. 한편 기술은 도구, 기계, 장치 여러 가지 재료 등과 그 운용의 통일이라고 한다. 이렇게 볼 때 공학은 자연공학에 속하는 과학이며, 기술을 적용설로 보거나 수단 설로 보거나 공학을 기술과 같이 볼 수는 없다.

따라서 기술을 교육내용으로 하는 기술교육은 기술을 전제로 교육하는 것이며, 기술학, 공학, 농학 등을 전제로 교육하는 것이 아님을 시사하고 있다. 즉 본래의 기술교육은 실천을 전제로 교육과정을 짜는 것이 지식의 체계를 원리로 하고 있다.

말할 것도 없이 기술적 실천에는 기술적 관계지식을 시작으로 하여 여러 가지 지식을 필요로 하지만, 그 지식은 실천과의 연관에서 뜻이 있는 것이지 그 자체 독자적인 목적을 근간으로 할 수는 없다. 공학, 농학의 체계는 기술의 관계 지식의 원천으로서의 의미에서 가치를 지니고 있다.

INDUSTRIES EDUCATION

제8장

# 외국의 학교 교육제도

工業敎科敎育論

# 8. 외국의 학교 교육제도

## 8.1 독일의 이원화 제도(Dual System)

공업기술교육은 독일 직업교육의 경우가 연구사례로 되는 경우가 많다. 그 이유는 여러 가지가 있겠으나 이원화제도로 대표되는 독일의 직업교육이 산업계의 일의 현장과 학교교육이 잘 연계되어 직업교육을 통하여 배출한 산업인력에 의하여 만들어진 기술 제품들이 세계적으로 경쟁력을 유지하고 있고, 선진 공업국 중에서도 높은 고용률을 보이는 등 산업인력양성이란 측면에서 장점이 있을 뿐 만 아니라 교육제도와 교육방법면에서도 다른 나라에 대하여 많은 시사를 주기 때문이라고 생각된다.

공업현장에서의 기술 변화는 그 산업계에서 일을 하도록 학생에게 교육시키는 직업 교육의 변화를 요구하게 마련이고, 직업교육을 담당하고 있는 사람은 산업계의 이러한 요구를 교육에 반영하여 산업계에서 필요로 하는 인력을 양성 배출하여야 하는 까닭에 산업현장과 직업교육은 서로 연계되게 마련이다. 이러한 이유에서 독일에서는 산업 현장과 교육의 이원적인 측면을 교육에 통합시킨 제도인 이원화 제도가 직업 교육의 기본 체제로 자리 잡게 되었다.

여기에서는 이러한 이원화 제도의 내용과 이원화 제도에서는 새로운 기술발전을 어떻게 수용하고 있는가를 알기 위한 혁신사례의 내용을 알아본다. 이원화 제도에 관한 이해를 돕기 위하여 독일의 직업교육체제의 내용과 그 동행에 관해서도 알아본다.

## 8.1.1 독일의 직업교육 제도

### 1) 독일 직업교육의 체계와 학생 분포

독일의 직업교육에 관하여 설명하기 위해서는 우선 교육체제에 관하여 설명하는 것이 필요하다. 독일의 여러 개의 주(州)로 구성되어 있고, 각 주마다 자체의 교육법을 가지도 있기 때문에 독일 사람들조차 자신의 교육제도를 일컬어 정글과 같다고 표현할 정도로 교육제도가 복잡하여 이를 상세하게 알기는 매우 어렵다.

따라서 여기에서는 교육제도는 일반적인 내용만을 설명하고 직업교육에 관계된 것을 중심으로 설명하도록 한다.

#### (1) 일반 교육제도

독일 교육제도를 개략적으로 나타내면 다음의 그림 8-1과 같다.

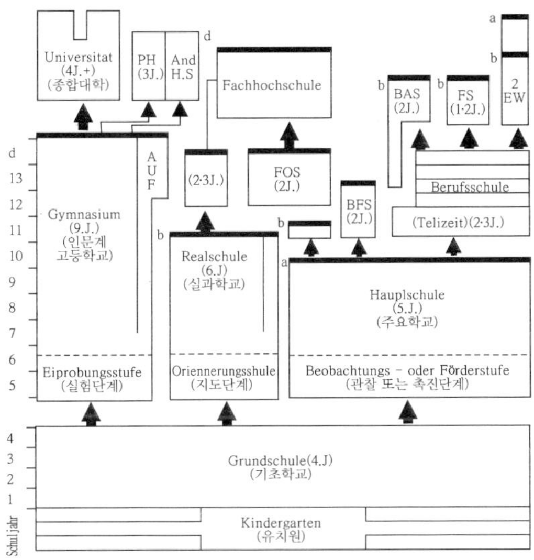


[보기]
a=Hauptschulabschlu(주요학교수료)
b=mittlerer Abschul(중간교육수료)
c=Fachhochschulreife(고등전문학교진학자격)
d=Hochschulreife(대학진학자격)
A=Aufbauformen(상구형)
F=F-Gymnasium(전과 김나지움)
FOS=Fachoberschule(전문고등학교)
(H)BFS=(Höhere)Berufsfachschule (직업전문학교)
FS=Fachschule(전문학교)
BAS=Berufsaufbauschule(직업상구학교)
2.BW=2. Bildungsweg(제2 교육진로)
PH=Pädagogische Hochschulen(교육대학)
And. HS=Andere Hochschulen(기타 대학)

그림 8-1 독일 교육체계 개요도

① 취학 전 교육 - 유치원(Kindergarten)에서 실시하고 있는데, 1973년 연방 교육 계획에 따르면, 유치원을 국민교육제도의 '기초교육단계'로 통합하고 희망하는 3~4세의 모든 유아들이 입학하도록 할 것을 원칙으로 세운바 있다.

② 기초학교(Grundschule) - 모든 아동에게 기초적인 초등교육과정을 공통적으로 이수시키는 학교이고, 전 교육제도를 뒷받침하는 하부구조이다. 대부분의 주에 있어서는 수업연한이 4년이지만 서 베를린 · 브레멘 · 함부르크의 도시주에 있어서는 6년이다.

③ 지도과정(Orientierungsstufe) - 4년의 초등과정을 수료하면, 적성과 능력에 따라 주요학교 · 실과학교 · 김나지움 또는 개혁된 학제에 의한 종합학교중의 어느 하나의 중등수준 학교에 입학하게 된다. 이들 학교에는 2년의 지도과정 또는 촉진단계가 설치되어 있어서, 아동들에게 결정적인 진로지도를 하게 된다. 즉, 이 지도과정이 끝나면 성적과 능력에 따라 3계통의 학교 간 이동이 가능하도록 되어 있다. 도 시주에 있어서는 기초학교가 6년제이기 때문에 지도 과정이 기초학교에 포함되고 있는 셈이다.

④ 주요학교(Hauptschule) - 기초학교 4년을 수료한 자가 진학하여 지도과정 2년을 포함해서 4~5년을 교육받는 학교이다. 원칙적으로 주요학교는 보통교육을 실시하는 학교이나, 제도적으로는 대학진학과는 전혀 관계가 없는 학교이기 때문에 취업생활에 기초가 되는 것을 가르치는 것이 중요한 기능이다.

⑤ 실과학교(Realschule) - 기초학교 4년을 수료한 학생들을 받아 지도과정 2년을 포함해서 6년간의 교육을 실사하는 학교로서, 상공업 · 행정계통 등 실무계의 중급적 직업인에 필요한 교육을 실시하는 기관이다. 실과학교 졸업자는 전문 고등학교(Fachober schule)에 진학할 수 있는 자격도 주어지며, 유능한 졸업생은 대학 진학자격을 준비하는 김나지움 상급 과정(Gymnasium Aufbauform)에 진학 할 수도 있다.

⑥ 김나지움(Gymnasium) - 기초학교 4년을 수료하고 지적으로 우수한 아동들이 진학하여 지도과정을 포함하여 9년간을 수학하게 된다. 직접적인 교육목적은 대학입학자격(Abitur)을 얻도록 지도하고, 종합대학(Universitat)과 단

과대학(Hochschule)에서 학문적 연구를 독자적으로 할 수 있도록 기초교육을 실시하는 데 있다. 현재 고전어 김나지움, 현대어 김나지움, 수학 및 자연과학 김나지움의 3형으로 구분되어 있다.

(2) 직업교육제도

① 직업학교(Berufschule) - 가장 보편적인 학교로서 주요학교(Hauptschule)를 마친 자를 대상으로 하는 3년제의 정시제(Part-time)학교이다. 15세 이상의 57~60%가 이 학교에 들어오게 되며, 재학생의 대부분은 산업체와 견습생 계약을 맺고 1주에 1~2일 등교하여 8~12시간의 수업을 받는다.

② 직업전문학교(Berufsfaschule) - 견습공 계약을 맺지 않고 전일제(Full-ime) 기술교육을 시키는 학교로서, 주로 상업계학교가 많다. 수업 년 한 1~3년으로 이 학교를 마치면 실과학교(Realschule)를 마친 자와 동등한 전문학교 입학자격, 중간교육수료증을 취득하게 된다.

이상 두 유형의 학교에서 18세까지 직업교육 취학의무를 마치고 다시 계속하여 직업교육을 받을 수 있는 학교로는 다음과 같은 것들이 있다.

③ 전문학교(Fachschule) - 수업연한 3년의 전일제 학교로 기업 등에서 견습기간을 마친 자를 대상으로 하며, 기능장(Meister)시험의 준비교육을 하는 직업계속기관의 하나이다. 수업 연한이 1~2년인 학교도 있다.

④ 직업상급학교(Berufsaufbauschule) - 비교적 새로운 유형의 학교로서 수업연한은 2~4년이다. 직업학교를 수료한자에게 고등전문학교(Fachhochschule) 입학자격을 부여하는 학교이다. 즉, 직업학교 출신자가 고등교육을 받을 수 있게 준비하는 학교인 셈이다.

(3) 직업 교육의 동향

독일에서의 의무교육기간은 12년간이다. 의무교육 기간 동안 학생들은 대개 두 가지의 큰 흐름에 따르게 된다.

첫째는 우리나라 일반계 고등학교와 비슷한 김나지움(Gymnasium)이라고 명명 된 학교를 다니며 12년 동안 순수 학문적인 교육을 받는 경우이다. 이 경우에는 대대 대학에 진학하는 것이 통례로 되어 있다.

둘째는 9년간의 순수 학문적인 학교를 다니고 나머지 3년간은 직업학교에서 교육을 받는 경우이다. 첫 번째의 경우와 같이 12년 동안 학교에서 순수 학문적인 교육만을 받는 학생 수는 전체의 약 1/3정도이고, 두 번째와 같이 순수 학문적인 교육은 9년을 받고 그 이후는 직업교육을 받는 학생 수가 전체 학생의 약 2/3가 된다. 직업교육으로, 학생들은 학교와 기업체의 두 곳에서 교육을 받게 된다.

직업교육을 실시하는 교육기관은 매우 다양하기 때문에 이 내용을 정리하면 표 8-1과 같다.

표 8-1 학교 형태에 따른 학생 분포

| 학교형태 | 14세(%) | | 17세(%) | |
|---|---|---|---|---|
| | 남 | 여 | 남 | 여 |
| 단기중학교(Short-course Secondary School) | 47.5 | 39.6 | - | - |
| 중간중학교(Intermediate School) | 23.2 | 29.6 | 4.3 | 3.6 |
| 고등학교(Highschool) | 24.4 | 27.2 | 21.0 | 23.1 |
| 종합학교(Comprehensive School) | 4.2 | 4.0 | 0.9 | 0.9 |
| 직업교육: 기술학교, 직업학교(Vocational education: Technical school, Vocational school) | - | - | 56.4 | 42.6 |
| 상급직업학교(Upper Vocational school) | 0.1 | 0.1 | 9.6 | 17.7 |
| 계 | | | | |

## 2) 직업교육의 이원화제도 (Dual System)

### (1) 이원화제도의 원리와 유형

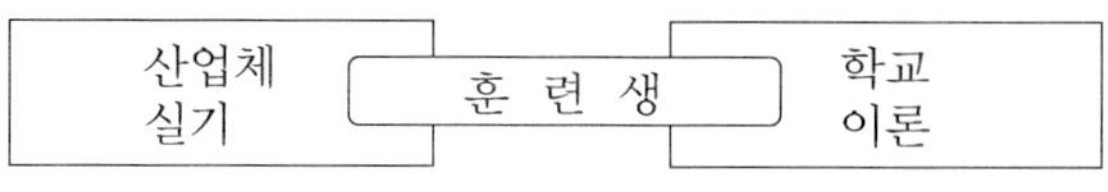


그림 8-2 이원화의 의미

독일에서 직업교육은 이원화제도(Dual System)에 의하여 이루어진다. 이원화제도는 일반보통교육과 직업에 관한 이론에 중점을 두고 산업체에서는 실기 교육에다 중점을 둔 철저한 산학협동체제로 운영되고 있다. 그림 8-2에서는 이원화제도의 원리와 유형을 살펴본다.

이원화의 의미는 여러 가지로 해석할 수 있는데, 즉 교육받는 장소별로 구분하는 '교육장소의 이원화', 교육대상의 신분으로 구분하는 '신분상의 이원화, 그리고 교육실시기관의 기능별로 본 '기능상의 이원화'로 규정지어 볼 수 있다.

훈련생은 산업체에서의 실기교육과 직업학교에서의 이론교육을 동시에 받음으로써 산업체에서는 고용인, 학교에서는 학생이라는 이원적 신분을 갖고 일정한 주당 시간배당에 의해(실기 28~32, 이론 8~12 : 계 40시간) 산업체와 학교간을 오가며 교육받게 된다.

이들은 3년간에 걸쳐 기본단계에서부터 전문단계에 이르기까지 교육을 받고 자격시험을 통해 직업적 자격을 부여받게 된다. 기본단계라 함은 3년 과정 중 제1차년 도로서 직종 군을 중심으로 광범위한 기초훈련을 실시하는 단계를 말하며, 전문단계는 제 2차년 도로서 희망하는 직종을 중심으로 폭 넓은 전문지식을 양성하는 단계, 전문단계는 제 3차년 도로 특정직종에 치중하여 이론과 실기면에서 응용력을 발휘하는 능력을 기르는 단계를 말한다.

이원화의 유형은 지역이나 산업체별 특성에 따라 그림 8-3과 같이 세 가지로 나누어 볼 수 있다.

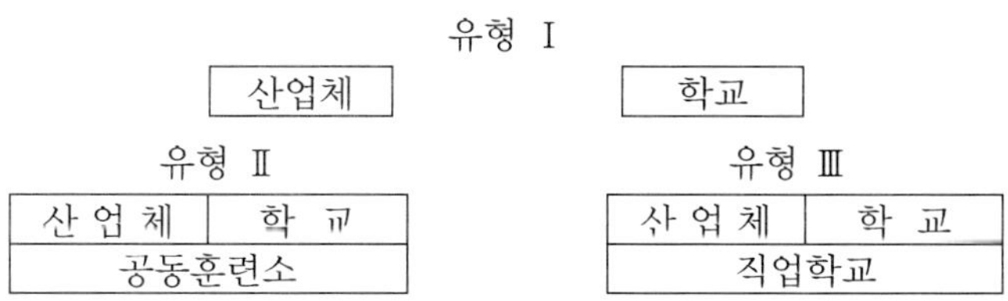


그림 8-3 이원화의 유형

유형 I 은 완전히 이원화된 모델로서 기본단계부터 실기는 산업체에서 실시하고 이론은 학교에서 교육하는 것으로, 폭 넓은 기초실기교육을 실시할 수 있는 대기업체에서 가능하며, 실기교육을 위한 정부의 보조가 불필요한 모델이다.

유형Ⅱ는 기본단계의 실기교육을 공동훈련소에 위탁교육을 통해서 실시하고 전문 단계부터 실시하는 유형이다. 충분한 시설을 갖춘 공동훈련소를 통하여 실습 기초과정을 배움으로써 충분한 기초 교육을 받을 수 있을 뿐만 아니라, 전문 단계에서는 이원화제도의 장점을 그대로 유지할 수 있어서 중소기업에 적당하다.

유형Ⅲ은 기본단계의 이론과 실습을 훈련시설을 갖춘 직업학교에서 실습과 이론교육을 받는 유형이다. 산업체에서 기초 훈련을 위한 훈련비가 소요되지 않는 이점이 있으나 학교의 운영을 위해 공공기관의 경비가 많이 소요된다.

#### 2) 이원화제도의 운영

독일에서 학생 수의 약 1/4에 해당하는 학생들은 순수한 학문적인 교육을 받지만 대다수의 학생들은 직업학교에서 의무교육을 마친다. 표 8-1에서 보면 전체 학생 수의 약 60%에 해당하는 학생은 의무교육 기간 동안에 사업체나 직업학교에서 직업교육을 받기 시작하는 것을 알 수 있다.

직업교육을 받는 학생은 공장이나 여러 가지 사업체에서 교육을 받는 동시에 일주일에 하루나 이틀은 직업학교에서 교육을 받는다. 이렇게 직업학교와 산업체가 연결된 학습인 이원화제도에 의하여 직업교육을 받는다.

학생들이 산업체에서 직업교육을 받을 때에는 고용주와의 계약에 의하여 일정액의 보수를 지급 받는다. 이러한 보수의 액수는 직종에 따라 일정하지 않으나, 개략적으로 집계된 것을 보면 견습공 1인당 1년에 약 10,000 마르크를 받는 것으로 집계하여 보고된 자료가 있다.

기업체 측에서는 이렇게 학생들에게 지급되는 금액 이외에도 실습재료비가 추가로 지출되는 것은 물론이다. 그러나 이러한 직업교육을 위한 지출금은 직업 교육을 받기 시작한 1차년 에는 기업체에 부담이 되지만, 해가 지나 학생의 실습 능력이 향상 될수록 학생들로부터 노동력을 제공받게 됨에 따라 점차 이익을 얻는 경우가 많아지게 된다.

전체적으로 산업체로서는 직업교육을 위하여 지출을 하게 되지만 이렇게 훈련

받은 숙련근로자나 도제(徒弟 : apprentice)들의 능력으로 인하여 그 기업체의 제품이 국제적으로 경쟁력을 유지할 수 있고, 새로운 기술이 급속도로 도입되어 확산되는 데에도 잘 적응할 수 있다는 인식이 공유되어 있는 까닭에 이러한 제도가 정착되어 있다.

### 8.1.2 기술발전에 따른 직업교육 혁신 사례

#### 1) 신기술과 산업계 종사자에게 요구되는 자격

독일의 직업교육제도는 다른 유럽의 여러 나라와 마찬가지로 중세의 도제제도(appreticeship)에서 유래된다. 1900년대의 산업화과정에서는 한 사람의 기능장(master craftsman)의 지도 감독 하에 몇 사람의 감독(superviser)이 일을 하고, 그 감독의 지휘 하에는 다시 몇 사람의 도제(apprentice)가 일을 하고 또, 일을 하는 방식도 분업에 의한 테일러리즘(tailerism)으로 변화되었다.

1985년에서 1990년의 최근에는 CNC나 산업용 로봇 등이 도입됨과 아울러 산업화 과정에서 도입된 테일러리즘(tailerism)에서 한 개의 커다란 기계에 여러 사람이 모여 함께 일을 하는 방식으로 일하는 모습이 변하게 되었다. 이에 따라 산업체 종사자가 일을 하는데 필요로 하는 능력도 기능적 능력(technical competence) 뿐만 아니라 개인적 능력(personal competence)과 사회적 능력(social competence)도 아울러 필요로 하게 되었다.

즉, 기술발전에 따라 직업현장에서 종사자가 하는 일의 내용이 밀링이나 드릴링 같은 기능적 요소가 차지하는 비중은 프로그래밍, 품질관리, 정비와 수리, 프로그램 실현 등과 같은 기술적 요소의 중요성으로 인하여 감소되고, 팀을 이루어 동료와 함께 일을 하는 능력이 개인적 능력과 함께 필요하게 되었다.

이에 따라 직업교육에서는 기본적인 기능과 함께 현대 생산과정에서의 기술적·신체적·화학적 기능 문제에 관한 기초 지식, 정비과정과 수리에 필요한 지식, 정보처리에 관한 기초적 지식, 측정기술에 관한 지식 등을 기르는 노력이 필요하게 되었다.

이러한 기술적 능력을 교육학적인 용어로 표현하면 논리적 사고력, 창조력, 상호관계를 이해하는 능력, 과정과 절차의 이해력, 독립성, 단체 활동 능력, 판단 및 비판 능력 등이다.

### 2) 직업교육 혁신사례

독일 직업교육에서의 교육 목표도 위에서 열거한 능력을 기르는 방향으로 선정된 경우를 많이 발견할 수 있을 것이다. 여기에서는 이러한 예를 열거하여 표면적인 설명을 하기보다 그 특징을 대표적으로 가지고 있으면서 최근에 혁신을 실시한 사례를 들어 이러한 직업교육의 혁신 내용을 설명하도록 한다.

우리나라에도 잘 알려진 독일의 유명한 자동차 생산업체인 VOLKSWAGEN에서는 직업훈련의 목표를 다음과 같이 다섯 가지로 세우고 있다.

① 학습자는 기술적 과제를 독자적으로 수행한다.
② 학습자는 조직체의 한 구성으로서 일한다.
③ 정보를 수집 활용할 수 있도록 한다.
④ 여러 과제를 수행하는데 적합한 방법을 적용할 수 있도록 한다.
⑤ 자기의 학습과정은 자신이 조직하여 완성하도록 한다.

위의 목표들은 이 회사가 금속가공과 전자산업을 재조직하기 위하여 미래지향의 교육개념을 고안한 것이다. 이는 공장에서의 경험을 바탕으로 1987년 9월에 개념화한 것이다. 이 개념은 다음과 같은 내용으로 구성되었다. 이것은 이미 설명한 바와 같이 한 개의 커다란 기계에 여러 사람이 모여 함께 일을 하는 방식으로 일하는 모습이 변하게 되었다.

이에 따라 산업체 종사자가 일을 하는데 필요로 하는 능력도 기능적 능력(technical competence) 뿐만 아니라 개인적 능력(personal competence)과 사회적 능력(social competence)도 아울러 필요로 하게 되었기 때문에 개념화된 것이다. 이러한 개념도는 그림 8-4와 같다.

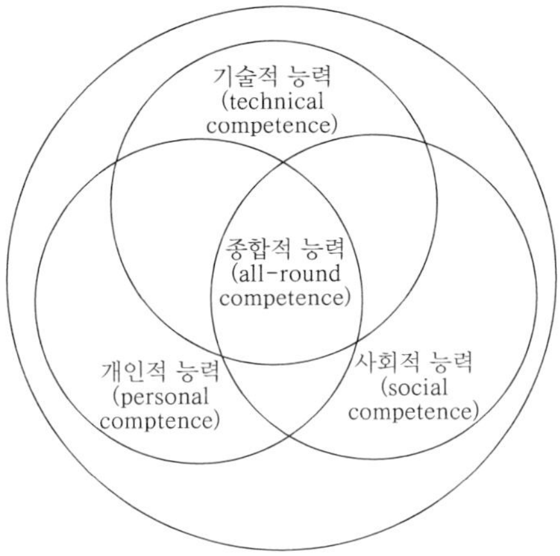


그림 8-4 다기능 모형 (all-round competence model)

산업체 종사자가 일을 하는데 필요로 하는 능력이 기능적 능력(technical competence) 뿐만 아니라 개인적 능력(personal competence)과 사회적 능력(social competence)이 아울러 필요로 하다는 다기능모형(all-round competence model)에 따라 직업교육에서는 다음과 같은 내용으로 학생을 교육하게 되었다.

① 기본적이고 기능적인 훈련
② 교사의 조력에 의한 개별적 및 집단적 학습
③ 이론에 기초한 실습
④ 기술 센터에서의 학습 (technology center learning concept)
⑤ 창의성 교육
⑥여가 활용을 통한 동기 유발

첫째로 기본적으로 기능적인 훈련을 실시하기 위한 첫 단계는 기본적이고 기초적인 실습을 실시한다. 모든 실습생은 프로젝트로 구성된 "다목적 공작(multispan)" "전등(lighting set)" 과 같은 실제로 생활에서 사용할 수 있는 물건을 제작한다. 이러한 프로젝트를 수행함으로써 기계나 공구사용법, 줄질하기, 조립하기, 계획 및 검사 등의 기능을 숙달하게 된다.

다목적 공작기계는 드릴, 전기톱, 선반으로 조립할 수 있는 작은 공작기계이다. 각 학생은 이 기계를 1대씩 제작하는데, 제작된 기계는 학생들의 소유로 된다. 이 때문에도 학생은 이 프로젝트를 열심히 수행하며 과제를 수행하는 중에 계획된 기능을 숙달하게 된다.

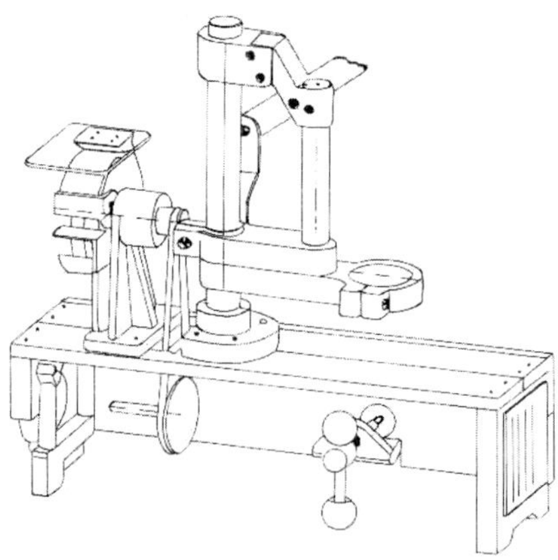

그림 8-5 다목적 공작기계 프로젝트 과제

둘째, 교사의 조력에 의한 개별적 및 집단적 학습을 한다.

기술의 발전에 따라 계속적으로 학습하려면 학생들은 학습방법을 배워야 한다. 이 산업체에서 학생들은 개별적으로 또는 집단적으로 책과 교범(manual)을 가지고 학습함으로써 이를 배운다.

교사는 단지 학습자가 배우는 과정에서 도움을 주는 조력자의 위치를 견지한다. 때로는 교사가 학생들의 팀에서 한 구성원으로써 행동하기도 한다. 프로젝트를 수행하기 위하여 조직된 팀은 자체 훈련과정 동안(대개 3년 6개월)에 공동생활을 한다.

셋째, 이론에 기초한 실습을 실시한다. 자동차 산업에서 선두를 유지하려면 새로운 기술의 혁신이 요구된다. 이를 위해서는 복잡한 기계와 설비를 숙달하여야 할 필요가 있다. 따라서 학습자는 실습교범이나 교육담당관, 숙련공 등과의 직무교육을 통하여 이를 배우고 숙달한다.

넷째, 기술 센터(technology center)를 설치하고 이곳에서 학습을 한다. 일반적인 기능훈련만 가지고는 어떤 가격이 비싼 기계의 고장원인 발견과 수리 능력같은 기술은 배울 수가 없다. 값비싼 기계의 제어 프로그램을 수정한다거나 수리하는 실습을 하기는 사실상 경제적으로 매우 곤란하다. 이 때문에 값이 비싼 장비를 한 곳에 실습하도록 모아둔 기술 센터(technology center)를 만들어 학생들이 이러한 값비싼 장비를 접하며 실제적인 실습을 할 수 있도록 한다.

다섯째, 창의성을 기른다. 이 산업체에서는 미래의 산업사회에서의 과제를 문제를 해결하는데 있어서 창의성이 기능인에게도 필수적일 것이라는 것을 인식하고 있다. 이러한 까닭에 학습자는 자기 자신이 목표를 세우고, 개인이 설계한 것을 생산하도록 하며, 새로운 해결방안을 모색하도록 한다. 이러한 활동은 다음과 같은 것을 적용한다.

- 학습 프로젝트의 설계에 학생들의 독립적인 활동을 요구한다.
- 기술적 분야와 수학 등이 요구되는 창조적 해결이 필요한 학습과제를 부과한다.
- 설계의 개념을 도입한다.

여섯째, 학습자의 동기를 우발하기 위하여 여가 활동을 한다. 학습자에게 일과 여가 활동은 상호보완적이다. 따라서 학습자에게 개인의 여가 활동을 하도록 지원한다. 이러한 여가 활동에서 자발성을 매우 중요시하며 음악, 연극, 체육, 자연학습, 환경학습, 사회활동 등 다양한 활동이 포함된다.

### 8.1.3 직업교육 혁신 사례의 교육적 의의와 시사점

이제까지 독일에서의 직업교육으로 알려져 있는 이원화제도의 운영체제와 이원화 제도에서는 새로운 기술발전을 어떻게 수용하고 있는가를 알기 위한 혁신사례의 내용을 알아보았다. 그리고 이러한 직업교육의 혁신을 가져오게 된 산업 및 교육적 배경도 알아보았다. 이제까지 살펴본 내용에서 우리의 교육현실에 비추어 교육적 의의를 살펴보면 다음과 같다.

독일의 직업교육이 우리나라 교육에 주는 시사점으로는 먼저 직업교육 위주도 구성된 중등학교 체제 면에서 살펴볼 수 있다. 독일에서도 학생들은 중등학교 수준에서 우리나라의 실업계와 일반계 고등학교와 비슷하게 대개 두 가지의 큰 흐름에 따르게 된다.

첫째는 우리나라 일반계 고등학교와 비슷한 김나지움(gymnasium)이라고 명명된 학교를 다니는 경우이고, 둘째는 9년간의 순수 학문적인 학교를 다니고 나머지 3년간은 직업학교에서 교육을 받는 경우이다.

그러나, 그러한 학교교육을 받는 학생 수의 비율에서는 우리나라와 아주 상반된다. 즉, 우리나라는 고등학교에 재학하고 있는 학생 중에 일반계 고등학교에서 교육을 받는 학생의 수가 약 68%, 실업계 고등학교에서 직업교육을 받는 학생 수가 약 32%인데 비하여 독일에서는 첫 번째의 경우와 같이 의무교육 12년 동안 학교에서 순수 학문적인 교육만을 받는 학생 수는 전체의 약 1/3정도이고, 두 번째와 같이 순수 학문적인 교육은 9년을 받고 그 이후는 직업교육을 받는 학생 수가 전체 학생의 약 2/3가 된다.

이로 인하여 우리나라에서는 기능 기술 인력의 수요공급에서 균형을 잃고 있다. 즉, 일반계 고등학교를 졸업하고 대학에 진학을 하지 못하면서 취업 기술도 익히지 못한 상태에서 사회로 배출되는 인력은 많은데 비하여 산업계에서는 기능 기술인력 부족으로 어려움을 겪고 있다.

그러나, 우리나라와 상반되는 직업교육의 체제를 가지고 있는 독일에서는 이러한 어려움 없이 인력의 수요 공급을 잘 맞추고 있어 선진 공업국 중에서도 높은 고용율을 보이고 있다. 이렇게 볼 때 독일의 교육체제가 우리나라의 교육체제의 개혁을 위해 시사하는 바가 적지 않다고 하겠다.

그 다음으로는 직업교육에서의 산학 연계체제의 확립이라고 하겠다.

독일에서 학생 수의 약 1/4에 해당하는 학생들은 순수한 학문적인 교육을 받지만 대다수의 학생들은 직업학교에서 의무교육을 마친다. 약 60%에 해당하는 학생은 의무교육 기간 동안에 사업체나 직업학교에서 직업교육을 받기 시작한다.

직업교육을 받는 학생은 공장이나 여러 가지 사업체에서 교육을 받는 동시에 학교에서 직업교육을 받는다. 이렇게 직업학교와 산업체가 연결된 학습인 이원화제도에 의한 교육이 독일 직업교육의 큰 특징이다. 학생들이 산업체에서 직업교육을 받을 때에는 고용주와의 계약에 의하여 일정액의 보수를 지급 받는다. 기업체에서는 이렇게 학생들에게 지급되는 금액 이외에도 실습재료비가 추가로 지출되는 것은 물론이다.

이러한 직업교육을 위한 지출에도 불구하고 산업체에서는 이렇게 훈련받은 숙련근로자의 능력으로 인하여 그 기업체의 제품이 국제적으로 경쟁력을 유지할 수 있고, 새로운 기술이 급속도로 도입되어 확산되는 데에도 잘 적응 할 수 있다는 인식이 공유되어 있는 까닭에 이러한 산학연계제도가 정착되어 있다.

그리고, 셋째는 발전된 산업사회에서의 요구를 직업교육에서 능동적으로 수용하고 있다는 점이 우리나라 직업교육에서 시사하는 바가 크다고 볼 수 있다. 기술발전에 따라 직업현장에서 종사자가 하는 일의 내용이 밀링이나 드릴링 같은 기능적 요소가 차지하는 비중은 프로그래밍, 품질관리, 정비와 수리, 프로그램 실험 등과 같은 기술적 요소의 중요성으로 인하여 감소되고, 팀을 이루어 동료와 함께 일을 하는 능력이 개인적 능력과 함께 필요하게 됨에 따라 직업교육의 개혁이 이루어지고 있다.

즉, 산업체 종사자에게 필요로 하는 능력이 기능적 능력(technical competence) 뿐만 아니라 개인적 능력(personal competence)과 사회적 능력(social competence)도 필요하게 되었다.

이에 따라 다음과 같은 교육의 개혁이 직업 교육 체제 내에서 이루어지고 있다.

첫째, 기본적이고 기능적인 훈련을 실시하기 위한 프로젝트에 최대한 학습을 하도록 하고 있다.

둘째, 교사는 조력만을 하고 학생 스스로가 개별적 및 집단적 학습을 하도록 한다.

셋째, 이론에 기초한 실습을 실시한다.

넷째, 기술 센터(technology center)를 설치하고 이곳에서 고가의 장비에 관한 실습을 실시한다.

다섯째, 미래의 산업사회에서 창의성이 기능인에게도 필수적이라는 것을 인식하고 학습자의 창의성을 기르기 위하여 학습자는 자기 자신이 목표를 세우도록 하고, 개인이 설계한 것을 생산하도록 하며, 이러한 과정에서 새로운 해결 방안을 모색하도록 한다.

## 8.2 일본의 교육 현황과 과제

### 8.2.1 일본의 교육제도

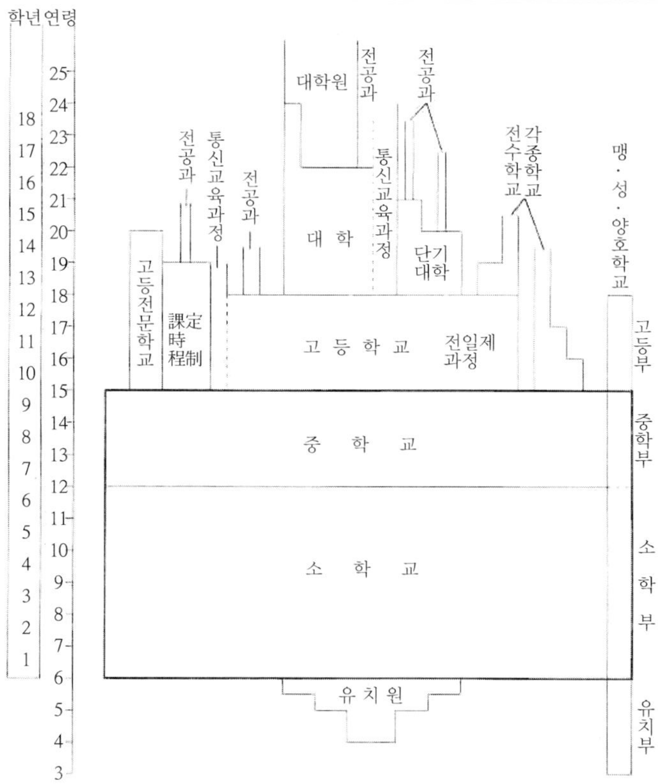


그림 8-6 일본의 학제

일본에서는 복선적 학교 제도가 전후 1947년에 6-3-3-4제의 단선형 학제로 바뀌었다. 현재도 단선형 학제는 유지되고 있으나 이에 대한 논쟁은 계속되고 있다. 복선적 학제로 개혁하여야 한다고 주장하는 측에서는 효율적인 교육을 통하여 국가를 부강하게 하고 국제 사회에서 패권을 차지하여야 한다는 논리를 세우고 있는 반면 단선형 학제를 유지하여야 한다고 주장하는 측에서는 교육의 민주화를 한층 촉진하고 사회 진보를 위해서는 단선형 학제가 좋다는 논리를 세우고 있다.

여기에서는 헌법과 교육기본법에 기초한 민주적인 6-3-3-3제를 절대적으로 고수하여야 한다는 주장과 교육 개혁과 사회 발전을 위해 학제를 4-5-5-4제로 하자는 주장이 나오기도 하였다. 일본의 학제는 그림 8-6과 같다.

### 8.2.2 일본의 교육

#### 1) 고도 경제성장과 기술교육

1957년, 인공위성 Sputnik이 먼저 발사되고, 기술혁신(Innovation)에 의한 공업기술의 질적 변화가 이루어지면서, 기술자의 수요가 급격히 증가했다. 그 해, 중앙교육위원회는, 과학기술교육의 진흥에 관해서 답신했다.

그 내용은,

① 과학기술계 대학학부 졸업자의 질의 향상, 수의 증가, 대학원의 충실,
② 단기대학의 제도 및 내용의 개선
③ 1-6년제의 고교와 단기대학을 통합한 기술전문대학의 설치,
④ 초, 중, 고교 졸업자의 질의 향상(수학, 이과, 기술교육의 강화),
⑤ 기술고교 졸업자 수의 증가를 요청하는 등이었다.

문부성(교육인적자원부)은 이것을 받아들여서 공업기술자의 대향의 양성계획에 착수함에 동시에 다음과 같이 학습지도 요령의 개정을 실시했다. 1958년, 중학교의 학습지도 요령이 개정되었다. 종래의 실업, 가정 교과는 기술・가정으로 바뀌면서 근대 기술에 관한 교양교육을 충실히 하는데 역점을 두게 되었다.

1960년, 고등학교 학습지도 요령은 다음과 같이 개정되었다. (1)기술관계과목의 최저 필요단위수의 증가(30→35단위),(2)과정을 학과로 명칭변경, (3)학과마다의 과목을 정하는 일을 배제하고, 기술과목 전체에서 과목선택, (4)새로운 학과(전자과 등), 새로운 과목(전자공학 등)의 설치 등이다.

또 실습 단위 수는 학과의 특성에 따라 달리할 수 있도록 범위를 측정하였다. 예를 들면 기계실습의 단위 수는 10-25이었다. 1960년부터 1965년에 이르는 기술과 학생 수 증가 추이는 다음과 같이 15년간에 약 3.5배의 증가를 보았다. 1964년 기술 발전에 대응해서 기술고교의 실험 실습시설・설비기준이 개정되고, 이에 의해서 시설・설비의 정비 확충이 크게 전진하게 되었다.

2) 기술고교의 질적 변화

1957년의 중앙교육위원회 답신에 의거해서 1962년 고등전문학교(5년제 공전 약칭)가 발족했다. 5년제 공전은, 중학교 졸업을 입학자격으로 해서 5년 간 일관하여 공업교육을 실시하는 학교로, 국립 12개교, 공립 2개교, 사립 1개교가 그해에 개설되었다. 1985년 현재, 국・공・사립의 5년제 공전은 57개교, 졸업자수는 8,031명에 이르고 있다. 5년제 공저의 창설 및 기술고교의 대폭적인 증설은 고도경제성장을 배경으로 이루어졌지만, 고도경제성장은 동시에 대학의 대중화를 자져오게 했다.

이 대학의 대중화는 5년제 공전의 창설과 더불어 기술고교에도 큰 질적 변화를 가져오게 했다. 이질적 변화는 ① 고도성장에 의해서 생활이 풍족하게 되어 고교 진학 율이 90%를 넘고, ② 중학교 졸업자의 상당한 수가 대학진학을 희망해서 인문계고교 진학을 희망하기 때문에 기술고교 지망자의 수가 감소되고, ③ 기술고교 졸업자는 중급기술자의 일을 5년제 공전 졸업자에 넘겨주고 기능자의 역할에 자리를 굳히는 경향이 나타났다.

1968-1969년경, 보수적인 교육과 관리운영의 개혁을 요하는 대학분쟁이 일어났다. 이 분쟁은 일본뿐만 아니라 미국, 독일, 프랑스 등의 선진국에서도 일어났다. 이 대학분쟁은 고교단계로 확대되고, 분쟁수습 후에도 큰 어려움을 겪었다. 1970년 학습지도요령이 재정 되었다. 그 개정의 기본 방침은 조화로운 발달, 유능한 국가 및

사회의 형성자로서 필요한 자질의 육성 등을 들 수 있다.

기술교육에 관해서 ① 산업기술의 발전과 새로운 직업분야에의 적응, ② 실험·실습의 충실 등이 제시되었다. 그 결과 기술고교에 정보기술과 등이 새로운 학과로서 도입되고, 종래의 17학과가 21학과로 되었다. 또 학습의 표준 단위 수는 기계과의 경우 14-25로 되었다.

교육과정은 대체로 더욱 다양해지게 되었고, 공업고교로의 응시자의 수는 감소해 가고 학습에 따라가지 못한 학생 수도 증가하고 있다.

### 3) 저성장의 추이와 기술교육

1971년 중앙교육위원회는 학교교육의 통합적 확충 정비를 위한 기본 시책을 제시했다. 그 내용은, 학교교육 개선을 위한 인간형성의 자세와 교육체계의 재검토에 관해서 언급하였고, 특히 고등교육의 다양화와 개방, 관리체계의 합리화 및 고등교육 계획 등에 상당한 지면이 할애 되었다.

문부성은 이것에 입각해서 몇 가지의 시책을 제시했다. 기술교육에 관해서는 5년제 공전·기술고등학교에 직접 연계되는 '기술과학대학'의 창설(1976년)을 들 수 있다. 이 대학의 설립은 대학 진학이 곤란하게 되어있는 5년제 공전 및 기술고교가 안고 있는 현안 문제의 해소와 대학원의 확충에 있었다.

일본의 경제성장은, 1970년대에 들어가자 어두운 면이 보이기 시작하고, 1973년의 석유 쇼크에 따라 결정적으로 그 성장 속도는 둔화되었다. 고도성장기의 주역이었던 중화학공업은 지식 집중 형 산업으로 변화하고, 소품종 대량 생산으로부터 다품종 소량생산으로 옮겨가도 있었다. 기술도입이 곤란하게 되고, 자주 기술의 개발 경쟁이 격화하게 되었다.

기술교육정책면에 있어서도 연구개발에 종사할 인재양성이 당면 과제로 대두되고, 대학 공학과의 새로운 학과의 설치와 교육과정의 검토가 실시되고, 많은 대학에서 대학원을 설치하게 되었다.

한편, 1970년대에 들어와 기술교육에서의 심각한 당면 과제는, 그 침체분위기, 입학자의 질적 저하를 어떻게 극복하느냐 하는 것이었다. 학생 수는 1965년에 약

62만을 피크로 차차 감소하고, 1975년에는 50만 정도로 되었다.

1973년, 직업교육개선위원회가 설립되고 1976년 그 검토결과가 보고되었다. 그 내용은 상당한 분량이지만, 요점은 다음과 같다.

① 교육내용은 중학교와 관련을 밀접하게 하는 기초・기본 교육의 중시,
② 교육과정을 탄력화하고, 졸업에 필요한 단위수의 삭감과 전문 과목 필수 이수 단위 수를 감축하고,
③ 학과를 통합하는 방향으로 학과를 재구성하는 개선방안 등이 그것이다.

1978년 학습지도요령이 다시 개정되고, 그 개정에서 졸업에 필요한 최저 단위 수는 80단위로 되었다.

공업교육에 관해서,
① 과목의 최저 필요 단위 수는 30단위로 삭감하고,
② 과목이 지나치게 전문화되지 않도록 표준학과 13을 제시,
③ 과목을 64과목으로 축소 정리하였으며,
④ 공통 기초과목으로서 기초, 수리를 신설하였고,
⑤ 실험・실습 및 제도의 수업시수는 전체 과목의 반 이상으로 한정한다는 것 등이 제시되었다.

#### 4) 1980년대의 기술교육

1975년대 이후, 5년마다의 학생 수의 추이는 다음과 같다.

학생 수는 47만 명 수준으로 안정적으로 되었다. 그러나 이 숫자는 고등학교 전체 학생 수에 대한 비율이 1983년 이후 10%가 줄어들었고, 1985년에 있어서 9.25%가 줄어들었다. 그 원인은 인문계 학생 수의 증가가 계속되고 있기 때문이다.

1987년 교육과정 위원회는 교육의 질적 전환을 도모하기로 하고, 교육과정의 개선에 관해서는 다음과 같은 방향을 제시했다.

① 급속한 기술혁신과 산업구조의 변화에 적절한 대응, 특히 정보화에의 배려

② 실험, 실습의 충실과 문제해결 능력과 창조성의 육성을 지향한 과목 '과제 연구'의 신설
③ 표준적인 학과구성의 재구성의 검토
④ 전자, 신소재 등에 관한 내용의 충실과 근대화의 대응 등이다.

1989년, 개정학습지도요령이 고시되었고, 여기에서 교육에 관해서는 다음과 같은 내용이 제시되었다.

① 졸업에 필요한 최저 단위 수 80과 공업과목의 최저 필수 단위 수 30은 종전대로,
② '정보기술기초', '과제연구'가 과목으로서 신설되고, 기초, 수리, 실습, 제도가 원칙적으로 필수,
③ 실험, 실습에 충당하는 수업시수는 과목의 반 이상(종전대로)으로 되었다. 이 교육과정은 1994년 4월의 입학자부터 실시되었다. 이와 같은 교육과정도, 교육의 실정으로 미루어 볼 때 다음과 같은 사항이 문제점으로 대두될 것으로 본다.

(1) 교육과정상의 문제

1978년의 교육과정은, 공통필수과목에 기초, 수리가 신설되어, 전문성이 희박해지는 것이 우려되었다. 1989년, 교육과정은 더욱더 정보기술 기초와 과제연구가 첨가되어서 전문성이 한층 희박해졌다고 간주되고 있다. 기초과목의 충실과 아울러 고교의 각 학과의 특성과 전문성을 높이기 위해서 4년제 고교 안이 제시되어 있기도 하다.

또, 다른 하나의 직업교육에 관련 된 학교로서 전수학교가 있고, 고교졸업정도를 입학자격으로 하는 [전문 과정](일반적으로, 전문학교라 불리어지고 있다.)은, 1988년의 조사에 다르면, 49만 7천명의 수용 능력을 나타내고 있다. 고교 졸업자로 저수학교에 진학하는 자도 상당히 있다고 사료된다.

(2) 학생의 지도 문제

1980년대에 접어들면서 고교 진학 율은 94%정도로 정착되면서, 학생의 학습 의

욕과 학력의 다양화가 고교전체에서 문제시가 되었다. 다양화한 학생들의 지도 문제는 1970년대로부터 큰 관심이 모아졌지만, 현실의 학생들의 태도와 자세 등 여러 양상에 따라서 개별적으로 지도하는 일이 가장 중요하다고 생각된다.

(3) 산업구조의 변화에의 대응과 창조성의 육성 문제

최근의 산업구조의 변화는 제 3차 산업 가운데 서비스 부문의 확대와 정보산업의 발전을 들 수 있다. 정보기술기초를 설정하거나, 복수의 전문분야에 걸치는 학과도 등장하게 된 것도 이에 대응하는 한 가지 방안이라 할 수 있다. 또, 과제 연구는 문제 해결 능력 혹은 창조성의 육성이 기대되고 있고, 그 지도 방침의 검토가 중요시 될 것이다.

(4) 교원의 육성

일본에 있어서의 교원의 양성은 대학공학부에 전면적으로 의존하고 있고, 게 다가 학부로부터의 공급은 고교의 수요를 충족시키지 못하는 상황이다. 이 현상에 대해서 몇 가지 제안이 있지만, 장래를 전망한 장기적이고 구체적인 방안이 검토되어야 할 것으로 본다.

## 8.3 미국의 직업기술과 교육제도

미국 교육계에서 직업교육은 1880년 Manual Training Movement에 기초하고 있음에도 직업교육에 대한 논의는 1900년대 초에 본격적으로 논의되기 시작하여 1917년Smith-Hughes법에 제정되었다. 이 법은 직업교육에 대하여 연방정부의 재정적 지원을 할 수 있도록 한 최초의 법으로 이로 인하여 직업교육은 획기적 발전을 가져오게 되었다. 여기에서는 미국의 직업기술교육을 알아보기 위하여 교육제도와 직업교육의 현황을 알아보기로 한다.

### 8.3.1 기본학제

학교제도는 단선형 형태를 유지하며 주에 따라 다양하게 운영하고 있다. 교육과정의 철저한 지방분권을 실시하고 있는 미국은 그림 13-7에서와 같이 학교제도에서도 6-3-3제, 6-6제, 8-4제를 대표적인 학제로 하되 6-4-4제, 6-2-4제, 5-3-4제를 운영하는 주도 있다. 그러나 이렇게 학제가 다양함에도 학교간의 이동이 지극히 자유로운 것이 특징이다.

8-4제는 전통적인 학제로서 8년간의 초등교육과 4년간의 중등교육을 받도록 하는데 남부와 동부에서는 대부분이 이 제도를 실시하고 있다.

6-3-3제와 6-6제는 8-4제에 대한 비판으로 나타나게 되었는데, 현재 새로 발전된 학제로서 가장 많이 채택되고 있다.

특히 6-3-3제는 1910년을 전후하여 서부와 중부지방 사이에서 소위 중학교 운동(Junior High School Movement)으로 전개되어 지금까지 계속해서 보급·발전하였는데 이 제도는 실리학적·교육적 견지에서 이상적인 것으로 알려지고 있다.

즉, 아동기의 학생은 초등학교에, 청년전기 학생은 중학교(Junior High School)에, 청년후기의 학생은 고등학교(Senior High School)에 적절히 배치함으로써 각각 발달과정에 적합한 교육을 제공할 수 있다는 것이다.

이 6-3-3제는 1920년대에 급속도로 보급되어 1930년대에는 약 30%의 학생이 이 제도의 중등학교에 등록하였다. 그 후 1959년에는 약 50.8%로 급증하였고 8-4제는 겨우 17.5%만이 등록하였으며, 계속 6-3-3제가 늘어나고 있는 추세이다.

대체로 6-3-3제는 도시에서, 6-6제는 중학교와 고등학교를 분리하여 운영하지 못하는 농촌에서 인기가 있다. 5-3-4제와 6-4-4제는 뉴욕 주를 비롯한 몇 개의 주에서 부분적으로 실시되고 있는데 이 제도들은 6-3-3제를 비판하여 그 대안으로 나타난 학제이다.

의무 교육제도를 보면 교육 연한이나 입학 연령 등도 주에 따라 차이가 많다. 1852년 최초로 매사추세츠주가 위무교육법을 제정한 이래 다른 주들도 유사한 교육법을 제정하였는데 이 교육법 중에서 대부분의 주는 만 7세 이상 만 16세에 이르기까지의 아동을 의무 취학연령으로 규정하고 있다.

대부분의 주(30여개 주)가 의무교육연한을 9년으로 하고 있으며, 그 다음이 10년, 8년, 11년, 12년의 순위로 되어 있다. 의무교육의 시작연령도 주에 따라 6세, 7세, 8세로 다양하다.

6년제 또는 8년제 초등학교를 졸업한 아동은 그 학구 내의 중등학교에 진학한다. 미국의 공립중학교에는 4년제 중등학교 또는 3년제 하급중등학교, 3년제 상급중등학교, 6년 제 중등학교 등이 있는데, 이들 중등학교는 초등학교를 졸업한 모든 아동에게 개방되어 있고 입학시험제도는 없다.

중학교에 입학하여 소정의 과정을 이수하고 졸업장을 수여 받은 고등학교 졸업생은 원칙적으로 그 중의 주립대학에 지원할 수 있는 자격을 갖추게 된다. 대학입학자 선발방식은 크게 세 가지 유형으로 나눌 수 있다.

첫째는 대학이 독자적으로 입학시험을 실시하는 방법인데, 이 유형에 속하는 대학은 극히 적다.

둘째는 대학입학 시험위원회(Colege Entrance Examination Board) 또는 대학테스팅 협회(American Testing Program)와 같은 독립된 시험기관이 일률적으로 실시하는 시험성적과 중등학교의 내신서를 참고로 입학자를 선발하는 방법인데 주립대학의 일부와 사립대학의 다수가 이 유형을 채택하고 있다.

대학 입학시험위원회에서 실시하는 시험에는 학력테스트·진학테스트·과정작문테스트가 있는데 진학적성테스트의 시험을 부과하고 있는 대학이 비교적 많다.

셋째는 중등학교에서의 이수단위와 학업성적을 바탕으로 입학자를 선발하는 방식이다. 이 유형에는 주립대학의 다수와 사립대학의 일부가 여기에 속한다.

#### 1) 초등교육

미국의 초등교육 단계에서 새로운 경향은 조기교육의 시도이다. 아동의 능력을 최대한으로 개발하고 그 소질을 최대한으로 신장한다는 관점에서 각 주에서는 조기교육을 시도하는데 본래의 취학연령보다 조기에 교육을 시작한다는 것이다. 최근에 발전하는 무 학교 제도와 헤드 스타트(Head Start Movement)도 이와 같은 경향을 뒷받침한다고 볼 수 있다.

초등학교의 경우 전국적인 교육과정의 기준이나 학습지도 요령 등이 없고 주마다 해당 주내의 학교에서 교육되어야 하는 최소한의 항목만이 주의 교육법에 규정되어 있다. 현재 초등교육 단계에 재학하고 있는 학생 수는 3천만 명에 가까우며 90%에 해당하는 숫자가 공립에 재학하고 사립초등교육기관의 재학생수는 340만 명 정도이다.

2) 중등교육

중등학교는 초등학교를 나온 대부분의 학생을 수용하여 학생 개개인의 흥미와 필요에 따라 교육을 제공하는 중등교육기관으로 되어 있다. 그러므로 중등학교의 목표는 사실상 초등교육의 목표와 공통점이 많다.

중등학교의 종류는 4년제 고등학교, 6년제 고등학교, 3년제 중학교와 3년제 고등학교 등 다양한데 학교구조상 형태만 다를 뿐 교육내용은 종합제의 기능을 갖고 있다. 전기 중등교육을 담당하는 대표적인 3년제 중학교(Junior High School)의 기능은 전인적인 인간형성, 적성의 개발, 진로지도, 학습의 분화, 사회성 개발 교재 속으로 되어 있다.

3) 고등교육

중등학교 이후에 계속되는 고등교육기관은 그 조직이나 교육과정에 있어 몹시 다양하다. 고등교육기관은 2년제 기술전문학교(Technical stitute), 2년제 초급 또는 지역사회대학(Junior or Community College), 재정적으로 독립하고 있는 종파적 사립의 문과대학(Liberal Arts College), 사범대학(Teachers College), 주립 및 사립의 종합대학(University), 예술대학, 신학대학, 공과대학 등이다.

대학교육의 목적은 교육정책위원회에서 다음과 같이 제시하고 있다.

① 유능한 사람들에게 개인적 발전을 기할 수 있는 기회를 제공한다.
② 문화유산을 전달한다.
③ 연구 및 창조활동을 통하여 지식을 풍부히 한다.
④ 학습을 생활 및 사회적 향상을 촉진하는데 도움이 되도록 한다.

⑤ 공적 이익에 봉사한다.

미국은 절차 공립 또는 주립의 고등교육기관이 확대되고 있는 추세이다. 전 대학생 중에서 사립대학이 차지하는 비율은 1900년에는 61%, 1930년에는 51%, 1950년에는 48%, 1960년에는 42%였는데 1980년에는 24%로 감소되었다. 이들 고등교육기관 중에서 가장 특징을 보이는 것은 주립 대학교(State University)로서 미국의 사회적 실정, 그리고 지배적인 규범과 가치에 대응하여 발전된 전형적 고등교육기관이라 할 수 있을 것이다.

모든 주립대학은 학사학위(B.A 또는 B.S)를 수여하는 4년제의 여러 단과 대학을 갖고 있으며 여기에 연결되는 대학원이 설립되어 있다. 이 대학원에는 학부보다 수준이 높은 전문직업인을 위한 교육학 박사 · 법학박사 · 경제학박사 · 의학박사 등의 학위과정이 설치되어 있다.

주립대학은 그 조직과 규모가 크며 제공되는 학습과정의 종합성과 광대성이 어느 나라의 대학도 따르기 어려울 정도의 규모이다. 철학 · 문학에서부터 교통학 · 사진학 · 세탁 학 · 매장 학에 이르기까지 인간 및 사회생활에 필요한 것이면 무엇이든 코스로 제공되고 있다.

대학입학 방식은 입시에 의한 방법과 그렇지 않은 경우가 있는데 대부분의 주립대학에서는 고등학교에서 이수한 단위수와 성적을 사정함으로써 결정하고 있다

이러한 방식은 지원자가 대학 입학에 적합한가의 여부는 학생에 대하여 충분히 알고 있는 고등학교 교사가 대학 측보다 더 정확하게 판단할 수 있다고 생각하기 때문이다.

최근에는 고등학교와 대학의 교육내용의 중복을 없애고, 영재교육을 촉진할 목적으로 우수한 학생들에게 소정의 교육과정을 이수시켜 대학에 빨리 입학시키는 제도가 활용되고 있다.

1978년 현재 총 11,260천명의 고등교육기관 재학생 중 4년제 대학에 등록한 학생 수는 7,231천명이고, 나머지 4,028천명이 2년제 대학에 등록하고 있다. 설립별 대학생 수는 공립이 월등히 많아서 전체 대학생의 70%가 공립고등기관에 재학하

고 있다. 이는 이미 대중화단계에 들어선 고등교육현황을 나타내는 것이라고 볼 수 있을 것이다.

### 8.3.2 중등학교의 직업교육

후기 고등학교 형태로서는 인문계 중등학교(Classical High School), 기술 및 직업중등학교(Technical and Vocational High School), 종합 중등학교(Comprehensive Public High School)와 선택학교(Altermative School)가 있다. 종합중등학교와 선택학교는 민주적 교육제도의 확립을 위하여 설립된 미국 특유의 제도적 산물이라고 할 수 있다. 즉, 세계중등교육 동향이 모든 청소년들에게 어떻게 하면 그들의 적성·능력·필요 등에 맞는 교육을 실시할 수 있을 것인가에 초점이 주어지고 있는 추세에 부응하는 학교제도 형태이다.

#### 1) 종합중등학교(Comprehensive Public High School)

종합중등학교는 독특한 미국적인 구상이고, 다른 나라에 큰 영향을 주고 있는 민주적인 중등학교의 형태이다. 원래 미국의 중등학교도 서구와 같이 인문계의 학술적 중등학교와 직업 또는 기술계의 중등학교로 분리되어 있었다.

이러한 전통적인 복선형적 제도는 민주사회 이념에 비추어 단점이 많은 것으로 비판을 받았으며, 또한 민권운동은 인종차별에 반대하여 흑백공학을 실현하는데 큰 역할을 담당하였다.

종전에는 백인 학생들은 인문계 중등학교로, 흑인학생들은 직업 계 중등학교로 진학하는 것이 상례였기 때문에 이러한 분리교육을 지양하기 위하여서는 성격을 달리하는 두 유형의 학교를 통합하여 하나의 종합중등학교로 만들 필요성이 절실하였던 것이다.

종합중등학교의 목적은 다음과 같다.

① 미래의 시민을 위한 일반교육을 실시한다.

② 졸업 후 획득한 기능을 활용할 것을 원하는 학생들에게 선택할 수 있다.학습

과정을 제공한다.

③ 대학교육에 관계되는 직업교육을 받는데 도움이 될 수 있는 만족스런 학습 과정을 제공한다.

종합중등학교는 모든 청소년들이 적성과 능력에 따라 장차 진로를 위하여 교육과정을 선택할 수 있도록 조작되어있다. 학교에는 대학입학을 위한 준비 과정·일반과정·직업과정 등이 준비되어 있다. 이러한 모든 과정의 수업연한은 동일하며, 형식적으로 대등한 위치에 있고 병렬적이다.

학생들은 진학과정·직업과정·보통과정의 세 과정중 하나를 택하여 그 과정에서 요구하는 교과목을 이수하게 된다.

농촌지역의 작은 학교에서는 이 제도를 채택하기 못하고 다만 선택과목만을 과하고 있다. 단위제(Unit System)는 카네기단위(Carmegie Unit)를 쓰고 있는데 카네기 단위라 함은 1909년에 카네기교육재단이 대학의 입학자격을 제정할 필요에서 개개의 학습내용의 양을 측정하기 위하여 마련된 척도이다.

여기에서 1단위(One Uint)는 1교과 혹은 1과목의 수업에 120시간 출석한 자에게 주는 것으로서 4년간의 합계 단위 수 16(3년제 고등학교의 경우에는 12)을 가지고 고등학교의 표준 최저 졸업요건으로 하고 있다. 그러므로 4년간에 16단위를 이수한다면 각 학년에 4단위씩 배정된다.

### 2) 선택학교(Alternative School)

선택학교는 어떤 규정이나 법칙에도 구애되지 않는 학교의 형태로서 학생과 교사의 의견을 중시하고 학교운영의 모든 과정에 이들을 참여 시킨다는 원칙 아래 설립된 학교로서 학교의 종류로는 개방학교(Open School), 벽 없는 학교(School Without Walls), 학습센터(Learning Centers), 계속학교(Coninuation Schools), 다문화학교(Multicultural Schools), 자유학교(Free School), 학교 내 학교(Schools With in a School)등 선택학교집단(Alternative School Clusters)이 있다.

개방학교란 모든 계층의 학생들이 인종이나 빈부, 남녀의 차별이 없이 함께 공부하고 있으며 운영상의 융통성이 최대한 보장된 학교를 말한다.

벽 없는 학교란 지역사회와 학교간의 장벽을 없애기 위하여 지역사회까지를 학습의 장으로 하고 있는 형태이다. 학습센터는 모든 학생들이 활용할 수 있도록 자원이나 학습 자료들을 한 곳에 모아서 제공하는 기관이다. 또한 고등학교를 중퇴하거나 졸업은 하였어도 취업이나 진학을 위하여 기술이나 지식을 더 얻고자 하는 학생에게 교육기회를 제공하기 위한 것이 계속학교이다.

다문화학교란 다양한 종족이 공동생활을 하고 있는 미국인들이기에 이민족의 문화를 알고 적용하기 위한 학교이다. 또한 자유학교는 학생과 교사의 자유를 최대한으로 보장하여 무학년제로 운영되는 학교의 형태이다.

이상과 같은 중등교육에서 근래 강조되고 있는 것은 직업교육이다. 고등학교 중퇴자의 증가 및 직업적성의 결여 그리고 직업교육 경시 등의 관념을 시정하기 위하여 일반교육과 관련하여 직업을 위한 기초적인 지식・이해력・기능・적응력을 기르기 위한 직업교육 및 실천학습(Action Learing)을 강화하고 있는데 이것은 학교와 사회와의 유대를 강화하는 계기가 되고 있다.

직업교육의 첫 단계는 우선 학생・아동이 모든 직업에 대한 폭넓은 지식을 몸에 익숙하도록 배려하는 것으로부터 출발한다. 다음으로는 학생・아동의 능력 적성을 신장하면서 의욕을 돋우기 위하여 필요한 직업에 대한 「오리엔테이션」이 행하여지고 중학교단계에서는 직업에 대한 이해를 한층 높여주며 고등학교 또는 그 이상의 단계에서는 직업준비를 하는 것으로 되어 있다.

일반적으로 중등교육단계까지는 의무교육 기간이므로 중등학교 진학을 위한 입시는 없으며, 학력인정은 주에 따라 다르지만, 대체로 평소의 성적과 진급을 위한 시험에 의하여 평가한다.

### 3) 직업고등학교(Vocational High School)

직업고등학교는 학생들에게 숙련공이 되도록 준비하는 교육을 실시한다. 과정의 절반은 실용적・이론적으로 직업면에 치중하고 나머지 절반은 인문교육이다. 오늘날 이 학교의 과정은 과거와 마찬가지로 다수의 학교가 제한된 선발시험을 부과하며 질이 낮은 지원자는 받지 않기도 한다.

각 학교들은 17~18세에 학교가 규정하는 사항을 충분히 마치고 필요한 학점과 성적을 얻은 학생들에게 졸업증서를 수여한다. 고등학교를 졸업한 다음에는 4년제 대학・2년제 초급대학 또는 통신대학이나 전문대학으로 진학하는 길이 열려 있다.

직업학교를 졸업한 사람들은 일반적으로 대학에 입학하지 않고 견습생 또는 기술직으로 진출한다. 여러 가지 형태의 정시제와 야간교육이 인문교육의 연장으로, 또는 견습 규정에 따라 통상적인 업무수행에 필요로 하는 사람들에게 보충 학습으로 행하여지고 있다.

최근에는 이 직업고등학교가 훨씬 많은 관심을 끌게 되었는데, 이것은 계몽적인 정책, 학교에서 소비하는 시간에 비하여 견습 연한의 부분적인 경감, 숙련공이 받는 높은 임금, 그리고 전문기사 훈련의 연장과정의 혜택 등 몇 가지 요인에 의한 것이다.

15~18세 청소년들에게 실시되는 교과과정의 형태는 인문교육과 기술훈련이 대개 같은 비율이다. 이를 위하여 체육・군사교육 그리고 보건교육과 더불어 수학・과학 및 제도가 모두 인문과목으로 간주된다. 학교에는 총 30시간의 출석을 하여야 하는데 각기 45분간의 강의 평균 40개 정도이다. 이들 학교의 교과목은 농업・상업・공업, 그리고 가정・기술・보건・간호 분야 등이다.

이 과정을 마친 학생은 직업고등학교의 졸업증서와 실무 및 이론의 자격증을 수여 받고 졸업하게 되는데 졸업생은 직접 직장에 들어갈 수도 있고 견습생활로 들어갈 수도 있다. 후자의 경우 직접 실무로 들어간 졸업생보다 더 많은 초봉을 받게 된다.

### 8.3.3 전문대학의 직업교육

2년제 단기고등교육기관은 4년제 대학에 편입하기 위한 정규과정(Credit Course Work)에 치중된 Junior College와 지역의 관리와 재정으로 지역사회의 요구와 수요에 따라 비정규과정을 포함한 다양한 교육과정을 실시하는 지역사회대학(Community College) 그리고 급변한 산업발전에 부응하여 실제적인 과학기술 교육을 제공하는 지역직업학교(Area Vocational Techincal Institute)등의 세 가지 유형으로 분류되며 현재 세 유형의 교육이 복합적으로 운영되고 있는 실정이다.

지역사회대학이 성장된 배경은 연방정부와 주정부의 적극적인 지원정책을 받아 증가하는 고등교육 인구의 분산수용을 통한 해결과 산업사회의 요구에 따른 중간 기술자의 양성 및 직업을 갖고 있는 사람들을 위한 재훈련 등의 요소가 복합적으로 작용되었기 때문이다.

지역사회대학의 설립목적과 기능을 간단히 정의하기는 어렵다. 그것은 지역사회 대학은 매우 다양하고, 주와 주 사이, 대학과 대학사이에도 각기 다른 점이 있기 때문이다. 즉, 50개 주가 저마다 특색을 가지고 있다. 이것은 주의 형편에 따라 다른 기능과 역할을 수행하기 위하여 저마다 특색을 가지고 있으며 주의 형편에 따라 다른 기능과 역할을 수행하기 위하여 지역사회대학이 설립·발전되었기 때문이다.

일반적인 지역사회대학의 목적과 기능을 보면 다음과 같다.

① 일반교육의 기능을 가지고 있다. 즉, 중등학교 이후의 교육으로서의 그들 의 주 전공에 관계하여 혹은 일반 교양교육에 기초하여 모든 학생들이 갖추어야 할 학문적·교양적 기초를 다질 수 있다.

② 진학교육을 실시함으로 4년제 대학이나 그에 상당하는 고등교육기관에 전·편입할 수 있는 진학준비교육을 담당한다.

③ 고등학교 이상의 수준으로 직업을 위한 교육과 훈련을 시키는 직업교육을 실시한다.

④ 모든 연령계층에 있는 성인들을 대상으로 다양한 성인교육 프로그램을 실시한다.

⑤ 모든 학생들에게 자신을 올바르게 파악하고 받아질 수 있는 카운슬링을 하여 주고 객관적인 정보자료를 얻어 자신의 진로를 선택할 수 있도록 지도한다.

⑥ 보조교육 또는 계발계획의 역할을 수행한다. 고등학교에서 대학으로 진학하게 된 모든 학생들이 학업수준이 평준화 되지 못한 상황에서 학생이 원하는 것이 진학이든 직업훈련이든 막론하고 이를 보조하기 위한 교육을 실시한다.

위와 같은 기능을 갖는 지역사회대학은 재정의 근원을 어디에 두는가에 따라 공립과 사립으로 분류된다. 사립대학은 공공재원에 의하여 운영되는 공립대학에 비하여 규모가 적고 Liberal Arts College의 성격을 띠며 대개 Junior Community College라고 불리 운다.

2년제 공립대학은 조직에 따라 ① 지방지역 사회대학(Local Community College), ② 지구지역사회대학(District Community College), ③ 지부지역사회대학(Branch Community College)으로 분류되는데 이러한 형태는 주로 지역적 구분이나 설립할 때 어디에서 주관하였는가 하는 정도의 차이가 있을 뿐이다. 다만 지부지역사회대학은 주립대학이나 종합대학에 의하여 만들어진 분교로서 4년제 대학이 직접 운영하는 Out Reach Program 지역사회대학으로 초급 2년 과정을 인구 밀집지역에서 직접 운영하고 있다는 점이 특이할 뿐이다.

지역사회대학의 교육목적과 기능이 방대한 것이므로 교육프로그램 역시 각 주마다 그 성격에 따라 다양하며 내용도 폭넓게 계획되어 있다. 교육프로그램의 내용은 약 60학점을 취득하는 준 학사(Associate Degree)과정, 1년 혹은 6개월 과정으로 자격증을 획득하는 프로그램, 지역사회에 대한 봉사로 2~3 주간 실시되는 성인을 위한 단기프로그램에 이르기까지 그 내용은 매우 다양하다.

지역사회대학의 교육프로그램은 대개 5개의 분야로 크게 분류될 수 있다.

① 4년제 대학 진학을 위한 교육,
② 교양교육,
③ 직업 혹은 생애교육,
④성인 혹은 계속교육,
⑤ 계발교육 및 생활지도 등이다.

직업교육은 직업사회대학 교육프로그램 중에서 중요한 비중을 차지한다. 이 직업 교육은 이미 직업을 가진 사람들에게 보다 나은 기술을 습득시키는 기술증진 교육과 지역사회대학을 졸업하고 취업할 중간계층의 직업분야에 들어갈 수 있도록 학생들을 준비시키는 과정의 일부이다.

여기서의 중간계층이라 함은 고등학교 졸업자에게는 부적합하고, 4년제의 학사자격까지는 필요로 하지 않는 그런 계층의 직업수준을 말한다. 다시 말하면, 과학기술의 발달로 말미암아 자동화에 의하여 형성된 직종을 위하여 봉사를 요하는 직업의 고용인 수요증대에 대비하여 그 방면에 취업하려는 학생들을 위한 직업교육이다.

지역사회대학의 직업교육프로그램에서 포함하고 있는 직업분야는 경영관계 분야・보건관계분야・연구관계 분야・서비스 관계 분야 등 6개 분야인데, 이들은 다시 약 134개 이상의 분야로 세분되어 있다. 이와 같이 직업분야가 다양함에 따라 직종별로 교육기간이 다르다. 어떤 직종은 불과 몇 주에도 습득할 수 있으나 어떤 직종은 1~2년이 소요되고 자신의 직업 능력을 신장하기 위하여 현직연수를 필요로 한다.

## 8.4 영국의 폴리테크닉(Politechnics)

### 8.4.1 폴리테크닉의 발전 배경

폴리테크닉은 영국의 고등교육 확대 시기인 로빈스 보고서(Robbins Report, 1963)에 의해 설립의 필요성이 제기되어 설립되었다. 고등교육 확대의 필요성을 제기한 이 보고서는 학교교육제도를 수정하고 고등 교육을 확대하여 중등교육 이후의 교육 기회를 증대시키도록 건의하였다.

이 보고서는 고급기술단과대학(CATS : College of Advanced Technology)을 기술종합대학(Technnological University)로 발전시키되 교외의 녹지대 대학(Green Field' Uni)을 많이 만들 것을 제안하고, 4년제 대학이외에 고등교육기관의 학위를 인정하고 수여하기 위한 국가학위위원회(CNAA : Council for National Academic Awards)의 설치를 제안하였다.

이에 따라 1966년 영국 정부 백서는 이 제안을 받아들여 기존의 college에 기초한 대형의 폴리테크닉을 많이 설립하였고, 지방 교육 당국(LEA : Local Education Authorities)이 이를 운영하게 하였다.

폴리테크닉은 계속교육 College와 긴밀한 연계를 유지하고 시간제로 공부하고자 하는 학생들의 요구에 부응하며 보다 많은 고등교육의 기회를 제공하고자 하였다. 폴리테크닉의 학위과정은 산업체의 요구를 염두에 두고 직업에 대한 오리엔테이션 과정으로 설립되었다. 이 과정들은 학문과정(full time academic studly)과 실무경험과정(work experience)을 결합한 sandwich 코스로 개발되었다.

1960년대 이래로 영국의 고등교육의 성장은 대부분 폴리테크닉에 의해 이루어졌고 결과적으로 현재의 England와 Wales에는 32개의 폴리테크닉이 운영되고, Scotland에는 5개의 기술대학(Technological Central Institution)이 운영되고 있다.

한편, 최근에는 영국의 폴리테크닉의 명칭을 University로 바꾸는 추세에 있다. University 출신자에 대한 사회적인 선호와 영국의 산업 발전에 끼친 공로를 인정하여 1991년 5월 정부 백서의 발표로 대학과 폴리테크닉간의 이중 구조를 단일화하였다. 교육과정이나 기타 다른 학제의 변동은 없으나 확대 교육과정으로 5년제 sandwich과정이 폴리테크닉에 신설되고 그동안 CNAA에서 주관하는 학위도 폴리테크닉 자체에서 수여할 수 있게 되었다.

### 8.4.2 영국 고등교육제도에서의 폴리테크닉의 위치

영국의 고등교육기관들 중 폴리테크닉은 35%(대학 : 32%, 개방대학 : 9%, 다른 PCFC : 12%, LEA와 DFF : 12%)를 차지하고 있으며, 학생 수에 있어서는 약 62%를 차지하고 있는 것으로 보고되고 있다. 폴리테크닉은 다종의 기술을 의미 하지만 기술(technology) 뿐만 아니라 인문과학, 사회과학, 예체능 등 모든 학문분야를 포괄하는 광범위한 개념으로서 다양한 교육과정이 제공되고 있다.

그러나 폴리테크닉은 산업사회가 필요로 하는 다양한 전문 기술인을 양성하는 것은 주목적으로 하는 대학으로 산학협동교육의 이념과 철학을 바탕으로 순수 과학과 기술훈련을 접목시킨 고등교육기관이다.

따라서 폴리테크닉은 직업인 양성에 목적을 두고 있고 이론보다는 산업 현장에 실제로 적응되고 실천될 수 있는 실천적 기술자를 양성하는데 역점을 두고 있으며 교육과정 개발에도 산업체의 인사를 참여시키고 있다. 폴리테크닉의 학생은 대부분 중등학교 졸업생이지만 자질향상을 원하는 성인들에게 교육의 기회를 제공하고 있다. 영국에서 성인 학생 중 80%는 폴리테크닉에서 공부하고 있으며 시간제 학생의 경우 3/4 이상이 성인이다.

영국의 국가적 차원에서 조사된 결과에 의하면 폴리테크닉졸업생의 90%이상 6개월 이내에 고용되거나 또는 진학하는 것으로 나타났으며, sandwich 코스 학생들과 실무경험을 가진 사람들은 졸업과 동시에 직업을 얻는 것으로 나타났다. 이 졸업생들이 고용되는 직종은 행정 및 경영, 연구, 제품 설계 및 개발, 과학 및 공학 보조자, 환경・회계 및 건설, 판매와 마케팅에 걸쳐 있으며, 직종에 따라서 졸업생에 대한 수요가 다른 것으로 나타났다.

1990년대 초에는 공학과 컴퓨터 분야에서 자격을 얻는 졸업생들의 수요가 증가되고 있고 최근에는 공학 및 기술, 과학, 수학, 정보 기술 및 컴퓨터의 코스에 등록하는 학생이 꾸준히 늘고 있는 실정이다.

INDUSTRIES EDUCATION

제9장

# 학습지도안 교육

工業教科教育論

9.1 학습지도안
9.2 강의식(Lecture Method) 학습방법
9.3 토의 지도식(Conference) 학습방법
9.4 기타 지도식 학습방법

# 9. 학습지도안 교육

## 9.1 학습지도안

### 1) 학습지도안의 기능

학습지도안(lesson plan)이란 학습지도의 계획이나 교실에서 학습지도를 진행하는데 필요한 지침서라고도 할 수 있다. 그러나 학습자 모두에게 알맞은 학습지도방법은 없는 것이다. 그것은 과제의 내용, 학습자의 성숙도와 연령, 지도계획의 목표 등에 따라 달라지기 때문이다. 훌륭한 지도안과 교안은 학습들 계획 있게 실시하도록 하며 같은 내용이 반복되는 것을 방지하게 한다. 면밀한 연구와 준비를 통해서 훌륭한 학습지도안을 작성한 교사는 학습활동에 자신이 생기기 때문에 안정된 마음으로 학습에 임할 수 있는 것이다.

이와 같은 학습지도안의 중요한 기능을 열거하면 다음과 같다.

#### (1) 교사활동준비를 위한 지침

학습자들이 필요로 하는 지식과 기능을 가장 효과적으로 습득하기 위한 사전준비를 말한다. 학습의 내용, 순서, 방법 등을 검토한 후 적절한 것을 선택한다.

#### (2) 학습자 준비 및 운용방법

학습의 효과는 교사의 학습활동으로만 결정되는 것은 아니다. 적절한 학습장 정비와 환경 및 시설이 갖추어져 있어야 된다. 학습내용과 방법에 맞도록 학습장이 준비되어야 한다.

#### (3) 자신감

교사가 학습장에서 학습을 하기 위하여 학습자 앞에 섰을 경우 학습지도안

(lesson plan)이 준비되었을 경우 학습에 자신 있게 임할 수 있는 자신감이 생기게 되는 것이다.

(4) 내용의 통일성

학습프로그램의 목적을 최대한으로 높이고 이의 목적을 달성하며 또 내용이 중복되거나 빠지는 사례가 없이 일관성 있는 학습이 실시되도록 하는 것을 말한다.

(5) 대리교사

학습 프로그램의 실시 과정에서 만약의 경우를 대비하는 비상대책이 있어야 한다. 해당교사가 불의의 사고로 인하여 대리교사의 조력이 필요한 경우이다. 이런 경우에 전체 학습 프로그램이 균형을 잃지 않고 적절한 학습을 실시하도록 준비하기 위해서 필요한 것이다.

여기서 학습지도안의 효과에 대하여 생각하여 보면 여러 가지로 열거할 수 있다. 가장 좋다고 생각되는 이점은 교사 자신이 학습을 전개하는 데 문제점을 분명히 밝힐 수 있고 그의 대책을 강구할 수 있다는 점이다.

경험을 쌓게 되면 학습자의 이해가 힘든 곳 등은 그에 대한 연구를 할 수 있어 내용을 분명히 밝힐 수 있다. 또한 학습자료 및 학습보조기구 등의 준비도 사전에 할 수 있다.

완전한 학습지도안은 완전한 학습을 보증함과 동시에 다음과 같은 여러 가지 점을 기대할 수 있다.

① 학습자에게 동기를 부여한다.
② 학습내용의 소 항목에 대해서도 적절히 강조를 행할 수 있다.
③ 충분히 검토함으로써 학습상의 필요한 점을 효과적으로 배열할 수 있다.
④ 학습자료 및 학습보조기구를 효과적으로 활용할 수 있다.
⑤ 적절한 시기에 질문이 될 수 있게 한다.

학습지도안에는 일정한 형식이 있는 것이 아니다. 따라서 학습내용의 전개과정을 상세하게 기록할 수 있다. 또한 한 번 세워진 학습지도안을 너무 고집하지 않는 것도 중요하다. 학습을 전개하는 도중에는 계획단계에서 예측할 수 없었던 사태가 발생할 수 있다. 이와 같은 사례는 기민하게 대처할 필요가 있는 것이다.

그러므로 훌륭한 학습지도안을 작성하기 위하여 다음과 같은 질문의 해답을 작성해 보면 우수한 초안을 만들 수 있을 것이다.

① 무엇을 달성하려고 하고 있는가? 또한 학습의 구체적인 목적은 무엇인가? 이것이 학습의 진행방법과 내용을 결정한다.
② 학습자의 주의를 환기시키고 학습자의 학습능률을 높이며 어떻게 교과목을 도입해 갈 것인가?
③ 학습주제의 주요한 요소는 무엇인가?
④ 이 요소의 논리적인 구성은 어떤가? 바꾸어 말하면 최초에는 무엇을 제시하고 두 번째, 세 번째는 어떤 것이 제시되었는가?
⑤ 이 학습의 전개에 있어 사례연구법은 사용할 수 없는가?
⑥ 학습내용의 강화에 어떠한 학습보조기구를 사용할 수 있을 것인가?
⑦ 어떠한 질문을 하는 것이 좋은가?
⑧ 학습된 사항을 실제로 적용시키려면 결부와 정리를 어떻게 하는 것이 좋은가?
⑨ 무엇인가 빠진 것은 없는가?

무엇을 학습시킬 것인가를 알고 실제로 학습시킨 경험이 있다면 그렇게 자세한 내용의 계획을 세울 필요가 없다고 생각할지도 모른다. 확실히 하나하나 적지 않더라도 학습을 할 수 있는 간단한 계획이 있는 것도 사실이다. 그러나 항상 훌륭한 학습의 실시를 의도하고 일단 적어본다면 애매한 점도 명확하게 될 수 있다.

### 2) 학습지도의 구성요소

상술된 학습지도안의 기능을 완수하기 위해서는 다음과 같은 내용이 학습지도안에 포함되어야 한다.

#### (1) 학습준비와 관련된 일반적인 요소

정확하고 올바른 계획을 수립하기 위해서는 학습과 관련된 모든 여건과 자료의 가능성 여부를 판단하여야 한다. 이와 같은 원칙 하에서 학습준비와 관련된 모든 주요 정보자료를 교안의 서두에 열거한다.

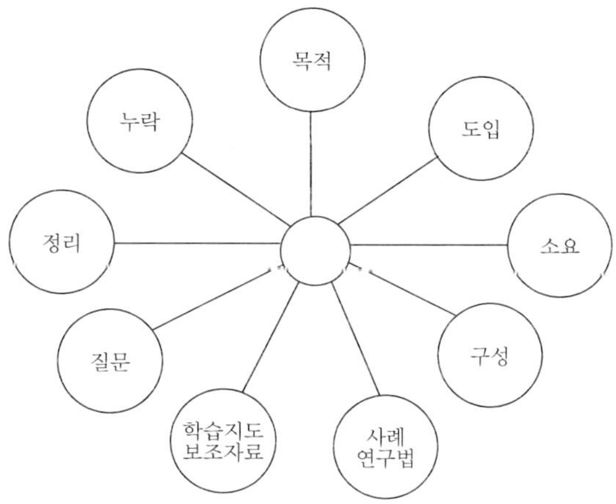


그림 9-1 학습지도안의 작성요령

① 제목 : 실시하고자 하는 학습의 명칭
② 시간 : 학습하고자 하는 총 시간
③ 학습방법 : 강의식, 그룹, 토의식, 사례연구 등
④ 담당교사 : 전임교사, 외부강사, 조교
⑤ 학습보조자료 : 차트(chart), 영사기, 슬라이드 프로젝터(slide projector), OHP (over head projector), VTR(video tape recorder) 등
⑥ 배부물 : 학습도중 학습자에게 배포되어야 할 유인물이나 기타 교재
⑦ 참고자료 : 학습내용과 관련된 서적, 규정 및 지시서 등
⑧ 기타 : 학습자의 복장, 지참물

(2) 학습의 목적과 기대성과(objective)

학습 프로그램의 기본적인 목적과 이의 기대성과를 설정하지 않고는 올바른 계

획을 수립할 수가 없다. 학습 목표의 결정은 바로 학습활동의 방향을 설정하는 것이므로 다음과 같은 점에 유의하여야 한다.

① 성취 가능성에 바탕을 둔다.
② 구체적이어야 된다. 즉 학습자가 실제적으로 실행할 수 있는 교사는 이를 관찰할 수 있어야 한다.
③ 학습이 실시된 후 수행해야 되는 조건을 명시한다.
④ 수락 가능한 수행시준을 명시한다.

### 3) 학습지도안의 형식

#### (1) 학습지도안의 형식

일단 학습목적과 기대성과가 설정되었으면 이와 같은 학습목표를 성취하기 위해서 어떠한 지식과 기능(기술)을 학습자에게 학습시켜야 될 것인가 하는 것을 결정해야 한다. 그리고 교사는 그 내용을 체계적으로 기술해야 되는데 그 형식으로는 서술식, 요점식, 문장식 등이 있다.

① 서술식

학습할 내용을 서술체로 기록한다. 서두에서 제구까지 학습내용을 전부 기술하는 경우와 주요부문만을 기술하는 경우가 있다. 그러나 이와 같은 방법은 자칫하면 학습지도안에 지나치게 의지하여 학습지도안을 읽는 학습이 되므로 학습자를 지루하게 만드는 결점이 있다.

② 요점식

가장 널리 알려진 학습지도안 작성 방법으로 학습내용을 순서에 따라 요점식으로 열거한다. 예를 들면 다음과 같다.

예) 훌륭한 교사의 자질은

- 담당교과목에 대한 능력
- 학습계획을 발전시킬 수 있는 능력
- 훌륭한 교수의 능력

- 교육재료 개발에 대한 능력
- 학습지도의 열과 성

③ 문장식

요점을 이해하기 용이하도록 완전한 하나의 문장으로 풀어 설명한 방법으로 그 예는 다음과 같다.

예) 훌륭한 교사의 자질은

- 담당 과목에 관련된 완벽한 지식과 관련 과목에 대한 깊은 이해력을 갖추어야 한다.
- 학습 활동에 있어서 효과적인 학습계획을 발전시켜 지식과 기능이 지능화, 고도화, 다양화 하여지며 실제적인 직무분석을 토대로 학습계획을 발전시킨다.
- 학습자들의 수준과 능력 및 이해도를 파악하여 그 수준에 알맞은 교수법을 수행하여야 한다.
- 효율적인 학습을 위한 학습보조자료 및 교구개발과 활용방법의 능력을 갖추도록 노력한다.
- 학습지도안에 있어서 적극적인 성품을 갖고 학습자들과 호흡하면서 그들의 심리와 요구사항을 파악한다.

### (2) 학습지도안의 구성요소

학습을 목적한 바와 같이 계획한 바에 따라서 체계적이며 효과적으로 실시하기 위해서 다음과 같은 요소가 학습지도안에 필수적으로 포함되어야 한다.

① 학습내용의 전체 내용

② 학습보조자료 활용 시점

③ 배포물의 배부 시점

④ 강조하기 위한 특별한 질문과 이의 활용 시점

⑤ 교육효과를 높이기 위한 특별한 학습기법을 응용해야 할 시점

### (3) 학습지도안의 작성

① 서론

서론은 주로 다음과 같은 4가지의 목적이 있다. 첫째, 학습자들로 하여금 학습내용을 보다 쉽게 파악하게 하기 위해서 이와 관련된 학습내용이나 지도내용에 관한 것을 간단히 소개한다. 둘째, 학습의 목표를 분명히 제시한다. 목표를 완전히 파악하면 다음에 소개될 학습내용을 예견할 수 있어서 호기심이 생기므로 학습의욕을 높여준다. 도한 학습목표가 분명해지면 학습자들도 마음속으로 학습의 목표를 설정하게 된다. 셋째, 학습에 대한 흥미를 갖도록 하기 위해서 동기유발을 시킨다.

넷째, 일시적인 효과가 아니고 끝까지 학습활동을 할 수 있도록 성취될 수 있는 것이 무엇인가를 뚜렷하게 밝혀둔다.

② 본론

본론은 학습지도안의 생명이며 이의 제시는 바로 학습의 주목적이기도 하다. 바로 이 본론을 제시하기 위해서 먼저 기술한 모든 준비가 필요했고 도 서론이 있었던 것이다. 본론의 배열은 학습의 내용과 학습원칙에 효과에 따라서 다음과 같은 방법으로 열거한다.

- 알려진 사실로부터 시작해서 알려지지 않는 사실 설명
- 단순한 문제로부터 복잡한 문제로의 발전
- 주제를 제시하고 부 주제를 소개한다.
- 수차적 배열

③ 결론

결론은 2중의 목적이 있다. 첫째, 요점을 재검토 할 수 있다. 둘째, 다음에 실시할 학습과 연결시킬 수 있다. 결론의 방법으로는 설명식과 문답식이 있으므로 효과적인 방법을 택하여 이에 알맞은 학습지도안을 작성해야 할 것이다.

## 9.2 강의식(Lecture Method) 학습방법

교사와 학습자간에 지식과 기능을 습득하거나 어떠한 행동을 발전시키는 데 다양한 학습방법이 있겠으나 여기서는 강의식 학습방법을 먼저 다루어 보기로 한다.

강의식 학습방법은 지식과 기능을 제시하는 가장 효과적인 의사소통의 방법이나 학습자들은 교사의 과제 제시에 의하여 듣고 보면서 배우게 된다. 즉 비활동적인 방법으로 학습하게 된다.

이와 같은 학습방법에서는 학습자들의 적극적인 학습태도가 요망되며 교사는 학습자들이 얼마나 이해하는가를 확인하여야 한다. 그러므로 이같이 확인하기 위해서는 교사와 학습한 답을 통하여 이루어질 수 있다. 이와 같은 과정이 이루어지기 위하여서는 간결한 언어의 표현, 음성의 고저를 적절히 구사하고 학습자들의 주의를 환기시켜 학습활동에 적극성을 갖도록 노력하여야 한다.

### 1) 강의식 학습방법의 유의사항

강의식 학습방법에서 다음과 같은 사항을 유의한다면 학습지도를 성공적으로 수강할 수 있다.

① 간결하고 명료한 언어를 사용한다.
② 자연스러운 학습태도를 갖는다.
③ 말의 속도를 적절히 구사한다.
④ 학습자들이 관심과 흥미를 갖도록 유도하여야 한다.
⑤ 강의도중에 지루하다고 느낄 경우 학습내용과 관련되는 유머를 사용한다.
⑥ 학습자들이 질문할 수 있는 기회를 주고 또한 교사도 학습자들에게 질문을 하여 학습에 대한 관심도를 높인다.

### 2) 강의식 학습방법의 장단점

#### (1) 장점

① 단 시간 내에 많은 분량의 지식과 정보내용을 학습시킬 수 있다.

② 동시에 많은 학습자에게 동일한 학습내용을 학습시킬 수 있다.

③ 학습지도 준비가 비교적 단조롭고 간편하다.

(2) 단점

① 교사의 일방적인 설명과 강의로 학습자가 피동적인 입장에 서게 되어 학습목적 달성이 소극적이 될 수 있다.

② 개인차를 무시한 획일적인 학습방법이 될 수 있다.

③ 추상적 개념의 전달이므로 듣는 사람의 입장에서 각기 받아들이게 되어 종합성이 달성되기 힘들다.

④ 학습자의 적극적인 참여와 동기조성이 힘들다.

3) 강의의 진행단계에 대한 일례

(1) 서론

① 동기유발

② 학습목적

③ 전체내용과 주요사항

④ 전개방법과 유의사항

(2) 본론

① 전개순서의 기준(논리적 개연성, 난이성 기준, 구체성, 시간·장소성)

② 설명의 기교(비교, 인용, 발성)

③ 보조 학습 자료의 활용(흑판, 교재, 차트, 모형, 실험기구 등)

(3) 결론

① 중요점의 재 요약 및 강조, 재 동기부여

② 다음시간에의 관련 또는 최종적 결론을 내린다.

③ 연구과제 및 참고물을 소개한다.

4) 강의식 학습방법의 구성

① 강의자

② 수강자

③ 학습내용
④ 보조학습자료
⑤ 강의환경조성
⑥ 강의 소요시간

## 9.3 토의 지도식(Conference) 학습방법

토의 지도식 학습방법은 강의식과는 다르다. 강의식에서는 일방적으로 교사가 학습자에게 정보 및 과제를 제공하고, 토의 지도식 학습방법에서는 교사와 학습자가 문제 해결을 위하여 여러 가지의 좋은 생각과 정보를 교환하게 된다. 또한 토의지식에 있어서는 학습자 스스로가 해결할 수 없는 문제를 공동의 집단사고를 통하여 체계적인 해결방법의 모색이다.

이와 같이 학습자들 자신의 의견을 자유롭게 발표하고 타인의 의견을 듣고 협동적으로 문제를 해결하는 과정을 통하여 인내심과 협동정신을 지도하는 데 목적을 두고 있는 것이다.

### 1) 토의 지도의 4단계

#### (1) 도입

① 시간계획에 따라 학습을 시작한다.
② 학습자의 기분을 편하게, 친숙한 인사말, 장면에 적합한 이야기, 관심의 환기
③ 동기부여, 토의의 목적설명, 토의 진행 방법 설명
④ 토의의 배경이 될 수 있는 사실의 설명, 또는 전번 토의에 관한 복습
⑤ 의제와 발표
⑥ 토의방법의 명확화

#### (2) 의견의 도출

① 사실설명으로 의견도출

② 질문으로 의견도출
③ 자신의 의견 제시로 의견도출
④ 필요한 정보, 지식부여로 의견도출
⑤ 실지교사, 실례 설명을 슬라이드나 영화관람 등을 시켜 의견도출

(3) 결과 유도

① 학습자 전원을 적극적인 토의 참가로 유도한다. 학습자 각자의 경험에 관한 의견 교환, 방관, 침묵 자가 없도록 처리한다.
② 개인적 감정에 흘러 토의를 혼란시키지 않도록 한 사람이 오래 이야기 하지 않도록 학습자를 잘 통제한다.
③ 결론의 실천 이행으로 의욕을 고취시킨다.
④ 토의의 진행분석, 학습자의 의견, 생각의 일괄 설명 등으로 토의의 진행을 수시로 종합 정리한다.
⑤ 의견이나 제안 등을 평가시켜 결론으로 유도한다.
⑥ 문제의 실제 처리방법, 토의 결론의 실천 이행방법 등을 결정한다.
⑦ 미해결의 경우 선후의 취급 방법 등을 결정한다.

(4) 종합결론

① 의견, 제안, 설명된 경험 등을 되새겨 보고 토의의 중점을 강조한다.
② 토의에 의해서 도출된 결론, 해결 방안 등을 요약한다.
③ 결론의 실천 이행으로 의욕을 고취시킨다.
④ 학습자에게 의사 표명을 분명하게 한다.
⑤ 시간계획에 따라 토의를 끝마친다.

2) 토의의 효과적 실시방법

(1) 도입

토의의 준비 단계에서부터 학습자에게 다음과 같은 태도가 조성되면 반은 성공했다고 할 수 있다.

① 학습자가 토의의 기대 목적을 향해 적극적으로 생각해보겠다는 열의를 갖게 한다.

② 무작정한 긴장 및 형식적인 것은 없어야 한다.
③ 무엇이든 자유로이 의견 발표를 할 수 있다는 기분을 갖는다.
④ 목적 종합되는 적극적인 발언이라면 누구의 발언이던 가치가 있고 존중 받는다는 생각을 하게 한다.

(2) 목표제시

① 처음에 목적을 확실히 이야기 한다.
② 새로운 용어는 확실히 정의를 내려준다.
③ [사실을 제시한다] [질문을 한다] [의견이나 결론의 안을 제출한다]의 세가지 방법을 목적에 따라 적절하게 구분 사용한다.
④ 때에 맞추어 괘도 차트 등에 의해서 토의의 화제를 제시한다.
⑤ 제시시기를 사전에 연구한다.
- 토의를 처음에 제시하는 경우
- 토의를 중간에 제시하는 경우
- 토의의 종합으로서 제시하는 경우

(3) 지도

① 토의가 이탈되지 않도록 한다.
② 학습자 전원을 토의에 참가시킨다.(방관자, 침묵자, 소외자가 없도록)
③ 학습자 상호간의 열린 마음을 위한 분위기 조성

(4) 종합결론

① 학습자에게 학습의 만족감을 느끼게 한다.
② 종합은 간결하게 한다.
③ 실천의욕을 높인다.
④ 종합은 토의지도 중에도 필요에 따라 수시로 한다.

### 3) 토의 지도상의 유의점

① 사회자는 지나친 전문가인체 하지 말 것
② 자신의 견해를 학습자에게 강요하지 말 것

③ 학습자가 이해하지 못하는 이야기를 하지 말 것

④ 신뢰를 배반하지 말 것

⑤ 변명을 하지 말 것

⑥ 학습 계획이나 이념이나 정책문제를 비판하지 말 것

#### 4) 장단점

##### (1) 장점

① 다각도의 생각, 지식과 정보에 대한 증지를 모을 수 있다.

② 학습자 모두가 참여할 수 있다.

③ 사고하도록 자극하고 협동적으로 일할 수 있는 능력을 부여한다.

④ 특히 문제점을 해결하거나 새로운 철학적 태도나 새로운 방법을 개발코자 할 때 유용하다.

##### (2) 단점

① 주제에 대해서 학습자들이 경험이나 지식이 있어야 한다.

② 제한된 인원만이 참여할 수 있고 시간이 많이 소요된다.

③ 주제에서 이탈하기 쉽다.

④ 어떤 그룹이나 특정의 성격을 가진 사람들에게는 맞지 않는다.

## 9.4 기타 지도식 학습방법

#### 1) 분임토의

분임토의 학습방법은 집단 학습 시에 있어서 전체의 학습자를 3명 내지 6명 혹은 그 이상으로 나누어 소그룹으로 편성하여 각 그룹마다 과제를 맡겨 토론케 한 후 결과를 전체 학습에서 발표하게 하는 학습방법을 말한다.

이 분임토의 방법은 영어로 Buss Group Discussion이라 하는데 Buzz라는 말은 벌떼가 모이면 일어나는 소리를 말하는 것인데 즉, 큰 교실의 여기 적기서 작은 그룹이 토의를 하면서 마치 벌떼들이 소리를 내는 것 같이 들리기 때문에 그렇게 명명한 것이라고 한다. 이 분임토의 방법은 주로 다음과 같은 경우에 사용된다.

① 강의나 영화가 끝난 후 그 내용의 전부 혹은 특정한 부분을 토의하여 보다 나은 이해를 하게끔 하고자 할 때
② 논문의 내용을 논의코자 할 때
③ 교사의 강의 내용에 대한 질문을 만들고자 할 때
④ 강의만 계속하는 단조로움을 피하고자 할 때
⑤ 어떠한 과제를 주어 연구 토론케 할 때

이상 다섯 가지의 분임 토의 활용방법은 바로 분임토의 방법의 장점이기 때문에 이 학습방법은 널리 활용되고 있다. 분임토의 방법의 단점으로서는 첫째, 시간이 많이 걸리며, 둘째, 분임토의가 장난으로 흐르기 쉬우며 셋째, 토의내용이 그릇된 방향으로 이탈될 수 있으며 넷째, 이 방법에 익숙치 못한 학습자는 이러한 방법을 귀찮게 여겨 좋지 않은 반응을 나타낼 수가 있으며, 다섯째, 넉넉한 토의 장소가 필요하다는 것 등을 들 수 있겠다.

따라서 분임토의를 시킬 때엔 토의의 목적과 절차를 학습자들로 하여금 잘 이해케 하여야 하며 전체 학습에서 보고할 사람과 분임토의 시 각 그룹 사회자를 선출할 것을 제시해 두어야 한다. 분임토의 그룹의 인원을 얼마로 하느냐는 정확한 숫자는 없고 실제 경험을 통해서 10명을 초과해선 효과적이 못 된다는 것이 지배적으로 되어 있다. 왜냐하면 참가인원이 많으면 토의에 참여할 기회를 그만큼 제한하게 되기 때문이다.

그러므로 담당 지도교사는 토의된 의제나 내용이 모두 같은 것일 것 같으면 한 사람이 끝난 후 다음 보고자들에겐 먼저 보고한 사람이 오나성하지 못한 점만을 말하라고 할 수 있다. 그렇게 하면 시간을 절약할 수 있다. 전체 모임에서의 토의는 각 그룹의 보고가 끝날 때마다 할 수 있으며 전부가 끝난 후에도 할 수 있다. 전체 학습 토의는 담당 지도교사가 요약하여야 할 것이다.

### 2) 사례연구

사례연구(case study)라 불리는 이 방법이 학교 교육 및 산업훈련에 도입되어 활용되기 시작한 것은 1908년 하버드 대학의 경영대학원에서 비롯된다. 이후 미국의 실용주의 사상의 영향을 받아 이론과 현실을 결부시키는 한편 경영에서 발생되는 문제해결의 기능을 배양할 것에 착안하여 크게 효과를 거두자 마침내, 선진제국의 경영교육의 중심적 방법으로 군림하였다. 우리나라에도 이 방법이 일찍이 도입되어 널리 활용되고 있다.

사례연구법은 장문 또는 단문으로 된 사례를 재료 삼아 학습자(참가자)로 하여금 문제를 찾게 하고 정보를 평가시키고 지식과 경험을 활용해서 문제 해결책을 결정케 한 다음 집단(8-12명)으로 그것을 토의하는 동안 능력개발을 배양하는 것을 말한다.

우선 학습자는 사례를 자기 나름대로 분석하고 해결책을 입안한 다음에 집단토의에 임하게 되므로 각자의 해결방식을 서로 비교 검토하고 그것을 밟는 동안 자기의 해결방안에 대한 것을 음미하고 자기가 취했던 장단점을 발견하게 되어 문제해결 능력과 통찰력을 개발하게 되는 것이다.

사례연구는 학습자 및 그룹의 자율적인 학습에 의한 문제해결 능력의 향상을 목표로 삼고 있기 때문에 지도하는 리더는 가능한 비지도적으로 행동하여야 한다. 그러나 문제의 정확한 정의에 도달할 때까지는 문제의식 질문을 통해서 끈기 있게 유도해 나가야 한다.

이외에도 사례연구는 결론에 중점을 두는 것이 아니고 토의과정에서의 사고법에 중점을 두는 것임을 명심해야 한다. 성급하게 자기의 주체적 결론으로 이끌어 가려고 해서는 절대로 안 된다. 그러나 의사결정 단계 자체를 무시하라는 이야기는 결코 아니다.

문제해결 방안의 입안 및 의사결정 또한 중요한 '절차'이므로 그룹에서 자기네 나름대로의 결론을 내리도록 도와주어야 한다. 토의의 마지막에는 종합정리를 하고 여기에 관련된 일반화된 이론을 소개하고 앞으로의 연구방향에 대한 암시까지 하는 것이 좋다.

3) 시범학습(Demonstration)

학습활동의 대부분은 학습자들로 하여금 보다 더 능률적이며 생산적으로 학습을 수행하도록 만드는 데에 있는 것이다. 그러므로 담당자는 학습의 효과를 높이기 위해서 말로만 설명할 것아 아니라 실제의 이론이나 기능 또는 행위를 보여 주어서 학습활동을 이해시켜야 한다. 시범의 교과도 다른 학습지도 기법과 마찬가지로 여러 가지의 감각기관을 이해시킬 수 있는 가능성에 달려 있다. 일반적으로 이 방법은 학습효과를 가장 용이하게 자극시켜 주는 시각에 초점이 두어지는 것이다. 그러나 무엇보다도 시범의 학습효과를 최대한으로 높이기 위해서는 다음과 같은 세 가지 사실을 충분히 이해해야 한다.

(1) 목적

시범이란 별개의 학습기법이라고 칭하기 보다는 다른 학습 방법의 보조수단이라고 볼 수 있다. 시범은 흔히 강의나 회의식 학습방법과 병행해서 활용된다. 만약 특별한 기능이나 기법을 학습하기 위해서는 시범을 보이는 경우에는 필히 실습이 뒤따라야 소기의 효과를 얻을 수 있다. 시범을 통해서 얻을 수 있는 학습효과란 극히 기본적인 것이다.

(2) 방법

시범의 방법은 형태별로 구분하면 아래와 같은 5가지를 지적할 수 있다.

① 순서시범 : 이 방법은 주로 기계의 조작방법을 설명하거나 보여주기 위한 방법이다. 이와 같은 형식은 주로 학습장에서 실시되는 것으로 특수기능 학습에 많이 활용된다.

② 통례 : 실물의 모양을 보여주기 위한 방법이다.

③ 실제시범 : 실제의 활동, 운영, 조작 및 집행사항을 보여주는 것으로 규모가 큰 것으로는 야전작전실활 시범에서부터 자동차 운전 시범 등과 같은 소규모의 것을 지적할 수 있다.

④ 활동사진 : 영화나 TV의 화면을 통해서 실시되는 시범

⑤ 역할연기 : 실험실습 수행태도나 행위를 시범함으로써 잘못된 점, 잘된 점을 평가하도록 하는 방법으로 직무태도, 서비스, 예절, 인간관계 등의 학습활동에 많이 활용된다.

#### (3) 시범의 계획과 실시

시범을 준비하기 위해서는 특별한 주의가 필요하다. 즉 시범의 방법과 내용에 맞도록 기재, 도구, 부품 등을 효과적으로 통제해야 된다. 만약 시범이 끝난 뒤 학습활동을 하도록 학습이 계획되었다면 모든 준비도 이에 적절하도록 마련되어야 할 것이다. 즉 모든 시범은 다음 사항을 유의해야 한다.

① 주의 깊게 구체적으로 계획한다.
- 시범을 위한 시간을 최대한으로 절약하도록 사전 준비에 만전을 기한다.
- 모든 학습자가 보고 들을 수 있는가를 수시 점검

② 학습자들의 요구사항에 민감해야 한다.
- 학습자들이 잘 볼 수 있는 위치를 선택한다.
- 학습자들을 향해서 설명한다.
- 학습자가 이해하고 있는 가 알아본다.
- 언제나 주저 없이 질문하도록 한다.
- 시범이 끝난 뒤 요약하는 것을 잊어서는 안 된다.

③ 시범 전후에 충분한 설명을 한다.

④ 특히 안전수칙을 강조한다.

### 4) 역할연기(Role Playing)

사례연구(Case study)나 사건들(Incidents)을 학습자가 실연하고 그룹구성원(Group Member)이 이를 관찰하고 분석한다.

#### (1) 장점

① 어의적인 장애는 있으나 이해와 의사소통이 용이하다.

② 사회적인 통찰력과 기술을 개발할 수 있다.

③ 태도와 행동의 변화를 가져 온다.

④ 실제 장면을 생생하게 재연할 수 있다.

⑤ 인간관레를 학습하는 데 특히 좋다.

(2) 단점

① 고차적인 지도능력을 요한다.

② 사전계획이 필요하다.

③ 실제장면, 인위적 요소의 내용이 좋지 못할 경우가 있다.

④ 자발적 참여가 어려운 학습방법이다.

5) 세미나(Seminar)

(1) 장점

① 토의 지도방법과 같다.

② 특히 정해진 해답이 없는 문제의 학습에 용이하다.

③ 학습자에게 개인연구를 할 수 있도록 한다.

(2) 단점

① 토론하고자 하는 것 보다 많은 지식과 준비가 필요하다.

② 적은 인원만을 학습시킬 수 있다.

③ 이미 알고 있는 주제를 다룰 때는 적합하지 않다.

④ 몇몇 사람이 독점할 우려가 있다.

6) 강연(Panel symposium)

몇 사람의 전문가들이 전문분야에 대한 자신의 의견을 발표하고, 연사의 발표를 듣고 학습자들이 질문한다.

(1) 장점

① 많은 사람을 짧은 시간에 학습시킬 수 있다.

② 교사의 얼굴이 자주 바뀌기 때문에 흥미를 끌 수 있다.

③ 상반된 의견을 동시에 듣고 비교할 수 있어 사고력과 분석력을 높일 수 있다.

(2) 단점

① 교사들이 상호 협조와 조화 있는 발표를 위해서는 세밀한 사전계획이 필요하다.

② 교사의 개인 의견에 국한될 때가 있다.

③ 주제에서 이탈할 염려가 있다.

④ 학습자들이 참여할 기회가 적다.

7) 구안법(프로젝트법)

실생활의 과정과 그와 가까운 상태로 학습이 되도록 하기 위해 학습자가 자주적으로 자아활동을 선택, 계획, 방향 제시 해가는 문제해결 학습방법이다. 이 방법은 해당 학습주제와 관련과 소규모의 과제나 대규모의 단일 과제의 실시를 위해 교수학습활동을 자치적으로 이끌어 나가는 학습방법이다.

구안법의 개념은 1900년대 초 킬패트릭에 의해 최초로 정립되었다. 그는 교육이 너무 지나치게 내용 중심적이고, 교육과정이나 학습자의 능력 상황 등을 고려하지 못하고 있다고 생각하여 교육은 학생 중심적이고 문제 중심적으로 실시되어야 한다고 주장했다. 그래서 그가 제창한 이 구안법은 의도적으로 계획된 일련의 지향적 활동으로서 학생이 자신의 일에 책임지고 민주적인 가치관과 인간성을 개발하도록 하는 방법이다. 이 방법은 학습목적을 충분히 달성할 수 있는 과제가 선정되어 이론과 실제를 통합시킬 수 있는 것으로 주어진 환경과 여건에 적합해야 된다.

INDUSTRIES EDUCATION

# 제10장 교수와 학습

工業教科教育論

10.1 교수학습 내용과 조직원리
10.2 학습목표와 교수학습 방법
10.3 교육실습장에서의 지도

# 10. 교수와 학습

## 10.1 교수학습 내용과 조직원리

공업교육의 학습 결과는 교수학습의 과정을 통하여 학습 목표를 어느 정도 달성하였는가에 의하여 결정된다. 학습 목표의 달성도는 이에 그치지 않고 학교에서 습득한 지식과 공업기술을 일의 현장에서 적용하여 자신에게 부과된 업무를 얼마나 효과적으로 수행할 수 있었는가에 따라서도 평가된다.

학생들에게 이러한 능력을 함양시키기 위해는 교수와 학습이 효율적으로 이루어지도록 학습내용이 잘 조직되어야 한다. 이러한 능력은 학교교육 현장에서 교사와 학생 간에 교수 학습을 통하여 이루어지기 때문이다. 따라서 교육 내용의 선정과 함께 내용을 잘 조직하기 위한 원리가 필요하다.

교수 학습에서 고려할 내용은 교육학적 지식과 기술 직업상의 상호 작용에서부터 비롯된다. 기술적 기능 및 능력이 어떻게 교실에 전달되어 학생이 작업을 수행할 수 있게 되는가 하는 방법이 결정되어야 하기 때문이다.

### 10.1.1 교과중심 내용조직과 활동중심 내용조직

#### 1) 교과 중심의 내용조직

공업교육의 교육과정을 개발하는 사람이 교육학자가 아니라, 공업기술 전문가일 때는 전문적인 공업기술 분야에서 흔히 쓰이는 과정을 지향하려는 경향을 보이게 된다. 이 경우에는 직업 현장의 과제를 해결하기 위한 종합적인 내용 조직보다는 전문적 내용으로 분류하여 조직하는 것이 보통이다. 즉, 교과 중심의 원리에 따라 교육 내용을 조직하게 된다. 교과의 개별적 특성에 따라 내용을 각각 분리하여 같거나 비슷한 것끼리 모아 그 내용의 특성에 따라 조직하는 것이다.

조직의 원리는 개별적 사례나 일상의 사건으로부터 지식을 추출하여, 전반적으로 합당한 일반적 결론을 도출하는 방법으로 구성해 나가는 것이다. 이러한 방법으로 많은 전문적인 지식이 공학 분야에서 습득될 수 있다.

그러나, 교과 중심의 조직은 직업 현장에서의 과제 해결과는 차이가 있어 바람직한 학습과정과는 상당히 큰 대조가 된다. 성공적인 학습과정은 동기유발, 선행 경험, 상호 연관관계에 대한 식견, 직장 생활이나 개인 생활에서의 구체적 과제를 다룰 수 있는 기회 등이 일체가 되어 있기 때문이다. 직업 현장에서 필요한 능력은 이론적이거나 추상적이 아니며, 서로 분리되어 있지도 않다.

따라서 학습과정을 고무하고 지속시키는 데는 구체적이며 종합적인 능력이 훨씬 좋은 학습 과정이며 방법이다. 그러나 사람 위주의 법칙에 따라 판단해 볼 때, 전문적 학문을 지향하는 교육과정에 있어서 내용이 구성적으로 분리된 형태로 교수될 때 각각의 내용은 시간적, 공간적으로 분리되어 통합적이고 직접적으로 학습할 기회는 적어진다. 예를 들어 배관공의 직업교육 내용을 조직할 때, 토양학, 정역학, 작업 조직, 관련 법규, 전공 수학 등으로 나누고, 이를 다시 관련 단원으로 분리하여 조직한다면 작업 현장에서의 통합적 능력을 기르는 것과는 거리가 있게 마련이다.

서로 다른 교과에서, 각각 다른 시간에, 서로 상이한 연관 관계에서 배운 세부적 지식을 작업 현장에서 종합하여야 하는 문제는 가장 어려운 정신활동의 하나인 것이다. 따라서 교과 중심의 조직은 이러한 이유에서 직업 현장에서의 기능을 습득하도록 학생을 교육하는데 어려움이 있다. 전통적인 전문 교육에서의 직접적인 직업 지향성의 부족은 전형적인 작업 현장에서 활동하기 위하여 필요한 제한된 능력만을 신장시키게 된다.

### 2) 과제 중심의 내용조직

생활 및 직업에서 전형적인 문제를 중심으로 내용을 조직하면 교과 특성에 따라 내용을 조직하는 것보다 교수 학습이론으로 볼 때 유익하다. 분과 적으로 학습한 내용을 작업현장에서 통합하는 것보다, 통합된 과제를 중심으로 교수 학습이 이루어지기 때문이다.

직업 현장과 밀착되게 전문적인 내용을 조직하는 데에는 프로젝트(project)법을 많이 사용한다. 직업에서의 전형적인 작업에 구체적인 사례가 많이 포함된 과제를 중심으로 가르칠 내용을 조직하는 방법이다. 프로젝트 과제를 중심으로 관련된 지식과 기능을 함께 조직하는 방법은 직업 기술교육에서 강조되고 있다.

학생은 직업적이고 전문적으로 중요한 과제를 수행함으로써 지식과 기능의 각 요소를 통합적으로 신장시키게 된다. 또한, 프로젝트의 활동의 결과를 학생 자신이 소유하도록 하여 학습 동기를 유발하는 효과도 있으며 작업 결과를 사회적으로 유용하게 이용할 수도 있다. 교과중심의 내용 조직 방법인 코스 법(course method)과 과제 중심 내용 조직 방법인 프로젝트(project method)를 비교하면 표 10-1과 같이 이러한 장점을 잘 이해할 수 있다.

표 10-1 코스(course)법과 프로젝트(project)법의 비교

| | 코스 법 | 프로젝트 법 |
|---|---|---|
| 교육과정 | 폐쇄적 교육과정<br>실제와 비슷한 상황<br>분과적인 교과<br>계획과 실천의 차이 | 개방적 교육과정<br>실제의 일부<br>통합적 교과<br>교사의 계획과 참여 |
| 목적 | 계선적 목적<br>계열적, 단계적 | 과제에 의한 통합적 목적<br>다학문적(interdisciplinary) |
| 학생 | 개별적 학습<br>동질적 학생 | 집단적 학습<br>이질적 학생 |
| 교사 | 제한적 역할<br>교과내의 교수활동 | 개방적 역할<br>개방적 교수활동 |
| 목표 | 교과내용 습득 | 문제해결력, 실제적 능력<br>복학적 문제해결<br>실제적 제품의 생산<br>이론과 실습의 통합 |

프로젝트 과제 수행은 독자적인 과제 해결 능력, 자발적으로 의사결정과 주도성을 행사하는 능력, 예기치 못한 원인에 대하여 융통 적으로 조정할 수 있는 능력과 같은 높은 수준의 목적을 달성할 수 있다. 활동중심의 조직은 교과중심의 조직에 비하여 실제적 활동의 차이점을 통찰하도록 할 수 있으므로 이상적이다. 이러한 방법은 결과적으로는 실제 작업을 이해하도록 할 수 있다고 말할 수 있다.

### 10.1.2 직선형 조직과 나선형 조직

교수학습의 내용을 교과 중심으로 조직하거나, 또는 활동 중심으로 조직함에 있어 직선형 조직과 나선형 조직이 있다. 이러한 조직 방법은 이론에서 실제로 이끄는 연역적 방법과 실제에서 이론으로 이끄는 귀납적 방법에 관한 논의와 관련된다. 연역적 방법은 일반적으로 이론에서 출발하여 실제에 대한 이해로 밀어 올리는 학습과정에 적합하다.

그러나 실제적 교수학습의 관점에서 볼 때, 문제 지향의 귀납적 접근방법이 일반적으로 보다 유리한 점이 많다. 이는 학습 동기를 유발한다는 점과, 자신의 고유한 경험과 더불어 학습한 바를 적용할 수 있는 기회를 학생들에게 제공한다는 점에서 보다 우월하기 때문이다.

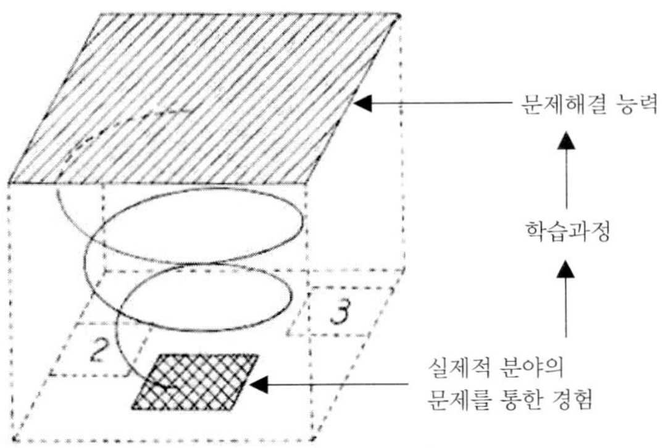


그림10-1 나선형의 종합적 학습 조직

그러므로 귀납적 방법은 실제 문제에서 출발하는 학습과정에 적합하다. 이 방법은 개별적 경험 및 실제적인 문제 해결에서부터 전반적인 문제 해결 능력으로 유도되는 교수학습과정으로 조직된다. 이러한 유형의 학습과정은 나선 적, 종합적이라고 말할 수 있다. 다음 그림 10-1은 이것을 설명하고 있다.

교과 지향의 이론적 교수학습과 문제 지향의 실제적 교수 학습에 대한 상대적 장점에 대한 논쟁은 이러한 일반적인 언급으로 없어지지는 않는다. 그러나 교수학습의 실제에 있어서 방법론적인 극단주의는 유익하지 못한다. 또한, 양자택일은 더 이상의 발전이 없다.

순수한 문제위주방식이란 불가능하며 순수한 교수지향방법 또한 마찬가지이다. 직업상 전형적인 문제를 출발점으로 하여 문제 해결을 위한 교수 지향적 과정을 밟아나가는 교수학적 개념을 취하는 것이 유익하다는 것이 밝혀져 있다. 그러한 과정을 통하여 상이한 교수학적 접근이 서로 교류하게 된다.

## 10.2 학습목표와 교수학습 방법

교수 내용의 선정, 교수 방법 선정, 수업의 진행, 교수 결과의 평가 등 교수 과목은 교수 목표의 설정에서 시작된다. 여기에서는 교수 목표를 학생의 행동 변화로 보고, 이를 기초로 목표를 진술하는 방법에 관하여 학습하고, 교수학습 내용 선정의 원리를 소개한 다음, 이러한 목표와 학습방법의 선정과의 관계를 알아본다.

### 10.2.1 학습목표의 설정

학습목표는 학습과정 혹은 경험을 통해서 학생에게 이루고자하는 행동의 변화를 뜻한다. 행동의 변화는 학습에서의 성취(performance)로 이는 관찰 가능한 인간의 행동적 성취를 뜻하며 행동의 결과를 나타낸다.

따라서 교육목표는 학습의 방향을 선정해 주고, 학습경험을 선정할 근거를 마련해 주며, 학습 평가의 근거가 된다. 따라서 교수 학습 과정에서 제일 먼저 해야 할 일은 교육 목표를 잘 설정하고 진술하는 것이다.

### 1) 학습목표의 진술 방법

#### (1) 메이거(Mager)의 행동목표 진술

행동목표 진술에서 구비되어야 하는 세 가지 조건

① 성취(performance)수준 : 학생이 나타낼 수 있는 도착점 행동(terminal behavior) 명시

② 조건(condition of learning) : 학생이 그러한 행동을 나타낼 수 있는 상황이나 조건 제시

(예) 사용할 장비나 재료, 그 행동을 관찰할 수 있는 장소, 시간, 그 이외의 환경 학생에게 주어질 정보

③ 기준(criterion of measurement) : 행동을 평가하기 위한 평가 기준의 제시
평가기준은 설정된 목표가 무엇인가에 따라 다르다. 그 예로는 정밀성, 속도, 달성해야 할 퍼센트나 숫자, 최대 허용 오차, 정확성이나 우수성의 정도 등을 들 수 있다.

위의 세 가지 조건을 충족시키면서 행동목표를 진술 할 때 주의하여야 할 사항은 다음과 같다.

① 행동 목표는 동사로 끝을 맺어야 한다.
② 행동 목표는 교사의 성취보다 학생의 성취 관점에서 서술하여야 한다.
③ 행동 목표는 학습의 과정보다 학습 결과의 관점에서 진술하여야 한다.
④ 행동 목표는 취급되는 교과내용보다 학생들의 도착점 행동을 표현하여야 한다.
⑤ 각 행동 목표에는 한 개의 목표만 진술하여야 한다.
⑥ 행동 목표는 보편적이고 적절한 수준에서, 간단명료하게 표현하여야 한다.
⑦ 행동 목표는 다른 행동 목표와 중복되지 않게 독립되게 표현하여야 한다.

[행동 목표 진술의 예]

(예 1) 그림을 보고(조건) 꽃의 주요 4부분(기준)의 이름을 말할 수 있다(성취수준)

(예2) 학습자는 지름 50㎜의 동봉을 선반에서(조건) 0.001㎜정도로(기준) 지름이 30㎜되게 연삭할 수 있다(성취기준)

(예3) 학습자는 트랜지스터 앰프리 파이어 회로도와 필요한 공구 및 계기가 주어졌을 때(조건) 3시간 이내에(기준) 앰프리 파이어 유닛을 조립할 수 있다(성취기준)

### 2) 그론런드(Gronlund)의 학습 목표 진술

#### (1) 그론런드의 접근방법

학습이 이루어지는 실제 상황을 고려해 볼 때 학습목표를 세분화하는 데에는 어느 정도의 신축성과 융통성이 필요하다. 이러한 점을 감안하여 그론런드는 학습 목표를 두 가지 수준에서 진술하도록 제안하였다. 즉, 일반 목표를 우선 포괄적으로 서술한 다음에, 이 일반 목표를 세분한 구체적 행동 목표를 진술하는 방법이다. 구체적 행동 목표는 학습이 끝난 후 평가의 기초가 될 수 있지만, 수업은 어디까지나 포괄적인 일반 목표를 지향해서 이루어 져야 한다는 것이 그의 입장이다.

이렇게 행동 목표를 일반 목표(general objective)와 구체적 목표(specific objective)로 구분하여 진술하게 되면 여러 학습 상황에서 융통성 있게 학습 목표를 진술할 수 있다. 이 접근 방법은 수업 목표가 '……의 예를 든다' 라든가, 또는 '……과 ……을 식별 한다'와 같이 좁고 한정된 것이 아니라 '……를 이해 한다' 와 같이 보다 넓은 의미를 지니는 것에 특징이 있다. 동시에 구체적 목표는 이러한 일반적인 용어의 뜻을 보다 명확하게 해준다.

구체적 목표에는 일반목표 성취의 증거로 인정될 수 있는 것들만 포함시킨다.

#### (2) 학습 목표 서술 절차

① 교과에 포함되어 있는 단원들을 검토한다.

② 단원의 내용을 조사, 검토하여, 각 단원과 관련된 보편 타당성 있는 학습 성과

를 결정한다. 이를 위해서 다음과 같은 것을 참고하면 도움이 된다. 교육과정에 관한 문헌, 작업명세 및 작업 분석 내용, 교사 자신의 체험이나 동료 교사의 체험, 이전에 활용된 시험지, 학습자의 능력 수준 환경 태도, 교 과내의 다른 단원과의 관련성 및 다른 교과와의 관련성 등

③ 각 단원마다 필요한 만큼의 일반 목표를 진술한다. 이 경우는 ……안다, ……이해 한다 등과 같은 동사로 서술한다.

④ 각 목표마다 그 일반 목표를 설명해 주는 구체적 목표를 기술한다. 구체적 목표는 '……기술 한다', '……열거 한다', '……계산 한다'와 같은 관찰 가능하고 측정 가능한 행동적 용어로 서술한다. 이때 별로 중요하지 않은 학습 성과 까지 구체적 목표를 세울 필요는 없다. 즉, 단원의 모든 내용 하나하나에 대하여 구체적 목표를 기술할 필요는 없다.

⑤ 교과의 전 과정을 통해서 발달시켜야하는 목표(예 : 안전수칙을 지킬 수 있다)는 학생과 교사가 지속적으로 관심을 가질 수 있도록 전체 교과 목표의 바로 첫 단계에 서술하는 것이 바람직하다.

⑥ 순수한 기능위주의 학습을 하는 경우에를 일반 목표를 서술한 다음에 구체적 목표를 서술하는 대신 일반 목표 달성에 필요한 작업이나 과제 등을 명시해 두는 것이 편리하다.

⑦ 이상의 순서에 따라 학습 목표를 진술할 때 각 영역 및 영역내의 각 진술들이 위계별로 평형이 이루어지도록 하여야 한다.

**학습 목표 진술의 예**

(예 1) 일반목표 : 뉴톤의 운동 법칙을 이해한다.
구체적 목표 : 뉴톤의 운동의 법칙을 말할 수 있다.
뉴톤의 운동의 법칙의 예를 제시할 수 있다.
힘과 모멘트를 구별할 수 있다.

(예 2) 일반목표 : 관절과 근육의 구조를 이해한다.
구체적 목표 : 관절의 세 가지 형태와 그것들이 몸에서 발견되는 곳의 예를 들 수 있다.
관절 구조상의 변이가 필요한 이유를 설명할 수 있다.
팔 근육이 피로한 원인과 그것이 어떻게 회복될 수 있는가를 설명할 수 있다.

### 10.2.2 학습 내용의 선정과 조직

교수학습을 선정 조직할 때 메이거(Mager)는 첫째, 일반적인 것에서 특수한 것으로 계열화 둘째, 흥미의 계열화 셋째, 논리의 계열화 넷째, 기능의 계열화 다섯째, 척도의 계열화 여섯째, 종합적 직무 실습 등의 원리를 제시하였다. 일반적으로 교수 학습 내용의 선정과 조직 원칙으로는 다음과 같은 내용이 많이 논의되고 있다.

#### 1) 계속성

계속성은 선정된 내용 및 학습 경험의 종적인 조직에 대한 계속을 의미한다. 교수학습의 내용을 조직함에 있어 내용의 여러 요소가 어느 정도 반복되어야 함을 나타내는 것이다. 교육 목표가 학습자의 행동 변화를 초래하기 위해서는 목표하는 지식과 경험이 망각되지 않을 정도로 반복되게 조직되어야 함을 나타내는 원리이다.

#### 2) 계열성

계속성이 교수학습의 조직에서 학습 요소의 동일 수준에서의 반복을 의미하는데 비하여 계열성은 선행의 경험을 기초로 점차 깊이와 넓이를 더해가도록 조직 하여야 함을 의미하는 원리이다. 계열성은 교육 내용의 질적인 심화와 양적인 확대의 두 가지로 대표된다. 선행의 학습 내용을 기초로 하여 다음 학습 내용의 수준과 양이 높아지도록 조직하여야 함을 나타내는 원리이다.

#### 3) 통합성

계속성과 계열성이 내용의 종적 조직에 관한 내용인데 비하여 통합성은 횡적 조직을 위한 원리이다. 통합성의 원리는 한 영역에서의 한 가지 내용이나 경험, 능력 등을 다른 여러 영역의 요소들과 어떻게 상호 연관시키도록 하느냐의 문제로 과목간, 교과간의 횡적 조직에 관한 원칙이다.

### 10.2.3 학습목표와 교수 · 학습방법

#### 1) 교수 · 학습 방법의 선정 시 고려하여야 할 사항

교수 · 학습방법을 선정하기 위한 기준으로는 달성하고자 하는 목표의 유형, 학습 활동의 다양성, 학습 주제와 내용의 특성, 학급 규모, 자원의 활용 가능성, 시간, 교수 방법에 관한 교사의 능력, 수업 방법에 관한 학생들의 선호도 등이 고려 될 수 있다.

먼저 교수하려는 내용에 따라 그에 적합한 교수·학습 방법이 선정될 수 있다. 지식의 전달, 문제 해결의 촉진, 기술훈련, 태도 변화 등 교수 하려는 내용에 따라 그에 적합한 교수 방법이 선정될 수 있다. 즉, 지식의 전달에는 강의나 프로그램 학습법 등, 문제 해결의 촉진에는 집단토의, 문제 해결법, 프로젝트법 등, 태도 변화에는 집단 토의나 사례 연구법 등, 기술 훈련에는 연시, 프로젝트법 등을 선택할 수 있다. 또한, 교수 목표의 영역과 수준에 따라서도 결정된다.

인지적 영역에는 강의, 시범, 프로그램학습법, 자습, 문제해결법, 프로젝트법 등을 사용하고, 정의적 영역에는 집단 토의, 사례연구, 프로그램 학습법, 문제해결법, 프로젝트법, 시뮬레이션 등의 방법을 선택할 수 있는 것이다.

### 2) 학습목표와 교수·학습의 방법

이상에서 설명한 바와 같이 교수·학습의 방법을 선정하는 데에는 교수할 주제와 내용, 자원의 활용 가능성, 학급 구성원의 특성, 시간과 공간적 특성 등 다양한 요소가 고려되어야 하지만, 그 중에서도 학습 목표는 무엇보다도 중요한 요소이다. 교수·학습방법은 본질적으로 학습 목표를 합리적으로 달성하기 위하여 선택되는 것이기 때문이다. 학습 목표와 방법은 서로 관련성이 있다.

표 10-2 학습 목표와 학습 방법의 상호 관계

| 학습 목표 | 학습 방법 |
|---|---|
| 가스용접 | 실제적인 용접 활동 |
| 협동적 태도 함양 | 공동으로 해결할 수 있는 과제 활동 |
| 기술상의 결함 발견 능력 | 결함을 발견할 수 있도록 구성된 과제 활동 |
| 기술적 구조적 문제 해결 능력 | 프로젝트 활동, 사례 분석 활동 |

표 10-3 교수 학습방법 선정 시 고려하여야 할 사항

| 요인 \ 방법 | 강의 | 개인교수 | 연시 | 집단토의 | 가정교사 | 게임·시뮬레이션 | 프로그램학습 | 세미나 | 프로젝트 | 연찬회 | 사례연구 |
|---|---|---|---|---|---|---|---|---|---|---|---|
| 1. 정보이전 | + | + | | | + | | + | | | | |
| 2. 문제해결 촉진 | | + | | + | + | | | + | + | | |
| 3. 기술 훈련 | − | | + | | + | + | | | + | + | + |
| 4. 태도 변화 | | | | + | + | | | + | + | | |
| 5. 피드백 획득 | − | + | + | + | + | + | + | | | + | + |
| 6. 교사 통제 | + | + | + | | + | | + | | − | | |
| 7. 학생활동 | − | + | + | + | + | + | + | + | + | + | |
| 8. 학급 규모 | + | + | + | | − | | + | | | − | |
| 9. 개인차 | | | | | + | | + | | | | |
| 10. 준비의 용이성 | + | + | | − | − | | − | − | − | − | − |
| 11. 교수 시간 | + | + | | − | | | | − | − | − | |
| 12. 이용할 수 있는 자원 | + | + | | + | | | | + | − | − | |

표 10-4 행동목표 유형에 따른 교수법

| 교수법 \ 행동목표유형 | 인지적 | | 정의적 | | 심동적 | |
|---|---|---|---|---|---|---|
| | KCA | ASE | RR | VOC | IM | PAN |
| 강의 | ×××× | ×××× | | | | |
| 개인교수 | ×××× | ×××× | ×××× | | ×××× | |
| 시범 | ×××× | | | | ×××× | |
| 집단토의 | | ×××× | ×××× | ×××× | | |
| 가정교사 | | ×××× | ×××× | ×××× | ×××× | ×××× |
| 사례연구 | | ×××× | ×××× | ×××× | | |
| 실험지도 | | | | | ×××× | ×××× |
| 세미나 | | ×××× | ×××× | ×××× | | |
| 프로그램 학습 | ×××× | ×××× | ×××× | | | |
| 자습 | | ×××× | ×××× | ×××× | ×××× | ×××× |
| 연찬회 | | | ×××× | ×××× | | |
| 문제해결 | | | ×××× | | | ×××× |
| 프로젝트 | | ×××× | | ×××× | | ×××× |
| 게임 및시뮬레이션 | | ×××× | | | | ×××× |

KCA-Knowledge, Cmprehension, Application(지식, 이해, 적용)

ASE-Analysis, Synthesis, Evaluation(분석, 종합, 평가)

RR-Receiving, Respondng(수용, 대답(응답력))

VOC-Valuing, Oragnization, Characterization(가치관, 조직력, 개별성)

IM-Initation and Manipulation(조작력)

PAN-Presision, Atriculation, Naturalization(정확, 분석, 이입) 이러한 교수학습 목표와 교수방법을 연계시킨 자료는 표 10-3, 표10-4와 같다

### 10.2.4 교수 · 학습의 방법

교수 · 학습의 방법은 강의법, 토의법, 시범, 심포지엄, 워크숍, 견학, 실연 법, 프로그램 법, 모듈법 등 다양한 종류로 분류된다. 더욱이 교사의 수업 현장에서는 이러한 방법을 약간씩 변용하거나, 또는 여러 종류의 방법을 혼용하는 까닭에 매우 다양하다.

이러한 교수 · 학습 방법에 관한 논의는 생략하고, 기술교육에서 적용할 것이 권고되고 있는 문제법과 프로젝트법에 관해서만 설명하도록 한다.

#### 1) 문제법(problem method)과 프로젝트법(project method)

##### (1) 문제법(problem method)

문제라는 problem은 "앞으로 던진다"는 의미의 희랍어에서 나온 용어로,교육학에서는 "학습자 앞에 해결을 위하여 던져진 의문"을 뜻한다. 문제는 우리들이 새로운 사태에서 생긴 의혹, 곤란 및 장애가 일어난 상태를 말한다. 목표나 요구에 도달하기 위하여 어떤 사태에서 이루어지는 행동을 문제 해결이라 한다.

인간의 매일 생활과 직업사태에서 중요한 결정을 해야 할 경우가 많다. 어떤 문제를 해결하기 위해서는 타당하고, 비용이 적게 들고, 빠른 시간 내에 가장 효과적으로 수행할 수 있는 방법을 찾게 된다. 이러한 문제 해결과정은 최적의 선택을 하는 의사결정과정으로도 볼 수 있다. 이렇듯 새로운 문제가 생겼을 때 그 문제를 해결하는 과정에서 이루어지는 학습방법이 문제법이다. 문제법은 Dewey의 반성적

사고과정에 기초하고 있다.

Dewey의 반성적 사고 과정의 내용을 분석하면 다음과 같다.

① 곤란의 인식 : 곤란을 느끼고 문제해결의 필요에 따라 해결의 방향을 찾으려고 노력한다.

② 곤란의 검토 : 직접 경험한 곤란을 그 장면에 대한 관찰을 통해서 지적으로 반성하고 해결할 문제나 곤란 점을 찾아 문제의 위치를 정하고 정의를 내린다.

③ 가능한 해결방안의 제시 : 문제해결에 대한 시안이 제시된다. 문제해결에 대한 자기 나름의 가능한 해결안, 즉 주관적 해결체계를 말한다. 해결 시안은 한 가지가 될 수도 있고 여러 가지가 될 수도 있다. 이 시안이 근거를 가진 것이면 문제해결의 가능성을 갖게 된다.

④ 제언(암시)의 추리에 의한 검토 : 추리에 의하여 시안을 검토한다. 제시된 시안의 여러 가지 관계가 추리에 의하여 판단되고 시안의 가능성 즉, 문제 해결의 가능성을 현실적으로 검토한다.

⑤ 시안의 수용, 거부에 대한 새로운 관찰과 시험 : 관찰이나 실험에 의하여 시안이 수용 되는가 또는 거부되는가를 판단한다. 즉, 가설의 검증 단계이다. 시안이 수용되면 문제가 해결되고, 거부되면 새로운 방법으로 시안을 만들고 그에 따라 검정하는 단계를 다시 거친다. 이러한 반성적 사고과정은 문제의 인식, 문제해결을 위한 가설의 설정, 자료의 수집과 가설에의 적용, 가설의 검증, 가설의 실제적 적용이라는 문제해결법과 일치하는 것이다.

#### 2) 문제 해결 학습의 과정

문제법은 문제해결법이라고도 한다. 문제해결법은 일반적으로 귀납법과 연역법으로 나눌 수 있는데, 귀납법은 특수에서 일반을, 여러 사실에서 결론을, 관찰한 실제적 사실에서 원리를 도출하는 것이다. 연역법은 이미 알고 있는 결론 또는 원리를 특수한 사실에 적용하는 것이며 연역적 과정은 귀납법의 종결 점에서 시작된다.

문제해결학습은 문제의 종류나 내용에 따라 서로 다르지만 일반적으로 다음과 같은 단계로 진행된다.

① 문제의 인식 : 이 단계에서는 학습자들이 문제의 본질을 충분히 인식해야 한다는 것이다. 학습자 자신이 문제를 발견하고 선택하고 또는 교사가 문제를 제시하고 설명하여 학습자들이 문제를 충분히 파악하도록 해야 한다.
② 해결 방법의 계획 : 문제가 결정되면 문제의 종류나 성질에 따라서 소집단별로 나누어 어떻게 문제를 해결할 것인가에 대한 계획을 수립하는 것이다. 또한 어떠한 자료를 어떠한 순서에 따라 수집할 것인가, 그것을 어떠한 방법으로 전개할 것인가 등의 계획을 세운다.
③ 자료 수집 및 조사 연구 : 학습계획에 따라 또는 각자가 분담한 분야에 따라 개인 또는 공동으로 문제해결에 필요한 자료 즉 참고문헌, 실험결과, 실측결과, 사물관찰 등의 자료를 수집하고 조사를 한다.
④ 해결방법의 결정 : 수집된 자료를 분석하고 종합하여 몇 가지 해결방법을 선정한다. 이때 선정의 기준이 되는 것으로는 목적 달성 가능성, 해결방법의 적합성, 경제성, 효율성 등이 있다. 몇 개의 해결방법 중에서 선정 기준에 가장 적합한 방법을 채택한다. 채택된 해결방법은 학습자들의 의견을 반영하여 검토, 수정, 보완을 한다.
⑤ 해결방법의 적용 : 문제 사태에 채택한 해결방법을 적용하여 문제를 해결한다.
⑥ 결과 평가 : 학습 결과를 소집단별로 발표하게 하고 나머지 집단은 비평을 하여 결과를 평가한다. 발표할 때에는 각종 보조 자료를 준비하여 효과적으로 발표하고 발표를 한 후에 질의응답, 토의, 비판, 반성이 이루어져야 한다.

### 3) 문제법과 교사의 역할

문제해결법에 있어서 교사는 중요한 역할을 한다. 가장 중요한 활동은 학습 자가 올바른 과정을 밟도록 지도하는 것이며 교사 자신이 문제해결의 기술에 숙달되어 있어야 한다.

문제해결학습에서 교사의 역할은 다음과 같다.

① 교사는 학습자가 문제를 선택하고 결정하도록 돕는다.
② 학습자가 자료를 수집하고 분석, 검토할 수 있도록 교사가 협력한다.
③ 모든 학습자들에게 문제해결에 대한 여러 시사를 주의 깊게 평가하는 태도를 갖게 하며 편견을 버리도록 지도한다.
④ 사고과정의 지도에서 문제해결을 자료를 도표, 그래프 등으로 체계화 시킨다.

(1) 프로젝트법(Project method)

프로젝트란 '앞으로 던지다'는 뜻이며 '생각 한다', '연구 한다', '구상 한다'는 의미로 쓰인다. 다시 말하면 무엇인가 마음속에 있는 것을 구체적으로 실현하고 형상화하기 위하여 자기 스스로가 계획을 세워 수행하는 활동을 말한다.

1918년 Kilpartick은 프로젝트법이라는 논문을 발표하였는데 그는 프로젝트의 뜻을 '전심을 다하여 사회적 환경 속에서 목적적으로 수행되는 활동'이라 하고 '유목적 행동'이라는 해석을 하여 프로젝트의 종류를 ①구성 프로젝트 ②오락 프 로젝트 ③문제 프로젝트 ④학습 프로젝트의 네 가지로 나누었다.

"프로젝트법도 문제법과 같이 Dewey의 반성적 사고를 기초로 하고 문제해결 과정을 중요시하기 때문에 유사한 점이 많다. 그러나 프로젝트법은 '결과를 가져오는 목표'를 중요시한다."

프로젝트 학습이란 학습 결과로서 어떤 형태의 생산물을 요구하며 광범위하고 다양한 학습활동이 기대되며(교육연구소, 1982, P.103), 해당 학습주제와 관련된 일련의 소규모 과제난 대규모 단일과제를 실시하여 교수・학습 활동을 이끌어 가는 학습방법이다. 미국에서는 20세기 초에 농업학교에서 '홈 프로젝트'라고 하여 학교에서 배운 내용을 활용하여 가정에서 직접 생산하는 학습방법이 발전하였다. 당시 농업학교에서는 ①개량 프로젝트, ② 실험 프로젝트, ③ 생산 프로젝트로 나누었다.

프로젝트법을 수행하는 구성원의 수로 분류하면 개별 프로젝트와 집단 프로젝트로 나눌 수 있다. 또한 학습자들이 서로 다른 프로젝트를 각각 따로 하는 방법과 같은 과제를 하는 방법이 있다. 다른 프로젝트를 하는 경우에는 학습자들은 흥미가 있겠지만 교사가 지도하는 데는 어려움이 있다. 집단프로젝트인 경우에는 하나의 집단이 공동 목표를 가지고 협동하게 되므로 개별 프로젝트의 경우보다 작품의 수준이 향상되며 동료 상호간에 아이디어를 나누어 갖게 된다.

수업형태로서 프로젝트 종류

- 수행하는 구성원의수
  - 개별 프로젝트
    - 동질 일반적 프로젝트
    - 이질적 프로젝트
  - 집단 프로젝트
    - 부분 프로젝트
    - 전체 프로젝트
- 실습 형태
  - 훈련 프로젝트
  - 생산 프로젝트
    - 개별생산 프로젝트
    - 그룹생산 프로젝트
    - 생산라인 프로젝트
  - 문제 프로젝트
  - 개량 프로젝트
- 활동 형태
  - 유목적적 활동형태
    - 구성 프로젝트
    - 오락 프로젝트
    - 문제 프로젝트
    - 학습 프로젝트
    - 생산자적 프로젝트
    - 소비자적 프로젝트
  - 어린이 활동형태
    - 탐구 프로젝트
    - 구성 프로젝트
    - 전달 프로젝트
    - 놀이 프로젝트
    - 기능 프로젝트
    - 손에 의한 프로젝트
    - 이야기 프로젝트
    - 소풍 프로젝트

그림 10 -2 수업형태로서 프로젝트의 종류

#### 4) 프로젝트법의 교수단계

프로젝트법의 교수단계는 일반적으로 다음과 같은 4단계를 밟아서 진행된다.

##### (1) 제 1단계 : 목적의 설정

학습 문제를 선택하고 학습 목적을 확인하는 단계로서, 학습자들이 프로젝트를 자기 것으로 알고 끝까지 흥미를 가지고 프로젝트를 완수하기 위해서는 가능한 한 학습자 자신들이 스스로 프로젝트를 선택하도록 한다. 이 단계에서는 학습자들의 능력과 재료를 쉽게 구할 수 있는지와 교육과정과 관련이 있는지를 검토하여야 한다. 교사는 이 때 학습자들이 능력에 알맞은 주제를 선정할 수 있도록 지도해 주어야 한다.

(2) 제 2단계 : 계획

목적을 효율적으로 수행할 수 있는 수단과 방법을 선정, 검토, 결정하는 단계로서 가장 어려운 단계이다. 학습자들은 일반적으로 계획을 세우지 않고 즉시 실행하고 싶어 한다. 학습활동의 성패 여부는 이 단계에서 계획을 잘 세우느냐에 달려 있다. 따라서 이 단계에서 학습자들이 서로 토의하고 학습할 사항과 학습을 전개하는 과정을 확인하여 진행하다가 의문이 발생하지 않도록 치밀한 계획을 세워야 한다. 이 계획에 의한 학습을 효율적인 방향으로 전개시키기 위해서는 진행에 옮기기 전에 교사가 확인하여 필요한 경우 수정, 보완하여야 한다.

(3) 제 3단계 : 실행

목적을 실현하기 위하여 계획을 실행으로 옮기는 단계로서 학습자들이 가장 흥미로워하는 단계이다, 교사는 학습자들의 흥미가 유지되도록 유도해야 하며 학습자들의 창의성을 존중하고 학습이 원활하게 이루어지도록 환경을 만들고 학습자들이 끈기 있게 활동을 계속하도록 노력하여야 한다. 가능한 한 많은 자료를 활용하도록 하며 학습자들의 작품이나 활동이 미흡하더라도 교사가 대신 하여주어는 안된다.

(4) 제 4단계 : 평가

실행의 과정과 완성된 결과를 평가하는 단계로서, 학습자 스스로 자율 평가를 해보고 교사가 평가를 하도록 한다. 그 프로젝트 결과를 전시, 보고의 형식으로 학급 전체에게 발표하여 학습자 상호간에 평가를 하고 또 그 과정을 통하여 자신을 평가한다. 교사는 일반적으로 평가하지 말고 학습자와 함께 적절한 조언을 통해서 평가하여 평가를 통한 학습이 이루어지도록 한다.

### 2) 프로젝트법의 특성

프로젝트법은 실천적이고, 구체적이며 조작적인 성격을 가지고 있는 학습 활동으로 학습자들의 흥미를 불러일으켜 학습자 자신들이 현실문제의 해결을 계획하고 실현하는 능력을 갖추도록 하는데 중점을 두고 있다.

#### (1) 프로젝트의 특징

① 학습자들의 흥미가 유발되어 자발적으로 행해진다.

② 프로젝트의 결과로 보고서, 설계도, 학습보조자료, 장비, 소프트웨어, 주택모형 등과 같은 산출물이 나온다.

③ 프로젝트를 수행하는데 상당한 시간이 소요된다.

④ 전 과정을 통하여 교사는 지도자보다는 자문 역할을 한다.

⑤ 학습자들에게 창의성과 잠재력을 개발할 수 있는 기회를 주고 도전하려는 자세를 길러준다.

⑥ 프로젝트는 학습자의 수준에 맞아야 하고 안전을 고려하여 선택한다.

#### (2) 프로젝트의 장점

① 학습자의 흥미를 고려하므로 학습동기가 강하게 유발된다.

② 자신이 계획하고 실천하므로 학습을 통하여 자주성과 책임감을 훈련시키는데 도움을 준다.

③ 생활과 가까운 문제를 선택하면 학교생활을 밀접하게 연결할 수 있다.

④ 끝까지 프로젝트를 수행하는 경험을 통하여 인내심을 길러주고 성취감을 맛보게 할 수 있다.

⑤ 창의성과 연구심을 중요하게 여기므로 창의적, 연구적 태도를 기르는데 적합하다.

⑥ 집단 프로젝트는 협동 작업을 통하여 자발적 협동 정신, 지도자 정신, 관용적인 자세, 희생정신 등 많은 사회적 덕성을 함양할 수 있다.

⑦ 학습자들의 능력에 따라 진도를 조절할 수 있다.

⑧ 교사가 학습자 개개인을 관찰할 수 있다.

(3) 프로젝트의 단점

① 학습자 자신의 계획에 따라 실시되므로 계획수립의 능력이 없는 학습자는 시간가 노력의 낭비에 그친다.

② 교사와 학습자에게 비교적 많은 시간을 소요하게 된다.

③ 대부분 많은 자료가 필요한데 자료를 얻지 못하면 실패하는 경우가 있다

④ 집단 프로젝트의 경우 일부 우수한 학습자들이 독점하는 경우가 있다

⑤ 자유로운 활동이 보장되어야 하므로 학습자들의 활동을 관리하는데 힘이 든다.

⑥ 실제적이며 실험적이므로 기계적인 숙련을 필요로 하거나 작업 태도를 기르는 데에는 소홀히 하게 된다.

⑦ 개별 프로젝트인 경우에는 결과가 서로 달라 객관적인 평가가 어렵다

3) 새로운 교수방법의 탐색

(1) 새로운 교수법의 필요성

전통적인 교수방법은 특정 기술이나 지식을 교육 훈련시키는 데 중점을 두어왔다. 그러나 전통적 교수법으로 인하여 발생되는 문제는 다음과 같다.

① 주로 직업적인 능력을 강조하고,

② 학습자는 다른 것과 분리된 이론과 기술을 배우게 된다.

③ 학교에서 배우는 이론이 실제 현장과는 분리되어 있다는 점이다.

따라서 전통적 교수법에 의하여 교육을 받은 학습은 다음과 같은 문제를 가지는 경우가 많다.

① 복잡한 문제를 해결할 수 없다.

② 배운 지식과 기술을 새로운 작업에 적용할 수 있다.

③ 졸업 뒤에 계속해서 배울 수 없으며 스스로 새로운 상황에 적용할 수 없다.

이와 같은 문제점이 발생함에 따라 고도화된 산업사회에서 일할 수 있는 능력을 함양시키기 위해서 새로운 교수들을 고안하게 되었다. 기존의 4단계 교수법에 기초한 교수학습방법은 이러한 점을 개선 할 수 없기 때문이다.

또한, 교수 현장에서 4단계 교수법에 기초하여서는 그 모든 학생에게 적합한 방법으로 수업을 설계하기는 실제로 거의 불가능하기 때문이다. 교사는 보통 평균적인 학습능력에 맞추어 수업을 진행하고 있으나, 그것은 학습을 따라오지 못하는 학생과 학습을 지루하게 느끼는 학생이 생기게 마련인 것이다. 또한, 기존의 교수법에서는 학습 동기가 만족하게 부여되지 못하는 것도 한 가지 이유이다.

새로운 교수 방법이 모색되게 된 이유를 산업 사회적 측면과 교육적 측면에서 설명하면 다음과 같다.

• 산업 사회 측면
  - 산업 현장에 적용되고 있는 새로운 기술
  - 기술적, 경제적, 정치적, 그리고 사회적으로 가속화된 변화
  - 변화하는 작업 조직
  - 변화하는 사회 기준과 근로자에 대한 기대

• 교육적 측면
  - 복잡한 행동 학습에 관한 이론
  - 학습에서의 개인차(선수 학습수준, 학습 능력과 학습속도, 학습 형태의 선호도)

#### (2) 새로운 교수법의 특성

새로운 교수법은 여러 사람에 의해 개발되었으며, 이들 연구의 공통적인 특성을 들면 다음과 같다.

- 학생들은 학습의 출발점에서부터 대개는 복잡한 작업을 다룬다.
- 학생들은 지식이나 기술의 습득을 도와주는 특별한 안내책자에 의해 자율학습으로 필요한 지식을 획득한다.
- 학습 보조 자료로서 교재, 영화 같은 몇 가지 매체를 사용한다.
- 학생은 그의 학습과 작업 과정의 계획과 설계에 있어서 그룹을 이루어 작업한다.
- 교사는 점점 더 학습 상담자가 되어간다.

이것은 학생들이 해결하지 못하는 일이 생길 때에만 도와준다. 새로운 교수법에서는 학생에게 앞을 내다 볼 수 있는 일반적인 능력을 길러 주어야 하며, 이러한 능력은 다음의 세 가지로 나누어 볼 수 있다.

① 직업적인 능력 : 드릴링, 톱질, 용접 등의 특정한 기술과, 도면의 이해, 작업규칙과 안전수칙의 준수와 같은 특정지식
② 방법적인 능력 : 작업 계획, 정보 획득, 체계적으로 문제를 해결할 수 있는 능력
③ 사회적인 능력 : 이것은 상급자와 동료들과 효과적으로 협력하는 능력과 작업에서 오는 문제에 대처하는 능력

#### (3) 새로운 교수법의 이론적 배경

이 교수법은 아래의 이론에 의해 영향을 받았다.

① 학습동기에 관한 심리학
- 자율학습과 작업
- 흥미 있는 작업
- 집단 작업

② 학습 이론
- 실제와 이론의 단단한 연결
- 통합된 계획은 복잡한 작업에 대처하는 방법을 배우기 위한 기본적인 요구로서 연습한다.
- 학습에 있어서의 개인차에 관한 고려

③ 교육과정에 관한 고려
- 기술과 지식 외에도 방법적 사회적 능력의 강조

#### (4) 새로운 교수법의 실행 사례

가. 교수 단계

다음은 새로운 교수법으로 German Rail Ways에서 창안되어, 기계에 관한 초기 직업훈련 과정에서 수행된 사례이다.

첫 번째 작업은 약 20cm가량의 기관차 모형을 만드는 일로서 평균적으로 35일

정도가 소요된다. 이 과정에서는 다음과 같은 작업이 포함된다.

- 측정
- 줄질
- 손으로 톱질하기
- 손으로 나사작업 하기
- 휘고 구부리기
- 리벳팅
- 조립
- 금 긋기 펀칭 작업
- 끌질과 본에 맞추어 자르기
- 드릴링
- 손과 기계로 리이밍 작업하기
- 가위로 자르기
- 짜 맞추기
- 아교로 붙이기

학생들은 기술과 밀접한 “Know-how”를 배울 뿐만 아니라 도면을 읽는 법도 배운다. 예컨대 작업은 다음과 같은 몇 단계로 나누어진다.

① 작업과 제도에 친숙하기
② 크기, 재료, 그리고 원료의 개수를 점검하기
③ engine bonnet의 경우에 첫 번째 부분을 금 긋고 줄질하기
④ 기판의 외형을 톱질하고 줄질하기

각각의 실제 단계는 예컨대 다음과 같은 새로운 지식을 포함하고 있다.
- 기계 제도에서 쓰이는 선의 여러 형태와 기회의 의미
- 제도에 의해 제공된 다른 정보의 중요성
- 전형적인 측정기구의 사용
- file의 올바른 선택
- vice에 공작물을 조이는 방법
- 줄질할 때의 올바른 동작방법

교사는 각각의 학생에게 도면이나 교재를 나누어 준 뒤, 작업이나 학습을 시작하라고 하며 조를 짜도록 한다. 실제 작업은 몇 단계로 나누어지며 교범은 몇 개의 장으로 나누어지며 각 단계는 각 장으로 구성되어 있다.

각 조(원)는 다음과 같은 정보가 있는 장의 첫 부분을 읽어야만 한다.

- 다음 단계에 관한 정보
- 필요한 제도 기술
- 학습목표, 기술 그리고 지식
- 특별한 hint

각 조(원)는 다음부분의 아래와 같은 질문에 응답해야 한다.

- 작업
- 필요한 공구와 기계
- 공구와 기계의 올바른 취급 법
- 작업의 수행 순서와 방법

이러한 질문은 교사가 전통적인 교수법에서의 시범과 강의에서 설명한 모든 주제를 포함한다. 이것이 주로 질문으로 구성되어 있다는 사실은 안내 교범의 중요한 특징이며, 응답을 하는 학생들에게 달려 있다. 이러한 질문은 이미 알고 있는 것도 있지만 대부분은 책이나 영화, catalogs따위의 여러 자료를 공부하여 대답할 수 있다. 교사는 학생들이 작성한 질문지를 점검하고 틀린 것을 고쳐준다.

이러한 점검이 끝나면 실질적인 작업 단계에 들어간다. 작업은 학생 스스로 수행하며 교사는 심각한 실수나, 다칠 염려가 있는 경우, 질문을 할 때만 도와준다.

작업이 끝나면 교사는 작업자와 함께 평가한다. 만일 그 작업이 잘되었다면 앞에서 설명한 다음 단계를 수행한다. 교사는 만일 잘못된 점이 있으면 고쳐주고 전체적으로 잘못되었으면 무엇을 할 것인가를 알려주어 다시 작업을 수행하도록 한다. 전체적인 작업이 끝날 때까지 이러한 방법으로 수행된다.

나. 새로운 교수법의 적용 결과

① 이러한 방법은 필요한 지식과 기술을 전달할 수 있으며 직업을 수행하는 능력보다 우수한 학습목표에 도달하도록 도와준다. 또한 각각의 학습자들이 그들에게 가장 알맞은 학습방법을 선택할 수 있게 한다. 뛰어난 학습 능력과 의욕을 지닌 학생들은 쉽게 학습목표에 도달하고 시험을 통과한다.

② 새로운 교수법은 학습목표에 도달하고 변화시켰다. 교사의 역할은 시범과 강의의 역할보다 상담의 역할이 더욱 중요해졌다.

교사는 우선 점으로 학습과정에 관심을 두어야한다. 또한 학생들을 감독하고,

잘못을 고쳐주어야 하며 학생들의 개인적인 어려움을 알아야 한다. 교사는 잘 조직된 학습목표를 제공하여야 하고 학생이 개인적, 사회적 문제에 대처할 수 있도록 도와주어야 한다.

③ 이러한 임무의 변화는 대부분의 교사들에게 커다란 도전이다. 그들이 많은 전문적인 것을 배웠지만 그것은 단지 교육학, 강의, 그리고 상담기술의 일부 과정에 지나지 않는다. 그러므로 교사는 전문적인 영역 뿐 만 아니라 교육방법 및 사회적 영역에서의 능력까지도 개발하여야 한다.

## 10.3 교육 실습장에서의 지도

공업교육은 이론 교육과 아울러 실습교육이 중요한 부분을 차지하는 까닭에 실습장에서의 교육과 지도는 매우 중요한 부분을 차지하고 있다. 교육 실습장은 학습자들로 하여금 만족감을 가지고 많은 것을 배울 수 있도록 하여 준다. 일단 설계와 시공을 마치고 실습 기계와 공구를 배치를 끝낸 실습장은 학습 목적을 성취 할 수 있도록 조직 관리되어야 한다.

### 10.3.1 교육 실습장의 유형

1) 전문 실습장(unit laboratory)

용접실습장, 판금실습장, 배관 실습장, 밀링 실습장, 선반 실습장 등과 같이 전문화 된 실습장을 말한다. 이러한 실습장은 특성화된 공업 고등학교나 직업 훈련원에서 볼 수 있는 실습장이다. 전문 실습장은 전공과 깊이 관련되어 있으므로, 전문 직업기술을 실습하는 데는 적합하나, 전반적인 기술을 경험하기 위한 목적의 실습에는 적합하지 않다.

### 2) 통합 실습장(general unit laboratory)

기계공작 실습장이나 디자인 실습장과 같이 여러 개의 전문 실습장을 묶은 형태이다. 즉, 기계공작 실습장은 밀링 실습장, 선반 실습장 등이 통합된 형태이고, 일반 디자인 실습장은 제도 실습장, 디자인 실습장, 모형 제작 실습장이 통합된 형태이다. 통합 실습장에서는 사용되는 공구와 재료가 비슷하고 관련 전공과목이 같은 몇 개의 전공 과정이 공동으로 이용하는 것이 보통이다. 한 과정의 학생들이 여러 실습장을 이동하며 사용하지 않고 한 두 실습장에서 실습을 마칠 수 있기 때문에 효율성이 있는 실습을 할 수 있다.

### 3) 종합 실습장 (general laboratory)

초중등학교 실과 실습장에서 흔히 볼 수 있는 실습장으로, 여러 가지 실습을 한 곳에서 할 수 있도록 조성된 실습장이다. 이 실습장은 한 장소에서 여러 가지 실습을 동시에 하게 되는 경우에는 서로 방해되기 쉬우며, 교사가 집중하여 지도하기도 어려운 문제가 있다.

## 10.3.2 실습장 조직관리

실습장은 학습자들로 하여금 만족감을 가지고 많은 것을 배울 수 있도록 조직 관리하여야 한다. 일단 설계와 시공을 마치고 실습 기계와 공구를 배치를 끝낸 실습장은 학습 목적을 성취할 수 있도록 조직 관리되어야 한다. 교사는 실습장 운영 계획과 절차를 잘 개발하여, 이에 따라 실습장을 운영하도록 노력하여야 한다. 실습장의 운영 관리 및 유지에 있어서 중요한 사항으로는 실습장 환경의 조정, 공구와 기구의 관리, 실습 재료의 관리, 실습 기계의 정비, 학습자 조직 및 지도, 실습장 활용 시간계획 등인데, 이들 다섯 가지 사항은 모두 상호 관련성이 있다.

### 1) 실습장 관리

실습장에는 복잡하고 값비싼 기계가 많다. 이러한 실습기계와 공구들은 장기간 효과적으로 사용되어야 한다. 또한, 학습자들이 쾌적한 환경 속에서 안전하게 실습을 하기 위해서는 실습장은 잘 관리되어야 한다.

① 공구와 기계가 잘 정돈되어 있고 소음이 적으면, 교사는 학습자들에게 실기를 잘 지도 할 수 있다.
② 잘 정리 정돈된 실습장은 학습자들로 하여금 학습 의욕을 고취시킨다.
③ 잘 조직되어 운영 유지되는 실습장은 학습자들이 안전하게 실습할 수 있도록 해 준다. 특히 기계와 공구의 성능이 모두 좋은 상태에 있을 때에는 실습장 안전에 크게 기여한다. 학습자의안전은 교사의 주된 임무의 하나이다.
④ 학교의 시설과 실습 기계, 기구는 넓은 의미에서 국가와 사회의 재산이다. 따라서 값비싼 기계를 잘 관리하여 그 사용 연한을 연장함으로써 국가 사회의 투자와 부담을 덜어 줄 수 있다.
⑤ 잘 갖추어지고 잘 관리 유지되면서 운영되는 실습장은 그 자체가 학습자들에게 바람직한 실습 태도를 길러주고 올바른 작업 절차와 방법을 비우는 곳이 된다. 또한 학습자들은 이를 통하여 스스로 자기작업 장소의 관리 유지책임을 이해할 수 있게 되고, 작업의 능률, 공구와 기계의 관리 방법 등을 배울 수 있게 된다.

#### 2) 실습장 환경의 관리

실습장 환경의 관리는 난방, 환기, 조명, 그리고 소음의 조절을 말하다. 이와 같은 사항이 적적하지 않으면 학습자들은 신체적인 불편을 겪게 되고 학습에 지장을 초래할 수 있다. 따라서 교사는 이와 같은 실습장의 환경 조절에 관하여 항상 유념하여야 한다.

① 냉난방 : 겨울철의 추위와 여름철의 더위 때문에 실습에 많은 영향을 받는다. 그러므로 연중실습계획을 세울 때부터 기온을 고려하여야 한다. 실습장의 난방방법으로는 증기난방과 온풍난방이 일반적이다.
② 환기 : 주물 실습, 용접 실습, 목공 실습, 동장 실습, 염색 실습 등은 실습을 할 때 발생하는 유독 가스와 분진 대문에 환풍기에 의해서 강제적으로 밖으로 내보게 된다. 실습장은 일정한 시간 간격으로 창을 열어 자연적인 환기를 하여

야 한다. 그러나 온실 등과 같이 높은 습도를 유지해야 하는 실습장은 별도의 관리를 하여야 한다.

③ 조명 : 대개 실습장의 작업은 정밀을 요구하므로 정밀한 작업에 지장을 주지 않을 만큼 밝게 조명을 하여야 한다. 자연 채광도 충분히 되도록 창의 크기를 정한다. 인공조명은 백열등, 수은등, 형광등 등을 사용하는데 실습장 전체를 밝히는 데는 비교적 전력 소모가 작은 형광등을 사용하고, 작업대나 실습을 하는 기계 바로 가까이에는 백열등을 주로 사용한다.

④ 소음 : 소음에는 운동장이나 다른 교실에서 들려오는 외부소음이 있고 실습장의 기계 운전, 수공구 작업, 학습자들이 대화 등 실습장 내부소음이 있다. 보통 외부 소음은 창문의 개폐, 수업시간의 조절 등으로 조절한다. 내부소음은 소음이 적은 기계의 선택, 실습장 내부의 천정이나 벽에 흡음 재사용 등으로 예방할 수 있다. 또한, 한 번에 실습하는 학습자의 수를 줄이는 방법도 있다. 소음이 특히 심한 경우에는 귀막이를 사용하는 방법도 있다.

### 3) 공구와 기구의 관리

공업교육에서 사용하는 공구와 기구는 그 종류가 매우 다양하고 숫자가 많다. 크기도 작은 바늘부터 디젤엔진을 정비할 때 사용하는 렌치에 이르기까지 다르고, 가격도 다양하다.

공구는 학습자들에게 효율적으로 나누어줄 수 있도록 실습장과 가까이 있는 공구 실에 두거나 학습자들에게 처음부터 지급하여 스스로 관리하도록 하기도 한다. 고가의 정교한 공구들은 별도로 보관하여 관리하는 것이 안전하다.

공구와 기구를 관리하기 위한 계획을 세울 때에는 다음과 같은 몇 가지 원칙을 적용하는 것이 바람직하다.

① 자주 사용하는 공구는 학습자들이 실습하는 장소에서 가까운 위치에 있어야 학습자들이 시간을 낭비하지 않고, 실습장을 왔다 갔다 하지 않게 된다.

② 공구는 학습자들이 쉽게 그리고 정확하게 찾아 쓸 수 있도록 해야 한다. 즉 공

구는 보관 장소가 일정해야 하며, 그 나름대로 분류 배치하는 체제가 갖추어져 있어야 한다.

③ 크기가 다른 일련의 공구 셋은 쉽게 확인하여 찾아 쓸 수 있도록 순서대로 배열되어 있어야 한다.

④ 공구는 실습 시작 전과 실습이 끝난 후에 교사가 눈으로 쉽게 그리고 빠르게 수량과 상태를 파악할 수 있도록 조직되어 있어야 한다.

⑤ 모든 공구는 보기 좋게 그리고 깨끗이 보존되어야 한다.

⑥ 공구는 고장 나거나 파손되어 못쓰게 되지 않도록 보관되어야 한다.

⑦ 잃어 버렸거나 파손된 공구는 즉시 보충되어야 한다.

곧 보충할 수 없을 때는 공구 보관 판에 '수리 중'이라고 표시를 해 놓는다. 학습자들에게 공구를 지급하는 방법은 실제 직장에서 공구를 관리하는 방법이나 관련 직종의 다른 과가 공동으로 사용하는지와 안전성 등을 고려하여 결정한다.

그리고 공구 실을 운영하는 방법에는 여러 가지가 있는데 다음과 같은 몇 가지 방법 중에서 선택하거나 이들을 절충하여 활용하면 좋을 것이다.

① 각 실습장 내에 공구 보관실을 독립적으로 설치한다. 이 경우에는 학습자 들이 교대로 공구 당번을 선정하여 공구를 지급하거나 반납을 받는다. 이 방법은 안전한 방법이나 공구당번인 학습자는 실습을 하지 못하게 되는 폐단이 있다.

② 전체 실습장을 지원하는 중앙 집중식 공구 실을 설치 운영한다. 이 방법은 공구전담 직원을 두어야 하므로 인건비의 추가 지출이 필요하며, 실습에 수시로 필요한 공구를 즉시 가지고 올 수 없어 시간이 낭비된다.

③ 실습장 내에 개방식 공구 판을 만들어 학습자들이 자유롭게 이용할 수 있게 한다. 공구를 사용하지 않을 때는 공구 판을 닫아서 잠가놓도록 한다. 이러한 공구판은 잘만 설계되면 보기에는 좋고 사용하기도 편리하고 안전하다.

④ 학습자들에게 개인용 공구를 지급하여 개인이 책임지고 관리하도록 한다.

⑤ 자주 사용하는 기본공구는 학습자들이 개인적으로 구입하여 사용한다.

공구를 효율적으로 관리하려면 공구 관리 대장을 두고 기록하는 것이 바람직하다. 공구를 새로 구입하면 공구 관리 대장에 등재하고, 분실했을 경우 분실 책임을 물어 보충하거나 일정 기간이 지난 후 추가로 구입하여 충당하는 방법이 있다. 공구가 파손되었거나 사용할 수 없게 되었을 경우에도 대장에 기록하여 두었다가 정기적으로 공구를 구입할 때에 보충한다. 교사는 3-6개월에 한 번씩 일제히 공구를 점검하여 실습을 할 때 공구가 부족하여 실습에 지장을 주는 일이 없어야 한다.

#### 4) 실습 재료의 관리

실습을 하기 위해서는 실습 재료가 지급되어야 한다. 교사는 실습 재료를 구매해 주도록 요구하고, 구매되어 납품된 재료가 요구한 것과 같이 들어왔는지를 검수한다.

실습장에 반입된 재료는 종류, 규격 등에 따라 분류되어 재료 실에 보관된다. 그 후 실습을 할 때 관리하는 일은 지급을 하게 된다. 이와 같이 실습 재료를 관리하는 일은 시간을 상당히 소비하게 되므로 효율적인 관리 체계로 운영되어야 한다. 재료에 따라서는 값이 비싼 것도 있고 위험한 재료도 있다. 실습 재료는 전공에 따라 다르므로 특성에 맞는 원칙을 세워 관리하도록 한다.

INDUSTRIES EDUCATION

제11장

# 안전관리 교육

工業教科教育論

# 11. 안전관리 교육

## 11.1 일반기계 및 공구의 안전

### 11.1.1 기계안전장치

산업의 발달에 따라 기계의 이용도가 높아짐에 의해서 기계에 의한 직접적인 재해가 차지하는 비중은 크다. 그러므로 대책효과를 기대할 수 있는 특색으로써 기계방호를 들 수 있다.

안전대책의 방법을 들면 다음과 같다.

① 보통의 상태에서는 덮개, 표지 등을 설치해서 작업자나 제 3자가 위험부분에 닿지 않도록 한다.
② 작업자는 작업상 특히 조작에 있어 위험부분에 닿지 않도록 한다.
③ 이송의 자동화 등에 의해서 위험부분에 가까이 갈 필요를 없게 한다.
④ 위험 부분에 가까이 가는 데에는 일정한 작업상의 안전방호장치를 필요로 하고 작업을 완료하면 위험 부분의 위험성이 제거된다.
⑤ 위험상태의 발생에 앞서서 작업자에게 경고하고 때로는 기계적인 방법으로 그 위험성이 자동적으로 배제된다.

### 11.1.2. 원동 기계

1) 원동기

원동기는 바퀴에 의해서 또는 전동장치인 벨트, 체인, 기어 등으로 인해 재해가 발생하는 경우가 많다. 그러므로 원동기의 바퀴를 작업자가 가까이 하지 않도록 울

타리나 표지를 하여 부착하도록 한다.

동력의 차단에는 이것을 확실하고 용이하게 할 수 있는 것이나 또는 진동 등으로 뜻밖에 시동하는 일이 없을 만 한 것, 이를테면 시금 장치가 있는 레버 등이 바람직하다. 작업 중에 조작핸들에 작업복이 걸려서 갑자기 동력에 신체가 닿는 일이 없도록 그 배치를 고려하는 일도 필요하다.

종합운전방식에 의할 경우 개개의 기계에 동력 차단 장치를 하지 않으면 안 된다. 또 시동 시에는 당한 경보를 발하고 시동시킴이 필요하다. 돌연한 사고가 났을 때는 기계를 급정지시키는 급정지장치를 설치하여 각 작업 장소에서 조작할 수 있도록 하는 것이 바람직하다.

#### 2) 동력 전달장치

동력전달장치는 전기계에 여러 형태로 사용되고 있다. 이 장치에 의하여 사고 가 생기면 그 재해는 중상인 경우가 많다. 작업 중 닿아서 말려들어갈 염려가 있는 부분에는 맞물리는 부분에 덮개나 표지를 달지 않으면 안 된다. 덮개나 표지의 위치, 울타리의 간격 및 철망의 모양 그리고 개구부의 크기는 작업자의 손이나 신체의 행동범위를 잘 연구하여 과학적으로 결정하지 않으면 안 된다.

### 11.1.3 생산기계

#### 1) 공작기계

##### (1) 선반

공작기계의 대표적인 것이 선반이며 이선반의 위험성은 칩이 연속적으로 나오면 작업자의 팔이나 신체에 휘감겨서 심한 상처를 입게 된다. 그래서 칩 브레이커가 달린 바이트를 사용한다든가 끈 모양의 칩을 연속적으로 기계에 장치한 롤러로 감아내는 등의 대책이 필요하다. 또 튀어 나르는 쇳가루에 대해서는 고정식 또는 공구대의 이동에 따라서 작업 점을 덮어씌우는 덮개로써 방호한다.

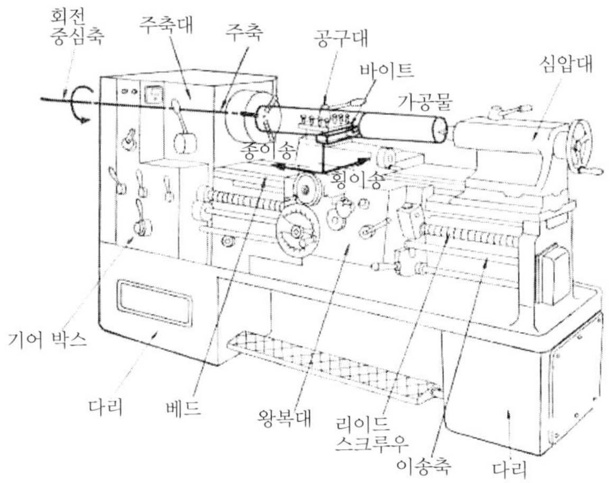


[선반의 구조]

선반 작업 시 안전수칙을 정리하면 다음과 같다.

첫째, 작업복의 소매 자락이 회전 공작물에 말려들지 않도록 복장을 단정하게 한다.

둘째, 선반의 베드 위나 공구 대 위에 직접 측정기나 공구를 올려놓지 않는다.

셋째, 회전중의 가공물에 손을 대지 말아야 하며, 치수 측정 시는 기계를 정지시킨다.

넷째, 칩이 발산될 때는 보안경을 쓰고, 맨손으로 칩을 만지지 말고 갈고리를 사용한다.

다섯째, 기어를 변속할 때, 공구를 교환할 때와 제거할 때는 기계를 정지시킨 후 작업을 한다.

여섯째, 내경 작업 중에 손가락을 구멍 속에 넣어 청소를 하거나 점검하려고 하면 안 된다.

일곱째, 양 센터 작업에는 공작물의 크기에 알맞은 돌리 개를 사용하고 공작물을 가공할 때는 방진 구를 사용한다.

여덟째, 선반 가동 전에 척 핸들을 빼었는지 확인하고 기계의 윤활 부분을 점검

한다.

아홉째, 선반의 운전 중 이송 작동을 시켜놓고 자리를 이탈하지 않도록 한다.

열 번째, 긴 공작물이 기계 밖으로 돌출되었을 때 빨간 천을 부착하여 위험을 표시 한다.

열한 번째, 센터 작업 중에는 일감이 센터에서 빠져 나오지 않도록 주의를 한다.

열두 번째, 작업 중 공작물 고정 나사 및 조가 풀어질 우려에 대비하여 수시로 확인을 한다.

열세 번째, 사고가 발생할 경우 즉시 남의 도움을 청하고 관리자에게 알린다.

(2) 플레이너

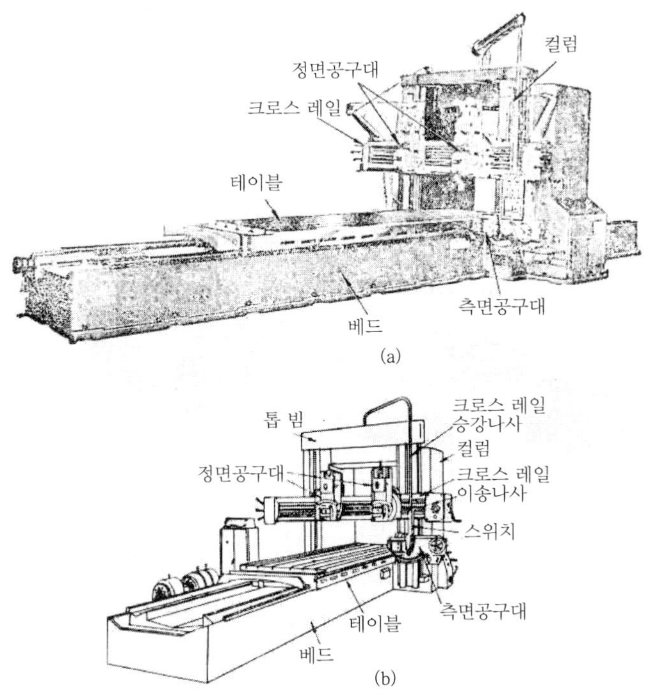

플레이너는 공구가 왕복운동을 하는 테이블과 플레임 사이에 공작물 외의 것이 끼지 않도록 해야 한다.

플레이너 작동 시 안전수칙을 정리하면 다음과 같다.

첫째, 시동하기 전에 기계의 미끄럼 면을 깨끗하게 하고 윤활유를 치며, 램의 운동 범위 내에 충돌할 것이 없는지 확인한 후에 운전한다.

둘째, 바이트는 될 수 있는 한 짧게 고정하고 공작물을 받치는 평행 대는 직각도와 평행도가 양호하여야 한다.

셋째, 공작물의 고정 시 거스러미나 칩을 제거하고, 평행대가 움직이지 않을 정도로 바이스를 친다.

넷째, 절삭 중에는 바이스의 핸들, 이송용 핸들 등은 반드시 떼어놓도록 한다.

다섯째, 절삭 중에는 손으로 다듬질 면의 점검이나 치수 측정을 해서는 안 된다.

(3) 세이퍼에 대해서도 플레이너와 같다.

(4) 드릴링 머신

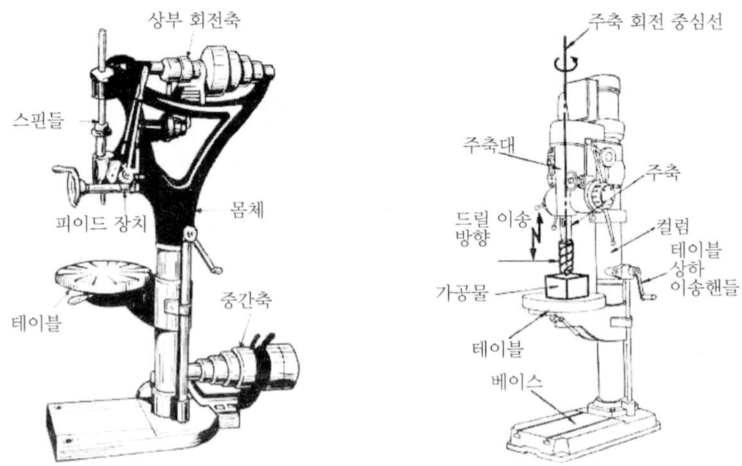

드릴링 작업에는 드릴의 회전수와 이송속도 그리고 드릴의 재질, 공작물의 재질, 절삭유의 사용여부 등에 의해 결정되므로 이 제반 사항이 충분히 잘 되었다고 하여도 기타문제로 인해 재해가 발생하기가 쉽다. 드릴링 머신에서는 드릴이나 척에 휘감겨서 상해를 입는다.

드릴링 작업 시 안전수칙을 정리하면 다음과 같다.

첫째, 가공물은 회전하지 않도록 장치 할 것.(작은 가공물이라도 손으로 누르지 말 것)

둘째, 머리카락이나 작업복 등이 회전 중에 드릴에 감겨들지 않도록 주의 할 것.

셋째, 드릴이 회전 중에 칩을 치우는 것은 엄금 할 것.(칩 제거 시 손으로 하지 말고 브러시를 사용)

넷째, 면장갑 등을 착용 후 작업하지 말 것.

다섯째, 철가루가 날리기 쉬운 작업은 방진안경을 착용.

여섯째, 전기드릴은 반드시 접지 후 작업을 한다.

일곱째, 작업 중에는 특히 회전부에 주의한다.

(5) 밀링 머신

스핀들과 함께 회전하는 밀링커터가 위험하여 주유 시에 소매 끝이 휘감겨들어간다. 그러므로 간편한 작업복으로 입고 옷자락이 끼워 들지 못하도록 단추 등으로 잠구어 단정한 복장이 되어야 한다.

밀링 작업 시 안전수칙을 정리하면 다음과 같다.

첫째, 정면 커터 작업 시에는 칩이 튀어나오므로 칩 커버를 설치하고 커터 날 끝과 같은 높이에서 절삭 상태를 관찰하여서는 안 된다.

둘째, 주축 회전 중 밀링 커터 주위에 손을 대거나 브러시를 사용해 칩을 제거해서는 안 된다.

셋째, 가공 중에 기계에 얼굴을 가까이 가지 않도록 한다.

넷째, 테이블 위에 측정기나 공구류를 올려놓지 않으며, 절삭 공구나 공작물을 설치할 때 시동 레버가 접촉되기 쉬우므로 전원을 끄고 작업을 한다.

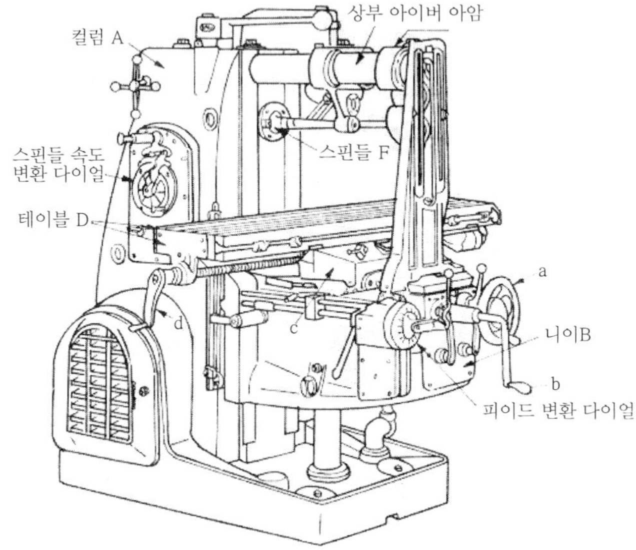


(6) 연삭기

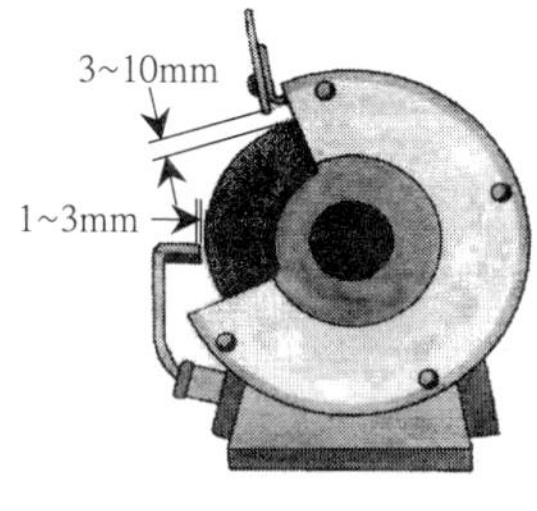


연삭기에 의한 사고는 대체로 숫돌이 깨져서 튀거나 눈에 연삭가루가 튀어들어 그 위험성이 매우 크다. 숫돌이 파괴되는 원인은 여러 가지로 생각할 수 있으나 그 중 숫돌에 금이 갔거나 숫돌의 밸런스가 나쁘거나 숫돌구멍의 지름이 축에 맞지 않을 때 등이다.

숫돌의 회전 중 파괴됐을 때 그 피해를 막기 위해서는 강도가 큰 커버를 사용하여 먼저 이것으로 파편의 에너지를 흡수할 필요가 있다. 커버의 필수조건은 충분한 강도와 파편이 직접 튀어나가지 않을 만한 형상의 커버를 만들어 부착하여야 한다. 또한 이들 커버를 기계본체에 확실하게 장치하지 않으면 안 된다.

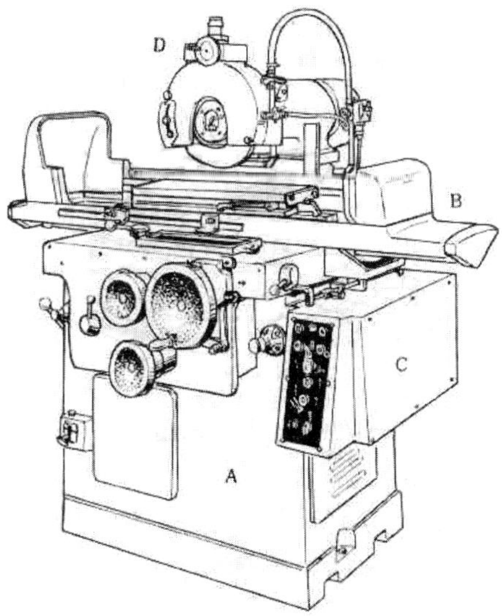


연삭 작업 시 안전수칙을 정리하면 다음과 같다.

첫째, 연삭기의 외부를 점검하고 안전장치가 제자리에 있는지 이상 유무를 확인한다.

둘째, 숫돌은 연삭기 종류에 규정된 것을 사용하고, 갈아 끼울 때에는 나무망치 등으로 가볍게 두드려서 소리(청음이 되면 양호)를 들어보고 균열이 없는가를 확인하며, 숫돌의 균형을 맞춘 다음 사용하도록 한다.

셋째, 숫돌의 설치가 안전한가를 확인하고 패킹이 없는 숫돌은 미리 플렌지와 숫돌 사이에 플렌지와 같은 지름의 패킹을 끼운다.

다섯째, 플렌지의 조임 볼트는 정확하게 대각선 방향으로 렌치를 사용하여 조이고, 해머 등으로 볼트를 두드려서 조이지 않도록 한다.

여섯째, 숫돌의 설치가 끝나면 최소한 3분 이상은 공회전을 시켜야 하며, 작업자는 숫돌의 회전 방향에서 비키도록 한다.

일곱째, 공작물 받침대가 설치된 연삭기는 공작물 받침대와 연삭숫돌 사이의 틈새가 3mm 이내가 되도록 조정 작업을 한다.

여덟째, 연삭 작업은 반드시 시동 전에 보안경을 착용하도록 하고, 흡진 장치가 없는 연삭 작업은 방진 마스크를 착용하고 작업을 한다.

아홉째, 평행 숫돌은 측면에 작용하는 힘이 약하므로 가급적 측면은 사용하지 않도록 한다.

열 번째, 공작물과 숫돌의 접촉은 조심성 있게 가볍게 하고 적당한 압력으로 연삭을 한다. 갑자기 힘을 주어서 밀어붙이지 않도록 한다.

열한 번째, 연삭숫돌은 항상 드레싱을 하여 사용하고 작업 시 진동이 심하면 작업을 곧 중지한다.

열두 번째, 정지하고 있는 숫돌에 연삭 액을 주지 않도록 한다.

열세 번째, 숫돌 커버가 규정에 맞고 안전하게 설치되어 있는지 확인 점검하고, 작업 시 커버를 벗겨 놓지 않는다.

### 2) 제조기계

#### (1) 프레스

프레스의 특징은 일반적으로 금형, 강한 압력, 빠른 속도를 들 수 있다. 기계의 상하 양면에 금형을 설치하여 그사이에 재료를 투입한 후 금형에 강한 압력을 가하면서 빠른 속도로 맞물리게 하여 제품화 하는 것이다. 그러므로 일단 압력이 가해지면 그 속도와 중량이 엄청나게 크므로 그 사이에 신체의 일부가 끼이면 절단되는 재해를 면할 수가 없다. 이러한 위험을 방지하기 위해서는 여러 가지 안전장치와 작업안전수칙을 정해두고 있다.

또한 프레스의 안전화를 위해서는 모형의 영향도 크며 설치 시 주의를 하여 정확한 작동을 하도록 하여야 한다. 프레스기계의 안전 대책을 강구하자면 기능적 안전화를 추진하는 방안도 중요하지만 그것을 취급하는 작업자의 안전작업 지침의 준

수도 매우중요하다.

프레스 작업 시 안전수칙을 정리하면 다음과 같다.

첫째, 금형을 취급할 때는 하형 부터 취급 할 것.

둘째, 클러치의 작동은 확실히 확인 후 작업 할 것.

셋째, 어떠한 경우에도 운전, 가공 중에는 금형사이에 손을 넣지 말 것.

넷째, 가공 중 자리를 떠날 때에는 반드시 기계운전을 정지할 것.

다섯째, 가공 중 곁눈질, 잡담을 하지 말 것.

여섯째, 수리가 끝날 때까지 “수리 중” 또는 “점검 중” 표시를 하여 제 3자가 스위치 가까이 가지 않도록 할 것.

일곱째, 조정이나 준비 중에 발을 페달 위에 얹지 말 것.

여덟째, 크기가 작은 물체를 가공하는 작업에는 적절한 집게나 공구를 사용 할 것.

아홉째, 베드에 공구 등 불필요한 것은 놓아두지 말 것.

열 번째, 기계의 청소나 금형의 조정 등은 감독자가 반드시 입회, 전원은 “OFF” 후 작업을 할 것.

열한 번째, 작업 시작 전 각종 안전장치 기능을 확인한 후 작업.

열두 번째, 공동 작업 시는 상호 신호를 확실하게 할 것.

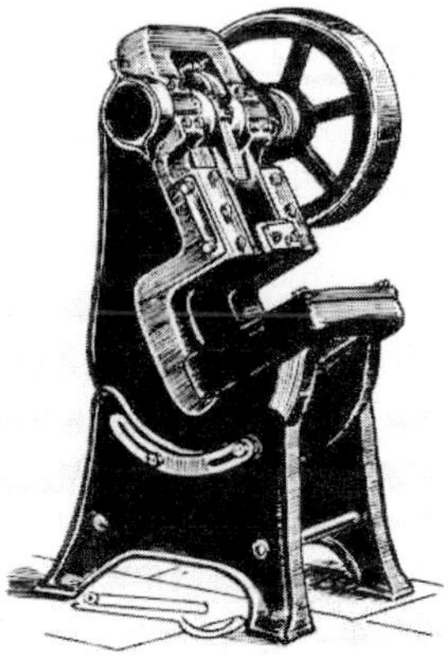

(2) 롤러

롤러를 사용하는 곳은 강판 두께를 변형한다든지 기타 여러 가지 형태로 이용 되고 있다. 그러나 롤러를 사용하는 기계는 위험하다. 특히 고무 및 에보나이트 록 급정지장치를 설치하도록 정해져 있다. 또한 장치는 대개 본인이 움직이므로 조작부의 배치도 매우 중요하다. 압연기에서는 롤러 테이블 등의 운반 장치에는 방호커버를 단다. 봉강 인발 기에서는 2차 측의 작업자가 다치지 않도록 인발재용 가이드를 설치한다. 또 이송 측에서는 접촉 방호장치를 설치한다.

(3) 목공기계

목공기계는 아주 위험성이 높은 기계이다. 목공기계 사용자는 대부분 작업 안전에 관하여 교육을 이수한 자가 적어 재해의 빈도수가 높다. 특히 목 공장에 있어서의 재해는 동력운전의 기계에 의한 것이다. 목공기계가운데 둥근톱기계, 띠톱기계, 및 대패기계 등이 있다.

① 둥근톱기계

둥근톱기계는 켤 재목이 톱날에 걸려서 튀어 오름으로써 발생하는 재해를 쪼갬날을 사용하여 막으며 또 소형 승강 기게 등에서는 손이 톱날에 닿지 않도록 자동커버를 이용한다.

② 띠톱기계

톱날이 부러지거나 또는 톱 바퀴로부터 벗겨졌을 때에 작업자의 안전을 위해서 톱 바퀴나 작업상 필요하지 않은 톱날 부분에는 커버를 해둔다.

③ 대패기계

대패질 중 재료로부터 벗어나서 손바닥을 상하는 일이 많다. 그러므로 대패 날에 손이 닿지 않도록 커버를 씌운다. 커버에 재료를 이송하면 필요한 입을 벌려서 날을 내고 다 깎아내면 스프링에 의해서 원래대로 날을 가려버린다.

④ 모 떼기 기계

판자의 모 떼기 작업은 극히 위험한 작업의 하나이다. 방호대책으로는 지그를 사용하여 절단기 노출부분을 적게 하는 동시에 보호 장치가 사용된다. 이상의 여러 작업에는 수공구도 흔히 사용되며 또 목공기계 작용은 많은 분진을 내기 쉬우므로 집진 장치를 사용하는 것이 필요하다.

⑤ 방적기계

이들 기계의 기어, 샤프트, 풀리나 벨트 등에는 완전한 커버를 달아야 한다.

⑥ 공업용 재봉틀

재봉틀의 테이블 아래쪽 동력 전달장치에는 완전한 커버를 단다. 또 재봉 중 손가락을 보호하기위해서 핑거 가아드를 설치하여 손가락이 바늘 밑으로 들어가지 않도록 한다.

## 11.1.4 공구

### 1) 수공구

#### (1) 수공구와 방호방침

손으로 작업 시에는 재해 그자체가 큰 것은 없으나 2차적으로 커다란 재해 가 일어나기 쉽다.

수공구에 의한 재해를 막는 방법으로는 다음의 사항이 있다.

① 공구는 작업 종류에 적합한 것을 사용하고 용도 이외에 사용해서도 안 되며, 사용 전에 점검하여 불안전한 것은 절대로 사용하여서는 안 된다.
② 불량 공구는 반납되어야 하며, 함부로 수리해서는 안 된다.
③ 공구는 항상 일정한 장소에 비치하여 두고 질서 있게 보관되어야 한다.
④공구나 손에 기름이 묻어 있을 때에는 깨끗이 닦아낸 다음 사용하여야 한다.
⑤ 공구는 기계, 재료, 발판, 난간 등 떨어지기 쉬운 곳에 놓지 않도록 한다.
⑥ 공구는 절대로 던져서는 안 되며, 무리하게 조작해서도 안 된다.
⑦ 작업이 완료되었을 때는 수량, 훼손 여부 및 이상 유무를 확인하여야 한다.

대표적인 수공구에 대해서 문제점을 알아보면 다음과 같다.

(2) 해머, 정 종류

수공구에 의하여 제일 많이 발생하는 재해는 해머에 의한 것이다. 해머에 의한 많은 것은 잘못 치기 때문이다. 이에 대해서는 정에 집게로 쥐는 방법 등이 있지만 반드시 실제적이라 할 수 없으므로 기능을 연마하거나 다른 작업 방법에 의해 작업을 할 수 밖에 없다.

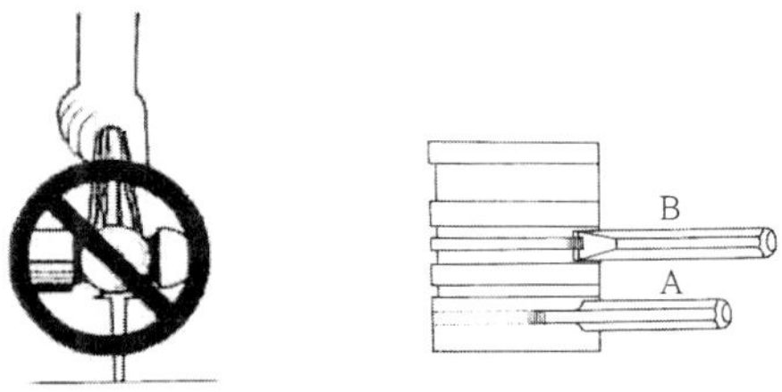


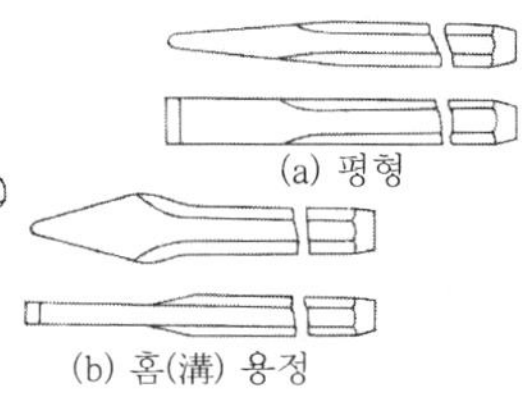


해머와 정의 주의사항을 정리하면 다음과 같다.

① 녹이 슨 재료를 사용할 때에는 보호 안경을 착용해야 하며, 열처리된 재료는 해머로 때리지 않도록 주의를 하고, 자루가 불안정한 것은 사용하지 않는다.
② 공동 작업을 할 때에는 호흡을 잘 맞추고 신호에 유의를 하면서 주위를 잘 살펴야 한다.
③ 기름 묻은 손이나 장갑을 끼고 작업을 하지 않으며, 처음부터 큰 힘을 주지 않도록 한다.
④ 항상 날 끝에 주의하고 따내기 작업 및 칩이 튀는 작업에는 보호 안경을 착용하도록 한다.
⑤ 정을 잡은 손의 힘을 빼고, 처음에는 가볍게 하면서 점차 힘을 가하도록 한다.
⑥ 철재의 절단된 끝이 튕길 경우가 있으므로 특히 주의 하도록 한다.

(3) 스패너

해머에 있어서 재해가 많은 것은 스패너이다. 스패너가 벗겨져서 손을 물리거나 스패너가 벗겨짐으로써 높은 곳에서 떨어져 사고가 발생한다.

주의사항은 다음과 같다.

① 작업 자세는 양발을 적당히 벌리고 몸의 균형을 잡은 다음 작업을 하여야 하며, 높은 곳이나 균형을 잡기 힘든 장소에서는 각별히 주의를 하여야 한다.

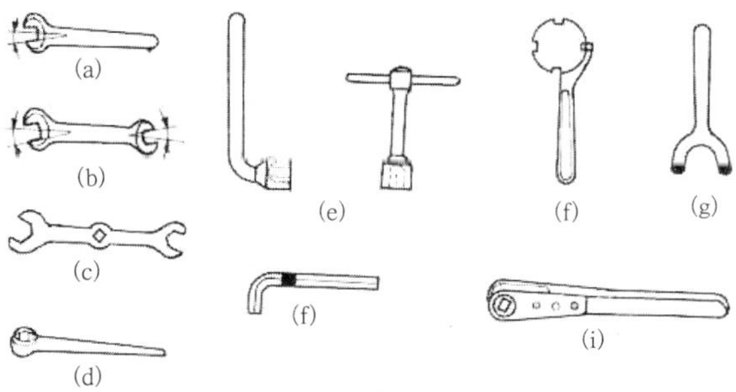


② 스패너의 입은 너트에 알맞은 것을 사용하며, 너트에 스패너를 깊이 물려서 약간씩 앞으로 당기는 식으로 풀고 조이는 작업을 한다.

③ 스패너는 가급적 손잡이가 긴 것을 사용하는 것이 좋으며, 스패너의 자루에 파이프 등을 연결하거나 발로 돌려 차는 일이 없도록 한다.

④ 스패너를 해머로 때리거나 사용 용도이외에 사용해서는 안 되며, 스패너를 해머 대용으로 사용해서도 안 된다.

(4) 줄

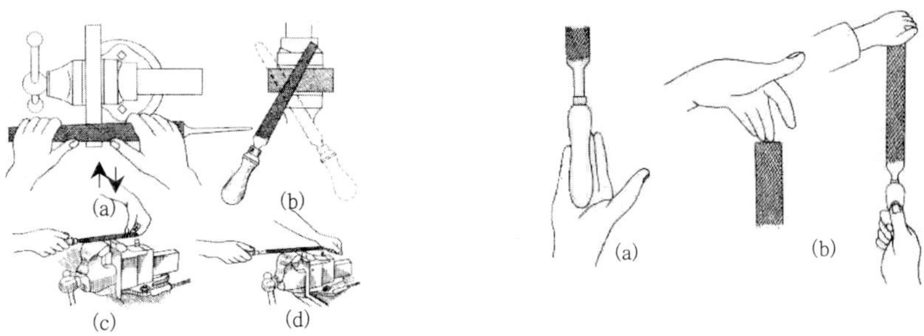

줄은 반드시 자루를 붙여서 사용한다. 그리고 충격을 주면 부러져서 사고를 일으키는 일이 있으므로 주의해야 한다. 줄눈이 막힌 것을 제거하는 데는 와이어 브러시를 사용하고 입으로 불거나 바이스에 대거나 해서는 안 된다.

주의사항은 다음과 같다.

① 줄은 작업 전에 자루 부분을 점검하고, 줄의 균열 여부를 확인하며 땜 작업을 하여 사용해서는 안 된다.

② 줄 작업은 되도록 마주 보고 작업을 하지 않으며, 절삭 가루를 입으로 불지 않는다.

③ 줄은 다른 용도에 사용하지 않으며, 사용 중에 바이스가 풀어지는 경우가 있으므로 자주 확인하고 죄어 가면서 작업을 한다.

(5) 드라이버

드라이버의 앞 끝부분은 평형과 십자형이 있으며 십자형은 잘 미끄러지지 않는다. 평형에서는 드라이버의 앞 끝부분의 끝이 퍼진 것이거나 평형상인 것이 적당하다.

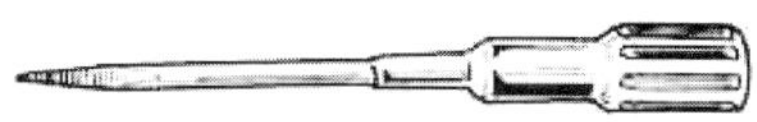
(a)

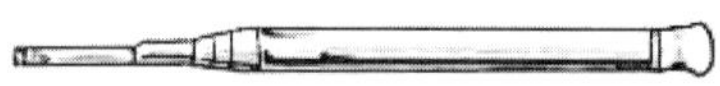
(b)

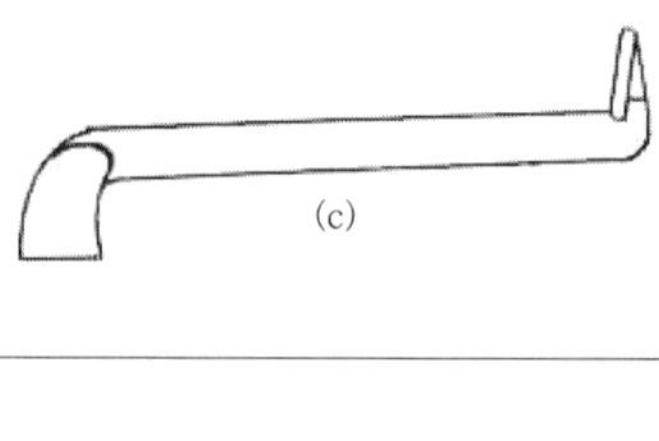
(c)

주의사항은 다음과 같다.

① 드라이버의 날 끝이 홈의 나비와 길이에 맞는 것을 사용한다.

② 드라이버의 날 끝은 편편한 것이어야 하며, 이가 빠지거나 둥글게 된 것은 사용하지 않는다.
③ 나사를 조일 때 미끄러지지 않도록 수직으로 대고 가볍게 잡고서 작업을 한다.
④ 용도 이외의 다른 목적으로 사용하지 않는다.

#### 2) 전동공구

전동공구에 있어서의 첫 번째 문제는 누전에 의한 감전 사고이다. 특히 작업자의 몸이 물에 젖어 통전하기 쉬운 상황일 때에 일어나기 쉽다. 그러므로 감전을 막는 데는 기계부속의 접시클립을 접지선에 연결시키든가 미리 접지선을 지닌 캡타이어 케이블을 사용해서 플러그를 소켓에 꽂으면 자동적으로 접지가 되도록 한다.

##### (1) 전기드릴

드릴에 감겨들어 가지 않도록 작업 시에는 장갑을 끼지 말 것.
아주 작은 물건이나 긴 물건에 대해서는 지그를 사용하여 가공물의 이동을 막는다.

##### (2) 전기 둥근톱

자유로이 움직여서 작업상 필요한 날만을 노출시킬 수 있는 가동형인 커버를 사용한다.

##### (3) 전기 그라인더

전기 그라인더는 연삭기와 같이 주의상이 필요하고 특히 이기계의 경우에는 시일드를 사용할 수 없으므로 반드시 바진 안경을 쓰고 작업을 하여야 한다.

## 11.2 운반기계 및 양중기계의 안전

### 11.2.1 운반 작업

운반 작업은 어떤 종류의 사업장에서도 필요하다. 본래 이 작업은 인력에 의해서

행하여져 왔지만 전체 재해의 많은 수의 재해가 이 작업 중에 발생하고 있다. 이에 대한 안전대책으로서는 표준운반 작업의 실시, 작업개선에 의한 운반 작업동작의 간소화, 안전한 기계기구의 사용 등으로서 인력작업을 배제하고 능률의 향상과 재해방지를 꾀하는 등의 방법이 바람직하다고 하겠다.

현실적으로는 양호한 작업 면과 통로의 확보, 정리・정돈 등에 의한 작업환경의 개선이 작업동작에 기인하는 재해방지에 항상 커다란 요소가 된다. 인력운반 작업의 폐지는 작업의 능률을 높이는 것 외에도 작업동작에 있어서의 실수의 기회도 줄일 수 있기 때문에 확률론적으로 재해방지와 직결된다. 따라서 운반 작업에 의한 재해예방 대책의 일환으로는 운반 작업의 기계화와 자동화는 유력한 무기이다.

한편 운반기계는 재해를 줄이기 위해 꼭 필요하지만 대부분은 동력기계이기 때문에 중대재해의 위험성이 높다. 따라서 새로운 기계를 제조하거나 구입하여 사용할 때에는 사전에 충분히 이것들에 대하여 검토하여야 한다.

### 11.2.2 운반기계

#### 1) 수동 운반기계

기계력에 의존하지 않을 수 없는 중량물이나 수량이 많은 것 이외의 운반에 있어서의 운반의 대부분은 인력에 의존하고 있는 경향이 많은데 이것은 인체의 안전과 운반물 보호의 측면에서 조속히 개선할 필요가 있다.

인력 운반은 융통성이 있어서 편리하지만, 조금이라도 수량이 많아지게 되면 연속작업에 의한 피로 때문에 본의 아닌 방심이 생겨서 사고를 일으키기 쉽다. 이 결점을 보완하기 위해서 가능한 한 운반물을 통합하여 운반차로 운반하는 것이 가장 바람직하다. 인력으로는 운반할 수 없으므로 도구를 사용한다는 생각을 버리고 안전하고 오래 계속되는 작업에서 능률향상을 꾀하여야만 한다.

가장 간단하고 능률적인 운반기계로는 수동운반차가 있다. 인력에 의하여 구내 또는 실내에서 짐을 운반하는 수동운반차의 종류는 손수레, 손 밀이 수레, 핸드 리프트 트럭, 핸드팔레트트럭 및 레일트럭 등이 있다. 수동운반차 자체는 구조가 비교적 간단하지만 때로는 짐대의 파손, 차륜의 파손 등이 있고, 핸드리프트트럭에서는 레버와 끈의 파손과 피스톤의 불량등 문제점이 있으며, 화물을 실을 때에 있어서도 안정성을 생각하여 필요하면 미리 짐대에 화물을 놓을 자리를 설계해 두는 것이 필요하다. 또 차의 전도를 방지하기 위해 차 자체의 안전성도 고려하여 둘 필요가 있다.

안전상 바퀴가 1개인차의 사용은 피해야 하겠다. 이런 종류의 차에 있어서는 소밀이 힘이 정격 적 하시에 20kg이하로 되는 것이 바람직하다. 손 밀이 힘은 차륜의 종류와 치수 그리고 작업면의 상황이 크게 영향을 미친다. 작업 면과 통로는 포장되어 엇갈려 지나가고 U턴을 할 수 있는 폭을 필요로 하며, 출입구의 크기는 운반차의 출입에 대해서 여유가 있어야 한다. 문짝의 하부레일이나 통로의 기울기도 고려되어야 한다.

### 2) 포크리프트

포크리프트는 하역운반 작업용 기계로서 가장 급속하게 이용도가 증가한 기종의 하나로서 비교적 좁은 통로를 이용하여 하력 및 운반을 할 수 있는 편리한 기계이다. 저속이지만 차량 중량, 구동력은 크므로 거칠게 운전하면 중대재해를 유발시키기 쉽다.

포크리프트에 의한 재해 발생을 분석하면 포크리프트와의 접촉, 물체의 낙하, 차량의 전도, 추락 등이 있다. 따라서 이와 같은 종류의 차량에 있어서 차량의 안정성을 확보하기 위해서는 차량의 구조, 운반물 및 운전 면에서의 신중한 검토가 있어야 한다.

트랙터나 포크리프트 등의 작업차량은 전도하여 대형 재해를 일으키기 쉽기 때문에 차의 안정성과 그것에 대한 대책이 문제시 된다. 포크리프트의 안정에 있어서는 화물의 중량과 더불어 중심위치관계가 중요하고, 긴 중량물의 취급에는 주의가 필요하다.

또 안정조건은 거의 정적상태에 관한 것이기 때문에 운전 중의 급정지, 특히 화물을 높게 했을 때에는 관성력에 의한 전동 모멘트가 부가되기 때문에 급정지는 피하여야 한다. 더욱이 통로의 경사는 매우 위험하다. 마스터를 후방으로 기울인 경우 팔레트로 부터 화물이 낙하하여 운전자를 다치게 하는 일이 없도록 마스터의 뒷면에 낙하방지 카버를 설치한다.

화물이 낙하하는 만약의 경우를 생각하여 운전자의 머리위에 헤드 카버를 설치하며 그것은 운전자의 방호에 필요한 강도를 가지고 낙하물이 카버를 통과하지 못하도록 틈새간격을 6cm이내로 하여야 한다. 이와 같은 주의는 일반적인 포크리프트 외에 기계, 죽 트렉터나 불도우저에도 적용되고 차의 전복 시에 작업자를 보호하기 위해서 운전석에 견고한 지주를 갖는 캐빈을 설치하며 작업자는 좌석벨트를 착용한다.

이런 종류의 운반기계에서는 화물의 적재시나 후퇴 시에 작업자의 시계가 충분하지 않아서 발생하는 사고가 많기 때문에 후퇴 시는 작업자가 후방을 향하여 운전할 수 있는 등 설계 시에 충분한 주의를 함과 아울러 대형 백미러를 설치하고 또 취급 화물의 용적도 고려하여 그 크기를 규제할 필요가 있다.

포크리프트의 안전장치로는 고장에 의한 포크의 낙하방지장치, 과부하시의 경보장치나 모우멘트 리밋트 또는 차량의 후퇴 시에 시야개선과 경보장치 등이 고려되어져야 한다.

### 3) 콘 베이어

최근 공장 자동화에 편승하여 물품을 연속적으로 운반하는 연속 운반기계가 널리 사용되고 있다. 그러나 연속작업이기 때문에 작업자에게 가해지는 스트레스가 커지고 그것이 재해의 원인이 될 수 있으므로 이들 기계의 사용에 있어서는 노무관리면과 기술면의 주의가 필요하다.

콘 베이어에는 벨트 콘 베이어, 체인 콘 베이어, 스크류 콘 베이어, 롤러 콘 베이어 등의 여러 종류가 있으나 본 책에서는 벨트 콘 베이어에 대해 주로 다루고 자 한다.

벨트 콘 베이어는 연속된 철 구조상의 양끝에 설비된 활차에 무단환상의 벨트를 올려놓고 이것을 연속적으로 동일방향으로 회전시켜 그 위에 물체를 적재하고 운반하는 기계장치이다.

벨트 콘 베이어는 다음과 같은 특징이 있다.

① 연속적으로 물건을 운반할 수 있다.

② 고속으로 물건을 운반할 수 있다.

③ 설비의 투자만큼 장거리에서의 운반기능을 가지며 무인화 작업이 가능하다.

④ 거친 물건을 운반할 수 있음과 동시에 도중 어느 부분에서도 화물을 내리고 올려놓을 수 있는 특징이 있다.

벨트 콘 베이어의 취급은 간단하지만 일단 재해가 발생하면 중대재해로 될 위험이 있으므로 운전자 및 점검자는 벨트 콘 베이어의 구조와 기능을 숙지함과 동시에 안전을 확인하고 작업상의 재해를 방지하는데 노력해야 한다.

(1) 콘 베이어의 최대 경사각

상자나 주머니 등의 포장화물인 경우는 제각기의 화물의 형태의 중량에 따라 벨트의 형상을 연구해서 그 경사각을 결정하여야 하지만 여유를 갖고 설계할 필요가 있다. 이를테면 배위에 있는 화물의 전락에 의한 후속화물의 연속적인 전락이나 경사 각도가 변화하는 장소에서의 약간의 진동에 의한 전락사고의 발생 혹은 화물의 약간의 변화(짐 모습의 변화, 제품자체의 변화)에 의해서 극히 위험한 상태로 운반하지 않으면 안 될 경우도 일어날 가능성이 있다.

(2) 역전 및 질주

경사 콘 베이어에 있어서는, 수직부하마력 N3 : 화물을 올리고 또는 내리는데 필요한 마력, 즉 중력에 의하여 화물이 내려가려고 하는 힘. 무 부하마력 N ; 화물이 없을 때에 운전하기 위하여 필요한 힘, 즉 콘 베이어 자신이 회전에 저항하는 힘. 수평부하마력 N2 :운전하고 있는 수평 콘 베이어에 화물을 실었을 때 증가시키지 않으면 안 되는 힘. 즉 무 부하로 회전에 저항하는 힘에 화물을 실었기 때문에 다시 느는 힘이다. N3〉N1+N2로 되면, 오름 콘 베이어는 역전하며, 내림 콘 베이어는 질주한다. 실제의 계산인 경우는, N3〉2/3(N1+N2)이면 역전 또는 질주 방지장치를 할 필요가 있다.

### 4) 테이블 리프트

테이블 리프트는 이동식으로서 전동식에 의해 유압실린더의 신축에 따라 작업대가 상승, 하강하고 작업대의 한쪽이 전후방향으로 수평 이동하고 운전조작 보탄은 상승, 하강, 전진, 후진, 비상전진의 5개로 지상과 작업대 위 2개소에서 조작하는 것으로서 일반적으로 하물을 내리고 올리는 작업, 구조물의 조립, 설치, 분리 등 광범위한 작업에 사용되는 것이다.

### 5) 쇼 벨 로더

쇼 벨 로더는 먼지 및 분진이 많이 일어나는 물질의 옮겨 쌓음이나 이동 또는 하역을 주목적으로 하는 운반기계이다. 그 때문에 좁은 장소에서 주행, 하역조작을 되풀이하는 경우가 많고, 조작의 잘못이나 협동작업자와의 연결 상태가 윤활하지 못함으로 인하여 재해의 원인이 된다.

쇼 벨 로더는 취업제한이 기종에 해당되지 않기 때문에 법으로 정한 기능강습이나 자격은 필요로 하지 않지만 하역작업의 안전상 차량 계 건설기계 혹은 포크리프트 운전기능 시험을 거쳐 그 자격을 취득해 두는 것이 바람직하다. 또한 일반 도로를 운전하는 경우는 도로교통법에 따른 대형특수자동차 운전면허가 필요하다. 쇼 벨 로더의 주행 시 특히 주의할 사항은 경사가 급한 면을 주행하지 말 것, 횡으로 미끄러지거나 횡전할 위험이 있다.

## 11.2.3 양중 기계

### 1) 와이어로프

와이어로프는 고 장력의 강철선이 서로 조합되어서 구성된 것이므로

① 지름에 비해서 강도가 크다.

② 소선간의 미끄러짐 때문에 가동성이 크다.

③ 드럼 등에 간단하게 감을 수 있으므로 운반 상 편리한 특징을 가지며 철강, 기계, 건설, 토목, 광산 및 선박 등의 모든 분야에 사용되어 아주 나쁜 조건에 노

출되는 데도 불구하고 극도의 안정성이 요구되는 기계요소이다. 따라서 와이어로프의 사용에 임해서는 용도에 알맞은 구조의 선정과 적절한 취급 및 보수관리가 중요하다.

#### (1) 와이어로프의 인출 법

와이어로프를 짐 모습 그대로 옆으로 쓰러뜨려서 풀어내면 조이거나 빠지거나 하여 킹크를 일으킨다. 그러므로 킹크를 일으키지 않도록 반드시 감았다 풀지 않으면 안 된다. 굴려서 풀 경우에는 좋지만 회전 틀에 걸어서 끌어낼 경우에는 너무 풀려서 느슨해지면 킹크의 원인이 되므로 이 경우는 브레이크가 필요하다. 일단 킹크가 생기면 와이어로프는 사용 전부터 못쓰게 되며 강도는 절반으로 떨어져 설령 수정한다 해도 80%정도 밖에 되지 않으며, 그대로 사용하더라도 수명은 극히 짧다.

#### (2) 드럼 및 시이브 지름

시이브 및 드럼의 지름 D와 와이어로프 지름 d와의 비 D/d가 클수록 로프 수명이 길어지므로 조건이 허용하는 한 큰 직경이 시이브 및 드럼을 사용하는 것이 바람직하다. 시이브 홈 지름의 영향도 중요하지만 이것은 로프 공칭지름의 1.07가량을 택해야 한다.

#### (3) 운전 및 보수

와이어로프를 새로 장치한 뒤는 바로 전 운전에 들어가지 말고, 최초에는 작은 짐을 매어달고 저속으로 예비운전을 행하고 차츰 하중과 속도를 올려서 정상 운전에 들어가야 한다. 와이어로프는 사용 중 마멸 및 모양이 망그러지는 등 외관상의 부식의 정도, 단선 등에 관해서 정기적으로 검사를 실시하여 항상 로프의 상태를 파악해 두지 않으면 안 된다.

전체 길이의 특정한 부분이 손상된 경우에는 한쪽 끝을 잘라버려서 손상부분을 변경시키거나 또는 위와 아래를 뒤바꾸거나 해서 국부적인 손상을 적게 하도록 해야 한다. 또 사용 중에 기름을 바르는 것을 게을리 하지 말아야 한다.

(4) 로프의 끝마무리 법

와이어로프의 끝마무리 방법에 따라 로프 자체의 파단강도의 75~100%까지 성능이 나올 수 있다.

(5) 슬링와이어

크레인 및 호이스트 등으로 중량물을 매달아 올리는 경우에 사용되는 슬링와이어 끝의 아이가공은 아이스프라이스 또 가공에 의하는데, 최근 후자의 압축 멈추기 방식에 의한 슬링이 안전관리 상, 경제상, 작업환경 상 알맞기 때문에 차츰 이 방식이 많이 사용되어지고 있다. 슬링와이어 사용에 대해서는 예리한 모서리에 직접 로프를 대지 말고 반드시 적당한 것을 대거나 또는 고무블록 등으로 보호된 슬링을 사용하여야 한다.

2) 호이스트

호이스트는 누구라도 용이하게 조작할 수 있는 편리한 하역기계이자만 취급이 나쁘면 고장을 일으키는 일도 있고, 주로 중량물을 다루기 때문에 위험을 수반하기 쉽다. 더욱이 천정에 장치되어 있어 나사 한 개의 탈락이 재해사고로 이어지는 가능성을 지니고 있다.

그러나 이러한 고장이나 사고는 거의가 간단한 취급상의 주의나 사전의 정기적인 점검에 의해서 예방할 수 있다. 호이스트는 크게 나누어 모노레일을 주행하는 모노레일 형과 두 줄의 레일 위를 달리는 더블레일 형이 있으면 주요 안전장치로는 주브레이크 외에 안전을 확보하기 위해서의 기계식브레이크, 과권 방지를 위한 리밋 스윗치, 로드 블록에는 안전커버가 달리고 또 과부하방지 장치가 달려있다.

호이스트에 의한 발생재해에는 매달아 올린 물건과 다른 물건 사이에 끼이는 것이 많고, 이것은 링 걸이 하는 자가 특히 주의하지 않으면 안 된다.

또한 훅(로드 블록) 부분의 불량이 많고, 이 부분은 충분히 점검하지 않으면 안된다. 그 밖에 올바른 링 걸이 작업을 행하고, 운전상에서는 주행 시 급시동, 급정지에 의해서 충격을 주지 않도록 해야 할 필요가 있다. 이와 같이 재해의 대부분이 취급불량에 의해서 발생하고 있으므로 주의하여야 할 일이다.

호이스트에 대한 안전상의 주요한 주의사항은 아래와 같다.

① 정해진 규격 이상의 하중을 걸지 않는다.
② 링 걸이를 올바르게 행하고, 짐을 올릴 때는 한 번 와이어로프를 팽팽하게 당기고서 감아올린다.
③ 짐의 무거중심의 바로 위에 호이스트를 이동시켜 짐을 달아 올린다.
④ 호이스트의 바로 밑 및 주행 진로 내에서는 조작하지 않는다.
⑤ 주행 시 조용하게 시동하고 급정지는 피한다.
⑥ 짐에 사람은 타지 않는다.
⑦ 짐은 매단 채 방치하지 않는다.
⑧ 작업종료 후에는 호이스트를 원래의 위치로 되돌려 두고 후크는 안전한 높이까지 감아올린다.

### 3) 크레인

크레인은 각종 원료나 제품을 간헐적으로 운반하는 기계장치이며, 직접적인 생산수단, 즉 재료의 형상이나 성질을 바꾸는 작업의 중간 공정이나 전호공정에 널리 쓰이고 있다. 크레인은 주행 및 권상, 선회 등의 3차원 이동기능을 가지는 편리한 기계 러서 그의 구조, 형상에 따라 천정크레인, 교량 형 크레인, 지브 크레인, 케이블크레인 등으로 분류되고 있다. 이들 크레인은 작업점이 광범위하게 이동하는 특징 때문에 재해 발생의 가능성이 높다.

한편, 크레인에 있어서의 재해를 크게 나누면 다음 2가지로 나눈다.

① 크레인 자신의 고장, 혹은 파손에 의한 것.
② 크레인 작업에 있어서의 인위적 동작에 수반되는 것으로 구분된다.

강철구조 부분에 대해서는 크레인 강철구조 계산기준이 일반적으로 적용되고, 또 크레인 구조규격으로 하중의 종류, 재료, 허용응력이 규정되어, 이것에 적합하지 않은 것은 사용할 수 없게 되어 있다. 이상에서 운반 및 양중기계에 의한 재해발생의 예방대책으로서 재해위험성이나 재해방지상의 문제점을 주로 공학적인 측면에서 살펴보았다.

운송기계에 있어서 운전은 항상 기본원칙대로 바르게 실시하며 기계의 작업개시전 점검 및 정기적인 점검을 통하여 재해발생을 미연에 방지하는 것도 대단히 중요한 일이다.

그러나 각종 운송기계의 구조와 성능을 잘 이해하여 기계 설계 및 설치에서 부터 공학적인 측면에서의 안전이 고려되어져야만 재해예방의 근본적인 문제가 해결되리라 생각한다.

## 11.3 기계설비 및 안전장치의 대책

### 11.3.1. 용접작업

#### 1) 용접작업의 개요

용접에는 가스용접, 아크용접, 전기저항용접 등 여러 가지 방법이 있는데 일반적으로 널리 쓰이고 있는 것은 가스용접과 아크용접이다. 대개 작업상 문제로 감전, 화상, 시력장해, 화재폭발 등 당장 눈앞에 나타나는 재해에는 주의를 기울이지만 흄이나 유해가스 등의 작업환경에는 소홀히 하는 경우가 많다. 그러나 용접 흄이나 유해가스의 건강장해도 심각하며 때로는 치명적인 경우도 있어 이로 인한 사망자까지도 발생하므로 반드시 이에 대한 예방대책을 강구해야 한다.

그리고 용접작업과 직접 관련된 것은 아니지만 용접작업 시 특별히 주의할 점이 있는데 하나는 화재를 예방하기 위하여 석면포를 사용하는 경우가 종종 있는데 석면은 극히 위험한 발암성 물질이므로 절대로 사용해서는 안 된다. 실제로 조선업에서 용접공이 석면으로 인한 중피종에 걸려 사망한 예가 있다.

또 하나는 가스용접 시 쓰이는 비철 금속봉은 표면에 기름이 묻어 있으면 용접이 잘 되지 않기 때문에 트리코로에틸렌(TEC)으로 닦아서 쓰는 경우가 있다. 만약 용접작업장에 TEC가 존재하면 용접작업에서 발생하는 자외선에 의해 맹독성 물질인 포스겐이나 염화수소가 발생하게 되므로 매우 위험하다.

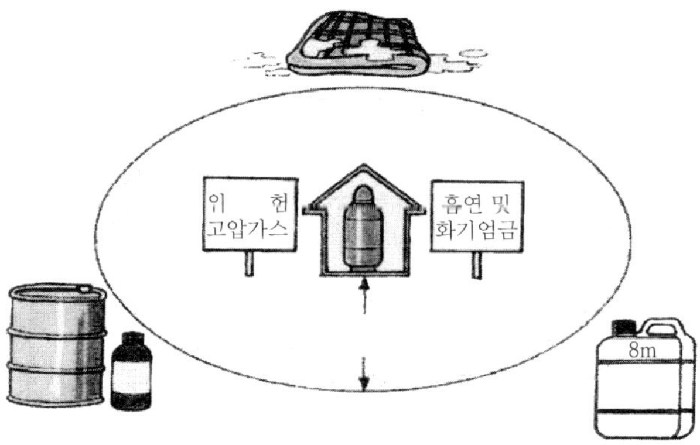


2) 용접 흄

흄(fume)이란 일반적으로 용접금속의 기화 또는 연료 기타 유기물의 불완전 연소에 의해서 발생한 가스 상태의 물질이 응축하여 생성되는 입자상 물질로 공기 중에 부유하게 된다. 용접 시 용융된 고온의 금속표면으로부터 금속증기가 공기 중으로 방출되면 즉시 산화되고 동시에 급속히 냉각되어 매우 작은 고체입자가 되어 고온의 용접부위로부터 상승기류와 더불어 확산된다. 이것이 용접 흄이다.

용접 흄은 0.05-0.3um 정도로 매우 작은 입자이기 때문에 침강되지 않고 용접부에서 발생되어 작업자에게 직접 노출되기 쉽다. 보통 철재용접에는 알루미나나이트 계, 고산화티탄계, 고 산화철계, 저수소계 등에 각각 다른 피복제로 피복된 용접봉이 사용되고 있다. 따라서 용접 흄의 발생량이나 성분은 용접재료에 따라 다르나 주요성분은 산화철이며 그 외에 납. 아연, 알루미늄, 니켈, 망간 등 유해 금속이 포함된다.

용접 흄에 의한 건강장해는 금속 열, 철폐증과 진폐증, 폐렴, 중금속 중독 등이 있다. 금속 열은 흄의 성분인 아연, 카드뮴, 구리, 마그네슘 등에 의해 심한 전율과오한, 구토, 갈증, 두통, 권태감 등이 나타나는 증상으로 대개 24시간 이내에 회복되는 것이 보통이며 계속 작업에 종사하면 어느 정도 내성이 생겨 평소에 잘 모르고 지내다가 주말에 쉬게 되면 내성이 없어지므로 다시 작업을 하게 되면 증상이 재발되어 월요병이라 부르기도 한다.

용접공의 철폐 증은 1936년 Doig와 Mclauglin계에 의해 처음 기술되었고 용접 흄의 주성분인 철이 폐 조직 내에 침착되어 허파가 적갈색을 띄게 되는 질병으로 순수한 철폐 증은 폐조직의 섬유화가 일어나지 않아 호흡기장애가 없다는 주장도 있으나 호흡기증상 및 폐기능장애가 있는 용접공 철폐 증 환자에 대한 여러 보고들도 있다.

즉 유리규산을 함유하지 않더라도 용접 흄을 많이 흡입하게 되면 현대 의학으로도 치료가 불가능한 진폐증에 걸릴 수도 있다고 한다. 문제는 용접 흄의 폭로 량이며 그 물리화학적 성상에 관계없이 잘 녹지 않는 입자상 물질이 허파 내에 다량 침착되면 진폐증을 유발시킬 수 있다는 것이다. 따라서 용접공의 건강을 보호하기 용접 흄의 폭로를 최소한으로 감소시켜야 하며, 감소대책은 용접재료와 작업조건에 따라 다르다.

일반적으로 다음과 같은 대책을 들 수 있다.

첫째, 근로자가 작업위치와 작업 자세를 최대한 고려하여 용접 흄을 흡입하지 않도록 노력한다. 용접 흄의 농도는 발생원으로부터 거리와 방향에 따라 상당히 다르므로 풍향이나 작업대의 높이 등을 고려해 작업위치나 작업 자세를 선정할 필요가 있다.

둘째, 환기시설을 이용하여 작업장 내 용접 흄의 농도를 감소시킨다. 환기 방법으로는 용접 흄이 상승기류를 형성하므로 작업장의 위쪽에 충분한 환기시설을 가동하여 작업장 내 오염공기를 희석시키는 전체 환기와 용접부의 공기를 강제로 배기시켜 용접 흄을 포집하는 국소배기시설을 이용한다.

셋째, 용접하려는 철판이 납이나 크롬, 아연등 유해중금속으로 도포되었거나 페인트칠이 된 경우 먼저 이를 제거한 후 용접작업을 하도록 한다.

넷째, 개인보호구를 착용한다. 일반적으로 개인보호구는 방진마스크를 사용하는 용접 흄의 크기가 매우 작으므로 고성능 방진마스크를 사용해야한다.

3) 유해가스와 광선

용접작업에서 발생하는 유해가스중 문제가 되는 것은 주로 질소산화물과 오존이다. 질소산화물은 용접부위에서 발생되어 주위로 확산되므로 농도구배가 있으나 오존은 자외선에 의해 산소가 반응하여 생성되므로 자외선이 미치는 거리 내에는 거의 일정하게 발생된다.

일반적으로 공기의 유통이 좋은 곳에서는 용접가스에 의한 위험이 별로 없지만, 조선업에서도 환기가 불량한 좁은 공간이나 밀폐공간에서의 용접작업이 많으므로 유해가스에 의한 건강장해가 발생될 우려가 크다. 환기가 잘 되지 않을 경우 강한 자극성가스인 질소산화물의 흡입으로 폐렴을 일으킬 수 있으며, 이산화질소는 호흡기에 깊이 침투하여 폭로 후 수 시간 내에 폐수종을 일으킨다.

이산화질소에 의한 폐수종은 서서히 진행되며 특별한 불쾌감도 없어 고농도의 이산화질소에 폭로된 후 수 시간 내에 갑자기 사망하는 수도 있다. 오존은 아크용접 시 많이 발생하여 불활성기체-금속용접에서 많이 발생한다. MIG용접은 헬륨이나 아르곤과 같이 고온에서도 금속과 반응하지 않는 불활성 기체 속에서 텅스텐 봉 또는 금속전극선과 피 용접금속사이에 아크를 발생시켜 용접하는 방법으로 자외선 발생량이 보통 아크용접보다 2-30배정도 증가하여 오존의 발생량도 증가하며 헬륨보다 아르곤을 사용할 때 발생량이 더 많다. 이 용접방법은 근로자에 대한 건강장해의 위험성이 큼에도 불구하고 여러 가지 기술적 이점이 있기 때문에 사용범위가 더욱 증가하고 있다.

### 11.3.2 연마작업과 분진대책

1) 연마분사와 분진대책

분사 연마는 압력을 가해서 연마재를 연마하고자 하는 물체의 표면에 연속으로 분사하여 연마하는 방법이다. 이때 연마재로 사용되는 입자상물질은 미분화하여 분사되고 또 연마되는 물체의 표면에서도 분진이 발생된다. 따라서 연마재와 연마되는 물체에 따라 분진의 발생량과 종류가 다르다.

일반적으로 많이 이용되는 연마재는 모래, 산화알루미늄, 실리콘 카바이드, 강철, 알루미늄, 유리 등이며 연마되는 물체는 보통 철이지만 니켈, 망간, 납, 크롬 등의 합금일 경우에는 유해한 중금속분진이 발생되며 선박수리 작업 시 많은 페인트가 도포된 금속을 연마하는 작업에서는 납이나 수은등이 함유된 분진이 발생될 수 있으므로 주의해야한다.

분사연마의 분진대책으로는 먼저 연마재를 유해성이 낮은 것으로 대체한다. 모래는 유리규산의 함량이 높아 유해성이 크기 때문에 유럽의 여러 나라와 ILO에서는 사용을 금지하고 있다. 또한 분사 연마작업 시 알루미늄이나 아연은 인화성분진이므로 폭발위험에 주의해야한다. 따라서 산업위생담당자는 먼저 분진의 성분과 유해농도를 철저히 이해하고 대책을 강구해야할 것이다.

환기방법은 분사연마작업을 완전히 둘러싸는 포위 형 국소배기장치가 추천되고 있으며 밀폐된 작업장에서는 연마분사가 계속되는 동안 개구부를 통하여 계속 공기가 유입되어 근로자가 신선한 공기를 공급받도록 환기시설을 설치하는 것이 좋다.

수동식 분사용 노즐 및 분사장비를 취급하는 자 또는 밀폐작업장 내 근로자는 분사연마용 보호구를 착용해야하며 다른 분사연마작업근로자는 적합한 규격의 방진마스크를 착용해야한다

### 11.3.3 보일러와 압력용기의 안전대책

#### 1) 서론

보일러와 압력용기(pressure vessed)는 산업혁명과 더불어 생산에 필수불가결한 요소가 되었으나, 재료나 작동 등에 대한 이해와 경험의 부족으로 인하여 폭발사고가 빈번하게 발생하게 되었다. 그 후 검사제도의 확립, 안전장치의 발달, 법에 의한 사용재료 및 구조에 대한 제한과 폭발원인에 대한 연구 등 재해를 방지하기 위한

많은 노력의 결과 폭발사고를 상당히 감소시킬 수 있게 되었다.

그러나 더욱 높은 압력과 온도를 요구하는 새로운 공정의 개발과 고온에서의 작동에 의한 고 효율화에 대한 요구로 인하여, 그리고 용기에 접하는 부식성을 가진 다양한 물질 돌로 인하여 현재에 있어서도 보일러나 압력용기에 의한 재해가 계속되고 있는 실정이다.

일본에서 1960년에서 1964년 사이에 발생된 264건의 보일러사고를 원인별로 분류 한 것을 살펴보면, 운전비서나 점검 불충분으로 인한 물 부족사고와 가스 폭발사고가 약 1/3, 부식에 의한 관의 파열이나 안전기기 등의 고장으로 인한 것이 약 1/3, 재료 자체에 있던, 또는 용접 등의 제작 중에 발생된 결함에 의한 것이 약 10%, 안전장치, 자동제어장치, 급수펌프 등의 부속품 고장으로 인한 것이 약 10%가 되어 운전자의 주의와 설비의 적절한 관리 그리고 재료의 파괴와 부식 등에 대한 이해를 통하여 대부분의 재해는 방지 시킬 수 있는 것임을 알 수 있다. 여기서는 이러한 고압장비의 폭발이나 고장에 의하여 발생되는 재해의 예방을 위하여 필요하다고 생각되는 몇 가지 사항들에 대하여 살펴보기로 한다.

### 2) 보일러의 안전대책

#### (1) 보일러 일반

보일러란 증기나 고온의 물을 얻기 위하여 연료의 연소나 외부로부터의 열에 의하여 물을 가열하는 밀폐된 용기라고 정의 할 수 있다.

보일러 본체의 내부는 물이 차있는 수실(水室)과 증기가 차있는 증기실로 나누어지는데 이들 두 부분의 크기는 보일러의 성지에 큰 영향을 끼친다. 원통 보일러는 수실이 큰 대 수실보일러로, 보유 수량이 많으므로 가열하기 시작해서 소요의 증기가 발생하기까지에는 장시간을 요하나 연소상태 또는 증기 사용량의 변화에 대해서 발생증기의 압력변화가 적다.

반면 수관보일러는 소 수실보일러로, 소요의 증기가 발생하기까지에는 시간이 적게 걸리나 증기 사용량의 변화에 대한 압력의 변화가 크며, 따라서 연소의 조절과 급수에 세심한 주의가 요구된다.

원통보일러는 다시 노통(爐筒)보일러, 연관(煙管)보일러 및 노통연관 보일러로 분류되는데, 노통 보일러는 형체가 크고 구조가 간단하여 내부의 소제 및 점검 등 사용이 용이하다는 이점으로 널리 사용되어 왔으나 효율이 낮고 증기량도 적은 단점으로 설치가 감소되고 있다.

연관보일러는 노통 보일러에 비해 증발량이 비교적 크고 보일러를 시동시키는 데 요하는 시간이 비교적 짧은 장점이 있는 반면 소제가 곤란하고 비교적 양질의 급수를 하여야 하며 통이 노의 불에 직접 노출되므로 동판이 손상되기 쉬운 단점으로 오늘날은 연관보일러가 단독으로 제작되는 일은 거의 없고 대개 노통 보일러와 조합하여 서로의 장점을 이용한 노통연관 보일러가 제작되고 있다.

수관보일러는 원통보일러에 비하여 고압증기를 만드는데 적합하고, 일정한 장소에서 넓은 전열면적을 가질 수 있다. 또한 보일러 수의 규칙적인 자연 순환을 마련하여 전열을 개선하고 전열면의 단위면적당의 증발량을 매우 높일 수 있어 중 용량 이상의 고압용에 적합하다.

수관보일러는 수관의 경사도에 따라 횡 수관보일러, 입 수관보일러 및 경사 수관보일러로 나누어지고, 물의 순환에 의하여 자연 순환 보일러, 강제순환보일러 및 관류 보일러로 분류된다.

#### (2) 보일러의 안전

가. 안전장치 및 측정정치

보일러에 장착되는 안전장치 및 측정 장치의 종류와 만족해야 할 사항에 대해서는 B6233에 자세히 기술되어 있다. 여기서는 이중 중요한 사항들만 살펴보기로 한다.

가) 안전밸브

증기보일러에는 2개 이상(전열면적 50㎡이하에서는 1개 이상)의 안전밸브를 비치하여 각부의 압력이 해당부의 최고사용압력의 6%(이 값이 0.35kgf/㎠ 미만 일 때는 0.35kgf/㎠)를 초과하여서는 안 된다. 또한 적어도 1개의 안전밸브는 보일러의 최고사용압력 이하로 조정하여야 한다. 안전밸브의 종류는 스프링 안전 밸브로 하고, 스프링안전밸브의 구조 등은 KS B6216에 따라야 한다. 다만 스프링안전밸브

대신으로 스프링 파일롯 밸브부착 안전밸브를 사용할 수 있다. 이 경우 안전밸브의 소요 분출량의 적어도 1/2은 스프링 안전밸브로 하여야 한다.

나) 수면계

증기보일러(관류보일러는 제외)에는 2개 이상의 유리수면계를 부착하여야 한다. 다만 최고사용압력 10kgf/㎠ 이하에서 동체의 안지름 750mm 만의 것에서는 그중 1개는 다른 종류의 수면 측정 장치로 하여도 무방하다. 특히 압력이 높은 보일러에서는 2개 이상의 원격지시수면계를 시설하는 경우에 한하여 유리수면계를 1개 이상으로 할 수가 있다.

다) 입력세

증기 보일러에는 KS B5305(부르돈 관 압력계)에 따른 압력계를 부착하여야한다. 압력계의 최고 눈금은 보일러 최고사용압력의 약 2배로 하고 1.5배보다 작어서는 안 된다. 압력계의 눈금판의 바깥지름은 100mm 이상으로, 그 부착 높이에 따라 용이하게 지침이 보이도록 하여야 한다.

라) 스톱밸브 및 분출밸브

증기의 각 분출구(안전밸브, 관 열기에의 분출구) 및 재 열기에의 입구, 출구에는 스톱밸브를 갖추어야 한다. 스톱밸브는 보일러의 최고 사용압력과 사용 온도에 견디고 또한 적어도 7kgf/㎠의 압력에 견디는 것이라야 한다.

보일러에는 적어도 밑에 분출간과 분출밸브 또는 분출코크를 설치해야 한다. 다만 관류보일러는 이의 적용을 받지 않는다. 분출밸브는 스케일, 그 밖의 침전물이 괴지 않는 구조의 것으로 보일러 최고사용압력의 1.25배, 또는 보일러의 최고 사용압력에 15kgf/㎠를 가한 압력 중 작은 쪽의 압력에 견디고 어떠한 경우에도 7kgf/㎠ 이상의 압력에 견디는 것이어야 한다.

마) 급수장치

보일러에는 수시 단독으로 최대 증발량을 발생하는 데 필요한 급수를 할 수 있는 2세트 이사의 펌프(인젝터를 포함)를 갖추어야 한다. 단 전열면적 12㎡이하(관류보일러에서는 100㎡미만)의 증기보일러에 대해서는 급수장치를 1세트로 하여도 무방하다. 급수장치가 1세트인 것과 2세트의 급수장치중 제1의 것은 동력으로 운전하는 급수펌프 또는 인젝터이어야 한다. 다만 최고사용압력이 2.5kgf/㎠ 미만으로 화격자 면적이 0.6㎡ 이하 또는 전열면적이 12㎡ 이하의 경우는 이 규정에 따르지 않아도 좋다.

나. 검사

보일러에 대한 검사는 kS B6233(육용강제보일러의 구조), KS B6205 (육용 증기 보일러의 성능시험방법), 공업진흥청청 고시 제 7149호(보일러 계속 검사기준)등에 의하여 행할 수 있다.

여기서는 수압시험에 대해서만 간단히 살펴보기로 한다.

가) 수압시험방법

안전밸브가 용접으로 부착된 경우를 제외하고는 안전밸브를 떼어내든가 또는 밸브의 밑에 판을 끼워 조니 다음 공기를 충분히 빼고 물이 모든 부분에 접촉 되도록 채운 취에 천천히 압력을 가하여 시험수압으로 되었을 때 그 상태로 검사가 끝날 때까지 계속 유지하여야 된다. 이 경우 시험수압은 규정압력 이상 6%를 넘지 않도록 하여야 한다.

나) 수압시험압력

보일러는 다음의 압력에 따른 수압시험을 하여 이상이 없어야 한다.

① 보일러의 최고사용압력이 4.3kgf/㎠이하일 때는 그 최고사용압력의 2배의 압력. 다만 그 값이 2kgf/㎠미만일 때는 2kgf/㎠으로 한다.

② 보일러의 최고사용압력이 4.3kgf/㎠을 초과하고 15kgf/㎠ 이하일 때는 최 고사용압력의 1.3배에 3kgf/㎠을 가한 압력.

③ 보일러의 최고사용압력이 15kgf/㎠을 초과할 때는 그 최고사용압력의 1.5 배의 압력

④ 각 부의 최고사용압력이 다른 관류보일러에 있어서는 앞의 각 항에 따르는 외에 보일러의 어떤 부분에 있어서도 각 부의 최고사용압력의 1.25배 이상의 수압이 걸리도록 하여야 한다. 또 수압시험 중에 보일러의 어떠한 부분에 있어서도 재료의 항복점의 0.9배보다 큰 응력을 발생시켜서는 안 된다.

⑤ 보일러의 최고사용압력 이상의 압력을 받을 우려가 없는 온수보일러에서는 그 최고사용압력에 1kgf/㎠을 더한 압력. 다만 그 값이 2kgf/㎠미만일 때에는 2kgf/㎠으로 한다.

### (3) 보일러의 취급

가. 운전

보일러의 운전에 있어서 유의하여야 할 사항을 몇 가지 들어보기로 한다.

① 급격한 하중변동을 주지 말아야 한다. 급열, 급냉하면 본체 각부에 열응력이 발생한다.
② 안전밸브의 기능을 유지하여야 한다.
③ 수위를 정상으로 유지할 수 있도록 수면계 및 급수제어장치의 기능을 확인한다.
④ 화로의 폭발을 막는다(점화에 실패하면 3~5분간 파아지하고 다시 한다.)
⑤ 적절한 블로우를 실시하여 보일러물의 농축과 슬래지 퇴적에 의한 장해를 방지한다.
⑥ 전열면의 슈트 블로우, 버너의 올바른 조절에 의하여 국부가열을 막는다.
⑦ 급수 수질 및 보일러 물의 수질 감시를 철저하게 한다.
⑧ 보일러의 제어장치, 인터록기구, 경보장치의 기능을 충분히 이해하고 있어야 한다.
⑨ 연 1회의 검사 시에는 스케일의 분석, 부식상황을 정확히 검토하여 그 대책을 면밀하게 강구하여야 한다.

나. 정소 및 정비

보일러를 장기간 사용하기 위해서는 청소와 적절한 정비가 행하여져야 한다.

① 그을음은 습기를 흡수하여 금속의 표면을 악화시키므로 그을음이나 날아다니는 재는 보일러가 냉각된 후 곧 제거되어야 한다.
② 물을 뿌려서 재를 제거할 때에는 가장자리에서 중심 쪽으로 하여야 한다. 뜨거운 재의 중간에 물을 뿌리면 폭발을 일으킬 우려가 있다.
③ 아쉬 게이트(ash gate)를 열 때에는 증기나 고온의 물에 의하여 작업자가 다치

지 않도록 주의한다. 제거된 재는 보일러나 가연성 재료와 접촉되게 하여서는 안 된다. 물과 함께 부식성의 산을 만들 위험성이 있기 때문이다.

④ 작업자가 보일러 내부에 들어갈 때에는 특히 유의하여야 한다. 내부를 충분히 환기시키고 실험장비에 의하여 유독성이나 가연성 가스가 없음을 확인하여야 하고 밸브는 잠근 후 누설 여부를 체크하여야 한다.

라. 보일러의 파손

가) 튜브의 파손

갑작스러운 튜브의 파손은 인접된 튜브나 노벽을 파손시키게 되므로 곧 증기발생을 멈추어야 하는 중대한 파손에 속한다. 이의 원인으로는 과열(overteating)과 취화(embrttlement)의 두 가지를 들게 된다.

물이 직접 튜브와 접촉하는 경우에는 물에서의 열전도도가 비교적 높으므로 튜브와 물 사이에 큰 온도차가 되지 않더라도 많은 열이 전달될 수 있다. 그러나 증기에서의 열전도도는 매우 낮으므로 막비 등(film boiling)이 시작되는 경우에는 튜브 벽과 물과의 사이에 큰 온도차가 되어야 많은 열이 전달될 수 있다. 따라서 막비등이 시작되는 점에서 튜브가 과열되어 파손되는 경우가 많다.

과열에 의한 파손에서는 주로 튜브와 나란한 균열이 포함되어 있고, 안전작동온도보다 약간 높은 온도에서는 파손에 이르기까지 몇 년이 걸리는 경우가 있는 반면 가열이 심할 경우에는 수분 만에 파손에 이르게 된다. 전자의 경우에는 균열 면이 거칠고 부식이 되어 있으며 파손에 의한 관의 두께의 변화가 적지만, 후자의 경우는 두께가 매우 얇아져 있고 파손이 될 때 방출되는 증기의 영향으로 파손부가 굽어지거나 변형을 하게 된다.

과열은 가동이 시작될 때, 증기의 수요에 급격한 변화가 있을 때, 최대용량에서 운전할 때나 물의 순환이 중단되었을 때에 발생되기 수우면 관내의 침전물이나 각 관에 흐르는 물의 불 균일로 일어날 수도 있다.

취화(embrittlement)에 의한 관의 파손은 수소의 영향에 의한 것과 흑연화(graphitization)에 의한 것으로 나눌 수 있다. 원자상태의 수소는 철의 내부를 이동할 수 있는데 원자상태의 수소가 입자경계(grain boundary)에서 분자상태의 수소가 되어 취화의 원인이 되는 경우가 있다. 또는 탄소강이나 저합금강이 오랜 시간 동안 열을 받으면 펄라이트(pearlite)가 페라이트(ferrite)와 흑연(graphite)이 되는데, 석출되는 흑연이 힘을 받는 부분에 연속적으로 배열을 하는 경우에는 취화의 원인이 된다.

나) 부식

① 물에 의한 부식

물에는 산소를 비롯한 많은 무기물 또는 유기물이 용해되어 있거나 섞여 있어서 부시의 원인이 된다. 물과 접하고 있는 부분에서는 주로 공식(pitting)과 틈새부식(crevice corrosion)이 많이 발생하고, 증기와 접하고 있는 부분은 부식이 잘 되지 않으나 가동 시작 시나 중단 시에 요구하고 있는 운전과정을 따르지 않는 경우에는 물이 생겨 부식이 진행하게 된다. 응축 수(condensate)의 경우에는 포함되어 있는 탄산이 동합금이나 저탄소강을 부식시킬 수가 있다. 동합금이 부식될 경우 문제점은 용융된 동이 철 표면에 다시 도금될 경우에 갑자기 부식을 일으킬 우려가 있다는 짐이다.

이러한 부식을 방지하기 위해서는 물에 용해되어 있는 물질의 제거, 산소 스캐빈저(scavenger)의 첨가 또는 pH의 제어 등이 필요하다. 보일러를 사용하지 않는 동안의 부식방지를 위해서는 24시간 이내의 정지는 급수에 산소 스캔비저를 첨가하면 되나 정지시간이 그 이상인 경우는 내부의 물을 완전히 제거하고 불활성 가스로 채우던지, 용해된 산소를 제거하고 높은 pH값을 위하여 수산화물을 첨가하거나 산소 스캐빈저를 첨가한 물을 채워둔다.

② 스케일

부식에 의해서나 물에 녹아 있는 여러 물질들에 의하여 금속표면에는 스케일이 부착하게 된다. 부착된 경한 스케일의 경우에는 과대한 열전달을 일으켜 과열의 원인이 되기도 하고 스케일 내부의 공극에 부식성 원소가 많이 함유된 물을 간직하여 공식의 원인이 되기도 한다.

이러한 스케일에 의한 피해를 막기 위해서는 정기적이 제거가 필요하다. 제거에는 주로 화학적이 방식이 쓰이는데, 이 경우에는 정지시간이 짧고, 염가이고, 닫기 어려운 작은 틈새나 작은 직경의 관의 경우도 제거가 가능하고 장치를 분해할 필요도 없다는 장점이 있으나 부식을 일으키지 않도록 유의하여야 한다.

③ 연소에 의한 부식

가스 상의 연료를 제외한 화석연료에서는 연소 후에 고체, 액체 또는 기체의 화합물을 남기게 되고 이들의 금속을 부식시키게 된다. 이러한 부식을 막기 위한 방법들을 들어보면,

- 재와 황이 적은 연료를 선택한다.
- 연소상태를 제어하여 재의 양과 조성을 조절한다.
- 부식을 막을 수 있는 보일러의 크기와 구조를 택한다.
- 주기적으로 재를 제거한다.
- 연료에 부식을 막을 수 있는 적절한 첨가물을 가한다.

다) 피로

보일러에 있어서도 관내의 유에의 흐름이나 회전 장비, 수압의 빠른 변동 또는 각 요소의 온도의 변화 등으로 반복응력이 발생하고 이에 의하여 피로균열이 성장할 수가 있다. 특히 보일러의 가동이 시작되면서부터 멈출 때까지 가해지는 압력과 열은 저 사이클 피로(low-cycle fatigue)의 원인이 된다. 또한 부식 환경 하에서 피로가 진행될 경우에는 부식피로(corrosion fatique)가 된다.

라) 응력부식

응력부식(stress corrosion)이란 인장응력과 부식 환경이 동시에 존재하는 경우에 발생하는 것으로 표면이 거의 부식을 받지 않은 상태에서도 아주 작은 균열들이 재료의 내부를 진행하게 된다. 이때 인장응력은 외부에서 가해지는 하중에 의하여 생기는 응력뿐만 아니라, 제작과정에서 생기는 잔류응력이 될 수도 있다.

예를 들면 급수처리로 인산염방법을 사용하는 경우 수산화물에 의한 응력부식이 발생한다거나 염소이온을 포함한 수용액이 오스테나이트 계 스테인리스강에 대하여 또는 암모니아를 포함하는 용액이 구리합금에 대하여 응력부식을 일으키는 경우가 많다.

마. 압력용기의 안전대책

가) 압력용기의 안전

① 안전장치 및 측정 장치

압력용기에 부착되는 안전장치 및 측정 장치의 종류와 만족해야 할 사항에 대해서는 B6231에 자세히 기술되어 있다. 여기서는 이중 중요한 사항들만 간단히 살펴보기로 한다.

② 안전밸브

안전용기에는 다른 압력을 받는 부분마다 최고허용압력 이하에서 작동하는 KS B6216에 규정하는 안전밸브 도는 이에 대신하는 안전장치를 갖주어 내부의 압력이 해당 부분의 최고허용압력 이상 그의 10%(그 값이 0.2kgf/㎠ 미만일 때는 0/2kgf/㎠)를 초과하지 않도록 하여야 한다. 다만, 보일러 기타의 압력원과 연락하도록 지정된 압력용기의 부분에서 그 최고허용압력이 압력원의 최고 허용압력 이상인 것에 대해서는 이에 따르지 않아도 좋다.

가연성 가스를 저장하도록 지정된 압력용기에 는 안전밸브 또는 이에 대신하는 안전장치를 갖추어, 화재 등으로 불시에 외열을 받는 경우에도 내부의 압력이 해당 부분의 최고허용압력 이사 그의 20%를 초과하지 않도록 하여야 한다.

나) 액면계

액체를 넣는 압력용기에는 액면계를 부착시킨다. 가연성 또는 치사 적 물질의 액체용의 액면계는 둥근 유리관액면계 이외의 액면계로서 다음에 따른다.

① 반시 식 또는 투시 식 유리액면계, 플루우트 식 액면계 또는 차압식 액면계 등의 액면계를 사용한다.

② 자동식 또는 수동식의 기능을 갖는 스톱밸브를 붙인다.

다) 압력계

압력용기에는 KS B5305(부르돈 관 압력계)에 적합한 것 또는 이와 동등 이상의 성능을 가진 압력계 또는 이에 대신하는 장치를 부착하여야한다. 다만, 압력 용기에 직접 부착시키지 않더라도 그 압력을 계측할 수 있는 경우에는 이를 따르지 않아도 좋다.

압력계에 콕을 사용할 때는 사이 폰 관의 수직인 부분에 부착하고 Rg한 그해들은 관축과 동일방향으로 놓았을 때 열려있는 것이어야 한다. 압력계 눈금판의 최고 지시 도는 최고허용압력의 1.5~3배의 압력을 지시하는 것이어야 한다.

라) 온도계

압력용기 안에서 급격한 온도이 변동이 예상되는 것에는 온도계를 부착하여야 한다. 온도계의 부착 방법은 온도계를 뽑아냈을 때에 내부의 유체가 유출하지 않는 구조로 한다.

바. 압력용기의 파손

가) 용접 및 열처리

용접비드 및 열영향부에서는 용접결함과 잔류응력 그리고 용접시의 가열에 의한 재료의 취화로 말미암아 파손이 일어날 가능성이 높다. 일부 원소가 과다하게 들어있는 재료의 열영향부에서 경도가 과도하게 높아져 취성 균열이 발생하게 되는 경우가 있다. 예를 들면, 고합금강을 만드는 노에서 저탄소강을 만들 경우에 노벽에 남아 있던 원소들이 저탄소강에 함유되어 열영향부에서의 경도가 과도하게 된다. 따라서 재료원소의 적절한 제어가 필요하다.

또는 지정된 재료를 사용하지 않아 파손이 발생된 경우도 있는데, AISI 1035강 대신 니플의 재료로 4140강을 사용하여 4140에 함유된 약 1%의 Cr과 0.15~0.25%의 MO이 경화 능을 높였고, 이로 인하여 비드 근처의 열영향부의 경도와 취성이 높아져 파손이 발생한 예가 있다. 열처리의 경우도 지정된 대로 행하여야 한다.

용접이나 소성가공 후에 잔류 응열 제거를 위하여 요구되는 열처리를 생략한 결과 용기의 파손으로 이어진 예가 있고, 열처리를 반복하여 행한 결과 입자의 조대화를 초래하여 균열이 발생된 예도 있다.

나) 응력부식

응력부식을 일으키는 몇 가지 예를 살펴보면, 수은은 황동과 알루미늄합금을 취화시키고, 알칼리 화합물은 고강도 알루미늄합금에 응력부식을 일으키고, 고온의 염화물수용액은 오스테나이트 스테인리스강에 응력부식을 일으키며, 또한 진한 농도의 수산화나트륨은 오스테나이트 계 스테인리스강과 저탄소강에 응력 부식에 작용을 한다.

특히 오스테나이트 스테인리스강은 염화물수용액과 접촉되는 경우 그 농도가 낮은 경우에도 응력부식을 일으키기 쉽다. 약 50℃이하의 온도에서는 작은 양의 염화물일 경우 문제를 거의 발생시키지 않지만 고온인 경우는 재난을 일으킬 수 있다.

물이 과열된 증기의 형태로 저장되는 한 문제를 일으키지 않지만 설비의 작동 시작 시에 정해진 프로세스를 따르지 않을 경우 증기가 염화물을 함유한 물방울을 포함할 수가 있고, 다음에 뜨거운 벽면에 닫으면 염화물이 벽면에 남아 응력부식이 진행하게 된다.

수압시험에서 사용하는 물이나 침투탐상에서 사용하는 액제가 후에 균열을 발생시키는 염화물의 공급원이 될 수가 있으므로 유의하여야 한다. 기타 재료내부에 존재하는 결함에 의한 파괴, 수소취화, 피로, 크리프 등에 관해서도 유의하여야 한다.

이상과 같이 보일러와 고압용기의 파손으로 인하여 발생되는 재해의 방지를 위한 기초적인 몇 가지 내용은 관련코드나 규격 또는 문헌을 통하여 살펴볼 수 있을 것이다. 본 책에서 언급하지 않았던 파괴역학을 이용한 설계방식이나 파괴전 누설의 개념, 안전을 위한 작업방식과 보일러와 압력용기의 구조에 대한 지침, 파손에 대한 보다 자세한 내용과 사고 예 등에 대해서는 해당 참고문헌을 이용할 수 있을 것이다.

### 11.3.4. 배관의 안전대책

배관은 가스체, 액체 또는 분체를 품은 액체 등의 수송에 쓰이는 것으로서 특별한 경우에는 시멘트, 밀가루 등의 분체의 수송에도 사용된다. 어느 경우에나 수송하는 물질의 성질, 형체에 아무런 영향을 미치는 일이 없이 또한 필요량을 적절하게 수송할 것이 요구된다.

배관은 장치공업에 있어서 원료, 중간물 및 제품의 수송에 없어서는 안 되는 것이고, 또한 수송하는 내용물도 여러 가지로서 중독성, 부실성 혹은 가연성 등의 위험성 물질도 있고, 그 수송조건도 저온 ,고온, 고압 등이 요구되는 일이 많다. 따라서 배관자재인 파이프. 밸브. 피팅 및 가스켓트 등의 선택에 임해서는 충분히 사용에 견딜 수 있는 것을 고르는 것이 우선 첫째 문제이다.

배관의 사고 중 가장 많은 것은 누설사고이며 그 주요원인은 설비상의 결함, 이를테면 부식에 의한 것, 용접상의 결함, 온도에 의한 신축에 대한 고려의 결함. 진동에 의한 것 등이 있고, 밸브배치 등의 부적절에서 생기는 조작 상 잘못에 의한 것도 또한 적지 않다.

### 1) 배관의 안전대책

배관은 그 사용조건에 따라 적합한 재질인 것을 선택해야함은 물론이지만 특히 고압・고온, 저온 배관 등 위험의 염려가 있는 배관에서는 이상 압의 발생, 열에 의한 신축, 진동 또는 부식에 의한 파괴방지에 대해서도 안전상의 조치가 요구되는 것이다.

#### (1) 방식

배관은 그 내용물에 대해서 내식성 재료를 쓰는 것도 말할 것도 없지만 매설 관이나 장거리 배관 등이 되고 보면 토양중의 부식에 대한 대책도 필요해진다. 토양중의 수분에 의한 부식에 대해서는 아스팔트 코팅 등에서부터 예방할 수 있으나 전기철도나 변전설비에서의 누설 전류에 의한 부식, 이른바 전기 부식 현상에 대한 예방에는 효과가 없다.

전기 부식의 방지대책으로서는 Mg 등과 같이 철보다도 전위차가 낮은 금속을 삽입하여 배관자체가 전위차를 갖게 해서 누설전류의 유입을 방지하는 방법이라든가, 선택배류기를 설치하여 관 체를 흐르는 누설전류를 일괄해서 궤조 등에 내보내는 동시에 땅속의 미주전류를 방식전류로 이용하는 등의 방법이 이따금 쓰이고 있다.

#### (2) 열팽창의 흡수

기온의 변화 또는 고온 및 저온에 쓰이는 배관에서는 재료의 신축에 대한 고려가 필요하다. 이 때문에 관로에 신축용 조인트, 다각도 관 및 곡관 등이 일반적으로 사용된다. 열팽창은 탄소강. 스테인리스강. 구리. 알루미늄의 차례로 커지는 것이므로 크게 구부릴 수 없을 경우 또는 커다란 신축이 예상되는 경우 등에는 그 흡수 조치가 필요해지며 보통은 엘보에 의한 조인트 또는 곡관 등이 쓰이고 있다.

(3) 진동방지

배관은 진동 또는 맥동에 의해서 가대와의 접촉에 의한 마모. 피로파괴. 진동 문제에 대해서도 충분히 고려하지 않으면 안 된다. 이 진동은 레시프로 식 펌프를 쓸 경우라든가, 밸브에 의해서 유량을 극단적으로 죌 때 등에 일어나기 쉬운 것이며, 특히 다량의 액체를 강압밸브를 통하여 흐르게 할 경우 등에는 그 작업량이 진동이 되어서 직접적인 피해를 주는 일이 있으므로 주의하지 않으면 안 된다.

(4) 이상 압에 의한 파괴방지

고압. 고온 또는 저온배관에서는 가끔 조작이 잘못되는 영향으로 이상압이 발생하여 파괴되는 일이 있다. 또 아세틸렌가스나 파아옥사이드 배관과 같이 분해폭발을 일으키기 쉬운 것의 배관에서는 발화의 경우에는 긴 관로를 차례차례로 전파해서 커다란 폭발력이 생긴다. 따라서 이러한 이상 압 발생 시를 대비, 위험의 염려가 있다고 생각되는 배관 관계에서는 이상 압을 대기 중에 방출하여 파괴를 방지하기 위해 또는 손해를 감소시키기 위한 조치가 필요하게 된다. 이를 위해 쓰이는 것이 안전밸브, 파열 반 또는 역화방지장치이며 고압계 배관에 접속해있는 저압계, 배관에 삽입되는 역화방지 밸브도 또한 이상 압 방지를 위한 설비라 말할 수 있다.

(5) 정전기 발생에 대한 대책

석유류 등과 같이 도전율이 낮은 가연성 액체가 배관 속을 흐를 때 유체와 관 벽 사이의 마찰에 의한 가연성가스와 접촉하여 화재. 폭발의 원인이 된다고 알려져 있다. 이 정전기발생은 기름 속에 미량의 수분이 있을 경우, 그리고 유속이 빠를수록 커진다고 할 수 있다. 정전기의 제거를 위해서는 정전전하를 땅속에 유도하는 것이 필요하므로 배관의 접지가 행해져야한다.

2) 배관시공 및 운전상의 안전

배관의 사고 중에서 상당한 부분이 용접상의 결함에 그 원인이 있다. 틀림없이 강도가 충분한 자재를 쓴 배관에서도 실제의 용접시공이 서툴기 때문에 일어난 사고를 이따금 경험한다.

원래 배관의 용접작업은 거의가 야외에서 실시되고 또한 복잡해지기 쉬우므로 용접관리상의 곤란도 많고 직경이 작기 때문에 뒷면 용접이 거의 불가능하다는 불리한 점도 겹쳐있으므로 필요한 강도를 얻기 위해서는 각별한 주의가 요구된다.

배관작업에서의 용접결함의 대부분은

첫째, 소정의 개선을 취하지 않는다.

둘째, 강풍 하에서의 작업을 블로우 홀이 발생한다.

셋째, 용입 불량,

넷째, 흡수한 용접봉의 사용,

다섯 번째, 고급배관 자재에 대해서 용접전후의 열처리의 불완전 등에 의한 것이다.

이들은 어느 것이나 용접공의 미숙련에 의한 부적절한 작업의 결과라고 보아야 한다. 따라서 배관의 용접은 먼저 충분한 경험과 기량을 가진 용접작업자에 의해 실시되지 않으면 안 된다. 이를 위해서는 KS에서는 용접작업자의 기능에 대한 등급의 검정이 마련되어 있으며, 특히 고급인 배관에 대해서는 그때마다 직접 기량의 검정시험을 실시해서 합격한자에 한해 작업을 시킨다고 하는 신중한 태도로 임하는 경우도 많다.

INDUSTRIES EDUCATION

제12장

# 평가와 자격제도

工業教科教育論

# 12. 공업의 개요

## 12.1 평가의 개념

### 12.1.1 공업교육 평가의 특징

공업교육은 직업을 준비하는 목적이 있고, 학습 내용도 기술을 중요시하기 때문에 다른 교육에서와 평가의 관점과 중심이 차이가 있다. 공업교육은 직업을 준비하는 목적을 가지고 있기 때문에 평가도 직업 능력을 얼마나 잘 준비하였는가에 따라 결정된다.

공업교육을 받은 사람들이 어느 정도 해당 직업에 취업하고 있고, 직업에서는 주어진 업무를 어는 정도 수행하고 있으며 계속적으로 발전할 수 있는가 하는 관점에서 평가가 이루어진다. 공업교육 내용의 원천이 일의 세계이다. 일의 세계의 변화가 평가의 관점과 내용에 영향을 미친다. 또한 교육내용이 신체적, 그리고 조작적 활동이 중시되기 때문에 평가 대상이 다른 교육과 다르다.

공업교육의 평가는 산업현장에서의 업무수행능력을 중시한다. 따라서 공업교육은 일의 현장에서의 업무수행 능력이 평가에서 중요시된다. 교육의 제한된 목표달성과 아울러 현장에서 업무를 얼마나 잘 할 수 있는가에 관심이 있다. 고용능력 개발에 주 관심이 있기 때문에 평가에서도 학교에서 학습 목표를 어느 정도 달성하였는가에 관심이 있다

고용능력 개발에 주 관심이 있기 때문에 평가에서도 학교에서 학습 목표를 어느 정도 달성하였는가의 평가에 그치지 않고, 산업계로 잘 진출했고, 산업계에서의 업무 수행능력은 어느 정도이고, 기술의 변화에 어느 정도 적응 할 수 있는가의 문제가 모두 평가된다. 학교에서 배운 지식, 기능 ,태도 ,가치관 등은 모두 중요하지만

이러한 내용이 일의 현장서 통합 적용될 수 있는가에 관심이 있다.

### 12.1.2 교육평가의 개념

교육평가(educational evaluation)는 교육 목표를 달성하는데 관계되는 모든 자료에 대하여 자료를 수집 분석하여, 판단을 내리는 모든 과정이다. 이러한 평가에 중요한 증거를 체계적으로 수집하는 과정을 검사(test)라고 한다.

교육평가를 정의하는 관점이 다양하다.

첫째는 평가를 측정(measurement)으로 보는 관점이 있다. 평가를 일정한 법칙에 따라 대상이나 사태에 수치를 매기는 과정으로 본다.

둘째 관점은 평가를 전문적 판단으로 보는 관점이다. 평가를 어떤 대상에 대하여 좋고 나쁨을 판단하는 것으로 본다.

셋째는 교육 목표가 실제로 어느 정도 실현되었는가를 밝히는 과정으로 보는 관점이다. 이 관점이 교육계에서 가장 많이 수용되고 있다.

넷째의 관점은 평가를 학생의 활동변화 분만 아니라 그러한 변화를 일으키는 데 필요한 모든 요일을 고려하는 관점이다.

여기에서는 평가를 증거를 수집하는 과정을 보는 관점에 따라 측정 관, 평가 관, 총평 관으로 나누어 개념을 살펴본다.

#### 1) 측정 관(measurement)

평가를 일정한 법칙에 따라 대상이 나 사태에 수치를 매기는 과정으로 본다. 여기에서는 평가의 대상을 안정성이 있고 불변하는 것으로 간주한다. 학생의 지능, 성적, 흥미, 가치, 운동 기능 등을 정확하고 객관성 있게 측정하는 것을 평가하라고 보는 관점이다. 따라서 신뢰성 있고 객관성 있는 측정을 위하여 표준화(standardization)하여 규준 집단에 비추어 평가하려고 한다.

#### 2) 평가 관(evaluation)

평가 관 에서는 인간의 행동을 언제나 변화하는 것으로 간주한다. 여기에서의 변화는 성장에 의한 자연적 변화보다는 교육에 의한 행동의 변화에 주 관심이 있다. 따라서 평가를 학습자에게 일어난 변화를 판단하는 일련의 절차로 본다.

평가에서 교육의 목표 달성에 관심이 있으므로 초기 검사와 중간 검사, 종결 검사를 필요로 한다. 학생들의 행동 변화는 양적인 것도 있고 질적인 것도 있다.

평가 관 에서는 학생의 행동변화에 주 관심을 두지만 이와 아울러 이러한 변화를 가져오게 된 자료 원 즉, 교육과정, 교사, 교우방법, 교수학습과정 등의 효과를 평가하는데도 관심이 있다.

3) 총평 관(assessment)

총평관 에서는 평가를 전체적인 글을 대상으로 하는 관점이 다. 여기에서는 객관화 된 평가 이외에 면접과 관찰, 자기 보고 법, 역할연기 등 다양한 증거 수집 방법을 사용하는 직관적 판단과 질적이니 평가를 모두 이용하는 전인적 평가의 개념이다.

## 12.2 평가의 종류와 갖추어야 할 조건

### 12.2.1 평가의 종류

1) 상대적 평가와 절대기준 평가

평가를 절대기준 평가와 상대 평가로 구분한다. 이를 구분하는 기준은 평가의 기준이 집단 내에 있느냐 아니면 집단 외에 있느냐에 있다. 상대 평가는 평점의 기준이 집단 내에 있기 때문에 자기 자신이 받은 절대 성적이 문제되는 것이 아니라 집단 내에서의 상대적 위치에 따라 결정된다.

절대 기준 평가는 준거지향 측정(criterion-referenced measurement)에 기초를 둔 것으로 성적 평정의 기준을 설정하고 학생의 성취를 그 기준에 비추어 평가하는 방법이다.

### 2) 형성적 평가와 총괄적 평가

한 과정의 프로그램이 끝나고 그 프로그램의 효율성과 학생의 학습결과를 전체적으로 평가하는 것을 총괄평가라고 한다. 이와 같이 최종적으로 평가하는 것이 아니라 진행된 학습의 상태를 점검하여 교육의 과정을 개선하려는 목적에서 실시하는 평가를 형성적 평가라고 한다.

형성적 평가의 개념이 도입되어 평가가 학생의 성취도를 측정하는 것만이 아니라 교사의 교육행동도 평가의 대상이 될 수 있게 되었으며 교육 프로그램은 계획된 대로 계속 진행되는 것만이 아니라 학생의 상태에 따라 중간에도 조정하고 변경할 술 있게 되어 평가의 자료가 보다 널리 이용될 수 있게 되었다.

평가의 개념이 총괄평가에서 형성적 평가로 확장됨에 따라 진단 평가의 개념도 등장하였다. 교육을 계획적으로 실시하기 위해서는 현재 상태인 출발점 행동을 보다 정확하게 파악하여야 한다는 필요에서 나온 것이다.

### 3) 주관식 평가와 객관식 평가

평가를 평가자의 주관이 개입되는 정도에 따라 주관식 평가와 객관식 평가로 나눌 수 있다. 평가를 받는 학생의 입장에서는 서답형과 선택형으로 나눌 수 있다. 선택형에는 진위형, 배합형, 선다형 등이 있으며. 서답형에는 단답형, 완결형, 논문형 등이 있다

## 12.2.2 우수한 평가가 갖추어야 할 조건

### 1) 검사의 타당도

검사의 타당도는 검사가 측정하려고 하는 것을 측정하고 있는가에 관한 정도이다. 작업의 질을 측정하려고 하는데 작업의 속도를 측정한다든가 또는 작업의 속도를 측정하려는 것이 작업을 분석하고 계획하는 능력을 측정한다면 타당도가 문제가 된다.

2) 검사의 신뢰도

신뢰도는 검사가 측정하려는 것을 일관성 있게 측정해 주고 있는가에 관한 정도이다. 능력이 비슷한 학생의 검사 결과는 비슷하게 나와야한다. 동일한 학생을 평가하는 데에도 평가할 때마다 다른 결과가 나온다면 검사의 신뢰도는 떨어지는 것이다.

3) 검사의 객관도

객관 도는 검사가 얼마나 객관적으로 채점될 수 있는가에 관한 정도이다. 이는 결과의 채점에 있어 채점자의의견이나 편견이 작용되는 검사는 객관도가 문제가 된다. 또한 채점 시마다 평점의 결과가 다른 경우도 문제가 된다.

## 12.3 실기의 평가

실기평가는 실기 지도를 하는 과정과 결과가 목표에 어느 정도 접근하였는가를 비추어 보는 과정이다.

실기 평가는 다음과 같은 몇 가지 특징을 가진다.

첫째, 실기 평가는 주로 심리 운동적 영역(psycomotor domain)을 대상으로 한다.

둘째, 실기는 인지 단계에서 더 나아가 모방, 정착 및 내면화 자동화되는 과정으로 학습이 이루어진다. 따라서 실기는 일반적인 학습 경험들이 학생들의 인지 구조 속에서 학습되는 것과는 달리 실천 능력에 관심을 두고 평가가 이루어져야 한다.

셋째, 실기 평가는 실기 지도과정에서의 재료, 공구와 기구 등의 선택과 같은 항목들을 고려하여야 한다.

넷째, 실기 평가는 학생들의 실습 결과물은 물론, 실험 실습과정, 실습 태도 등을 아울러 평가의 대상으로 한다.

### 12.3.1 실기 평가의 절차

#### 1) 평가 내용의 결정

평가 내용을 결정하기 위해서는 먼저 단원의 내용을 구조화하고, 그 다음에는 세부 영역별로 목표를 확인하고. 마지막으로는 2원 목표 분류표를 작성한다. 즉, 단원의 내용에 관한 목표 영역별로 어떤 수준에서 평가가 이루어져야 하는가를 결정하는 것이다.

#### 2) 평가 장면의 선정

내용의 구조화와 목표를 확인하여 평가하여야 하는 대상 행동, 즉 영역별 행동 및 수준이 분류되면 이들의 행동 특성을 어떤 상황과 조건에서 평가할 것인가에 관한 평가 장면이 결정되어야 한다.

실기 평가는 평가 대상 행동 영역 이 기능적 영역이고, 실습을 통해 학습이 이루어지는 까닭에 여러 가지 장면에서 다양한 방법으로 평가가 이루어 질 수 있다. 따라서 실기 평가에서는 평가가 이루어지는 장면을 미리 확인하여 정확한 장소에서 계획된 대상을 평가할 수 있도록 하여야 한다.

표 12-1 단원 내용의 구조화(국기 함 만들기의 예)

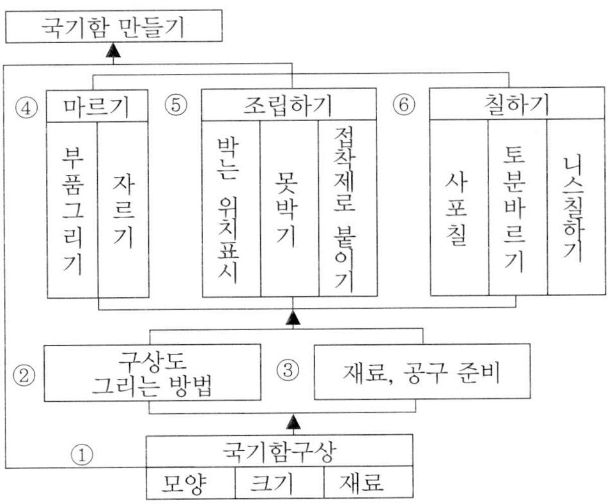

### 3) 평가 도구의 제작

평가 도구는 타당성, 신뢰성, 객관성, 실용성이 구비되도록 제작되어야 한다. 다음의 표 12-2는 이러한 평가 도구를 예시한 것이다.

표 12-2 실기 평가 도구의 예시

<table>
<tr><th>핵심 기능</th><th>평가관점</th><th colspan="5">평 정 척 도</th><th>비고</th></tr>
<tr><td>1.마련그림그리기</td><td>6</td><td>만들고자 하는 목공품의 말련 그림을 모든 종이에 그릴 수 있는가?(Q813)</td><td>마련그림의 형태와 크기가 구상한 목공품과 일치한다</td><td>마련그림의 형태는 바르나, 치수표시가 잘못되었다.</td><td>마련그림의 형태와 크기가 구상한 것과 다르다.</td><td>642</td><td></td></tr>
<tr><td rowspan="2">2.마르기</td><td rowspan="2">2</td><td>판자에 각 부품의 도면을 옮겨 그릴 수 있는가?(Q822)</td><td>옮겨 그린 부품에 빠짐이 없고 치수가 정확하다.</td><td>옮겨 그린 부품에 빠짐이 없으나, 치수가 정확치 못하다</td><td>옮겨 그린 부품에 빠짐이 없으나, 치수가 정확치 못하다</td><td>642</td><td rowspan="2">1차</td></tr>
<tr><td>톱으로 판자를 자르고 켤 수 있는가?(Q822)</td><td>톱질자체가 안정되었고, 안내선에 맞추어 자르고 켰다.</td><td>톱질자체가 안정 되었으나,마름질한 선이 곧지 모하다.</td><td>톱질자체가 안정하고, 마름질한 선이 곧지 못하다.</td><td>942</td></tr>
<tr><td rowspan="2">3.조립하기</td><td rowspan="2">12</td><td>못 박을 위치를 바르게 표시할 수 있는가?(Q831)</td><td>못 박기 선이 모서리와 나란하고 못 박을 위치가 정확하다.</td><td>못 박기 선을 바르게 그었으나 못 박을 위치가 부정확하다.</td><td>못 박을 표시가 안 되었다.</td><td>642</td><td rowspan="2">2차</td></tr>
<tr><td>부품을 대어서 장도리로 못을 박을 수 있는가?(Q832)</td><td>용구를 잘 다루며 제 위치에 똑바로 못을 박았다.</td><td>용구를 잘 다루며 제 위치에 똑바로 못을 박았다.</td><td>용구 사용이 서툴고 조립상태가 불안정하다.</td><td>642</td></tr>
<tr><td rowspan="2">4.칠하기</td><td rowspan="2">12</td><td>니스 칠을 할 수 있도록 사포질을 할 수 있는가?(Q846)</td><td>사포질한 면이 곱다.</td><td>사포질을 하였으나, 손질한 상태가 거칠다.</td><td>칠하기의 준비 손질이 되어 있지 않다.</td><td>642</td><td rowspan="2">3차</td></tr>
<tr><td>목재에 니스 칠을 할 수 있는가?(Q46)</td><td>칠감의 양이 적당하고 칠한 면이 매끈하다.</td><td>칠감의 양이 적당하고 칠한 면이 매끈하다.</td><td>칠감의 양이 적당하고 칠한 면이 매끈하다.</td><td>642</td></tr>
<tr><td>계</td><td>42</td><td>7항목</td><td colspan="5"></td></tr>
</table>

### 12.3.2 실기 평가의 요소

실기의 평가는 학습자가 습득한 기능을 실제 작업을 통하여 검사하는 것으로 작업에 직접 응용되는 지식의 평가도 포함된다.

실기 평가에서 측정할 수 있는 항목은 다음과 같은 것이 있다.

(1) 작업의 질적인 면; 정확성, 제품의 성능과 질, 제품의 외관, 필요한 장비의 활용 효과 등
(2) 공구 및 기계의 상용 기능; 사용의 용이성, 효율성, 정확성, 취급 방법 및 안정성 등
(3) 작업의 절차와 계획 능력
(4) 작업의 수행 속도
(5) 관계지식을 적용한 작업 판단 능력
(6) 도면, 전문 기호 및 용어, 교재 및 참고문헌의 독해 능력

### 12.3.3 실기 평가의 방법

1) 비교법(paired comparision method)

상대 평가의 한 방법으로 같은 종류의 생산물이나 작품을 2개씩 1대1로 비교하여 우열을 비교 판정하고 이것을 반복하여 전체의 우열 순서를 정하는 방법이다.
이 방법은 학생이 많을 경우 시간과 노력이 많이 소요되기 때문에 실행의 어려움이 있다.

2) 서열 법(rank oder method)

상대 평가의 방법으로 생산물이나 작품을 최우수에서 최하위까지 순서를 지우고 서열을 정하는 방법이다.

3) 평정 척도 법(rating scale method)

3단계 또는 5단계로 나누어진 평정 척도를 이용하여 평가항목에 따라 평가하는

방법이다. 평가 척도가 상대적으로 작성되었으면 상대 평가의 성격을 가지게 되고 절대적으로 작성되었으면 절대 평가의 성격을 갖는다고 볼 수 있다. 이 방법은 기능의 평가뿐 만 아니라 사고력, 창조력, 태도 등의 평가에도 많이 사용된다.

## 12.4 국가기술 자격제도

### 12.4.1 자격제도의 연혁

우리나라의 국가 기술 자격제도는 1960년대 초 경제 개발 계획이 추진되면서 산업사회의 급격한 기술인력 수요 증가에 부응하기 위하여 과학기술처 등 10개 부처에서 소방법 등 19개 법령으로 용접공 기술 3급 등 156종의 기술 자격이 분산 시행되면서 발전되어 왔다

그러나 부처별로 각각의 법령에 따라 다양하게 검정이 실시됨에 따라 상호 기준이 일치되지 않고 난립되게 되자 1973년 국가기술 자격법을 제정하여 기술계 197종목, 기능계 553종목 등 총 750종목을 국가기술자격 종목으로 정하고 그 자격 기준과 명칭을 통일함과 아울러 자격 취득자에게 우대 조항을 신설하는 등 국가 자격제도로서 종합적이고 체계적인 기틀을 마련하면서 본 궤도에 오르게 되었다

그 후 현재까지 자격법 제정 당시 마련된 기본 틀은 유지되고 있으나 자격 종목, 시험 과목 등 자격제도의 실질적인 내용 부분은 산업계의 기술 변화에 맞추어 개편되었다.

### 12.4.2 자격제도의 운영

국가기술자격제도는 기술 자격에 관한 기준과 명칭을 통일하여 적정한 자격제도를 확립하고 그 관리와 운영을 효율화함으로써 기술 인력의 자질 향상 및 사회적 지위 향상과 함께 경제 발전에 기여하도록 하는 목적을 가지고 있다

자격제도의 주무부처는 노동부로 검정계획의 수립, 국가기술자격법령의 개편 등 자격제도 운영 관리를 총괄하고 있으며. 16개 부처로 구성된 종목별 주무부처는 소

간 사업 수행 과 관련된 자격 취득자에 대한 활용 및 우대 조치의 실현, 보수교육의 실시 등에 관한 업무를 관장하고 있다.

### 12.4.3 자격제도의 현황

#### 1) 자격기술 등급체계

기술자격은 기술계, 기능계 및 서비스계로 구분할 수 있다. 종전까지 기술계와 기능계로 구분하고, 기술계는 기술사, 기사 1급, 기사2급 등, 3등급, 기능사보 등 5 등급으로 나누었다. 그 후, 1998년부터는 기술계와 기능계의 구분을 없애고 그 등급도 기술사, 기능장, 기사 산업기사 기능사 등으로 나누었다.

등급별 검정 기준은 표 12-3과 같다

표 12-3 국가 기술자격 등급별 검정기준

| 직무분야 | 등급 | 검정기준 |
|---|---|---|
| 기술, 기능분야 및 기타 서비스 | 기술사 | 응시하고자 하는 종목에 관한 고도의 전문지식과 실무에 입각한 계획, 연구, 설계, 분석, 시험, 운영 또는 이에 관한 지도, 감리 등의 기술업무를 수행할 수 있는 능력의 유무 |
| | 기능장 | 응시하고자 하는 종목에 관한 최상급 숙련기능들은 산업현장에서의 작업관리, 소속기능 인력의 지도 및 현장훈련, 경영계층과 생산계층을 유기적으로 연결하는 현장관리 등의 업무를 수행할 수 있는 능력의 유무 |
| | 기사 | 응시하고자 하는 종목에 관한 공학적 기술이론을 가지고 설계, 시공, 분석 등의 기술업무를 수행할 수 있는 능력의 유무 |
| | 산업 기사 | 응시하고자 하는 종목에 관한 기술기초이론 지식의 숙련기능을 바탕으로 복합적인 기능 업무를 수행할 수 있는 능력의 유무 |
| | 기능사 | 응시하고자 하는 종목에 관한 숙련기능을 가지고 조작, 운전, 보수, 정비, 채취, 검사 등 이에 관련되는 업무를 수행할 수 있는 능력의 유무 |

#### 2) 국가기술자격 종류별 응시 기준

국가적인 기술 경쟁력 강화가 요구되고, 평생학습 사회와 능력 사회를 지향하기 위하여 국가 기술 자격제도 에서도 응시 자격에 학력에 대한 요건을 완화하는 대신 개인의 능력에 따 라 국가 기술자격시험에 응시할 수 있도록 하였다.

표 12-4 국가 기술자격 종류별 응시기준

| | |
|---|---|
| 기술사 | 1. 기사+4년 실무<br>2. 산업기사+6년 실무<br>3. 기능사+8년 실무<br>4. 4년제 대졸+7년 실무<br>5. 기사수준의 노동부령이 정하는 기술훈련과정 이수+7년 실무<br>6. 산업기사수준의 노동부령이 정하는 기술훈련과정 이수+9년 실무<br>7. 11년 실무<br>8. 외국의 동일종목 기술사 취득자 |
| 기능장 | 1. 동일직무분야의 산업기사, 기능사+기능대학 기능장 과정 이수자<br>2. 산업기사+6년 실무<br>3.기능사+8년 실무<br>4. 11년 실무<br>5. 외국의 동일종목 기능사 취득자 |
| 기사 | 1. 산업기사+1년 실무<br>2. 기능사+3년 실무<br>3. 기사 취득자<br>4. 4년제 대학 졸업(예정)자<br>5. 전문대졸+2년 실무<br>6. 산업기사수준의 노동부령이 정하는 기술훈련과정 이수+2년 실무<br>7. 기사수준의 노동부령이 정하는 기술훈련과정 이수+2년 실무<br>8. 4년 실무<br>9. 외국의 동일종목 기사 취득자 |
| 산업기사 | 1. 기능사+1년 실무<br>2. 산업기사 취득자<br>3. 전문대학 졸업(예정)자<br>4. 산업기사 수준의 노동부령이 정하는 기술훈련 과정 이수(예정)자<br>5. 국제 기능 올림픽, 노동부 장관이 정하는 국내기능경기 대회입상자<br>6. 2년 실무<br>7. 외국에서 동일종목의 산업기사 취득자 |
| 기능사 | 제한 없음 |

INDUSTRIES EDUCATION

# 제13장 산학협동 교육

工業教科教育論

13.1 산학협동 교육의 개념과 의의

13.2 산학협동 교육의 내용과 실천

# 13. 산학협동 교육

## 13.1 산학협동 교육의 개념과 의의

### 13.1.1 산학협동 교육의 정의와 목적

산학협동은 산업계와 학계의 협동을 의미하는데 이러한 협동은 다양한 분야에서 이루어진다. 산업계와 학계의 협동에는 교육을 위한 협동과 연구를 위한 협동이 있다.

산학협동 연구는 산업계에서 필요로 하는 이론을 학계에서 연구하고 산업계에서는 연구에 필요한 재정적, 실제적 지원을 하는 경우, 학계와 산업계가 협동적으로 연구를 하는 경우 등이 있는데 이것은 여기에서 논의하지 않는다.

#### 1) 산학협동교육의 정의

다른 한 가지는 산업계와 학계가 교육을 위하여 협동하는 경우가 있는데 이러한 경우를 우리는 산학협동교육이라고 한다.

산학협동교육을 정의하는 데에는 여러 관점이 있다.

첫째는 산업계와 학계간의 협동으로 이루어지는 직업준비교육으로 정의하는 입장이다. 이러한 경우 산학협동교육은 “장차 산업계 사이의 협동”으로 정의 된다. 이러한 산학협동 교육은 직업 교육과 직접적으로 연계된 경우도 있고, 간접적인 목적에 따라 다양한 프로그램이 조직 운영될 수 있다.

둘째는 산학협동교육을 직업 준비교육과 현직 교육의 두 가지 목적을 가진 것으로 정의하는 경우이다. 산학 협동 교육은 “산업 인력의 전문적 능력을 함양시키기 위한 학계와 산업계 유관 기관 사이에 협동"으로 정의된다. 이러한 협동으로는 직업 준비 교육을 위하여 학교에서 산업계로 현장 실습을 파견하는 경우는 물론 산업계 종사자가 현직에서의 직업적 능력을 높이기 위하여 학계로 위 탁 교육을 시킨다든가 또는 학계 인사를 산업체 현직 교육에 초빙하는 경우 등이 있다.

#### 2) 산학협동 교육의 목적

산학협동교육이라고 하는 경우 우리는 현장 실습과 같이 직업 준비교육으로 실시하는 산학협동 교육을 의미하는 경우가 많다.

이러한 산학협동교육의 목적은 다음과 같다.

(1) 학생들이 일의 세계를 탐색하고 현명한 직업선택을 하도록 돕는다.

(2) 학교에서 배운 것을 실습해 보고 학교로부터 직업의 세계에로의 전환을 잘 하도록 돕는다.

(3) 학교 실험, 실습실에서 학습이 불가능한 특정분야의 기능. 지식. 태도 등을 함양 한다.

이러한 목적이 가지는 의의와 중요성에 관하여는 다시 장을 바꾸어 설명하도록 한다.

### 13.1.2 산학협동교육의 필요성과 의의

#### 1) 직업기술교육의 학습 장소

표 13-1 직업기술교육의 학습 장소

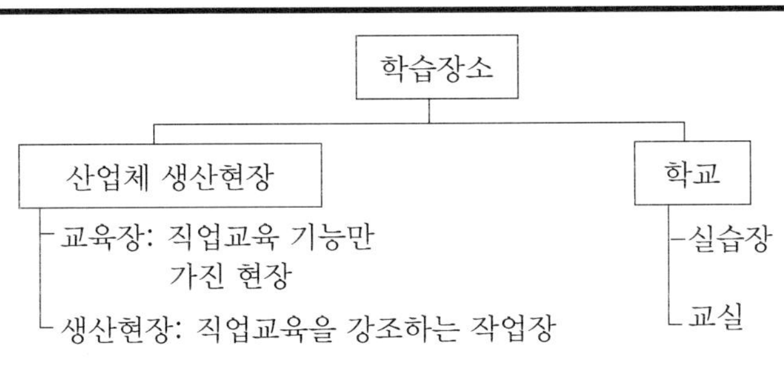

직업 기술교육이 일의 세계와 밀접하게 관련되는 까닭에 교육은 학교와 산업체의 이원적인 장소에서 이루어진다. 직업 기술 교육이 이루어지는 장소는 많이 있다. 직업 기술교육이 효과적으로 이루어지기 위해서는 적합한 학습장을 이용함으로써 성취될 수 있다. 직업 기술교육이 이루어지는 장소는 크게 공장과 학교라는 두 가지 형태로 구분된다.

직업 기술교육에 있어서는 교사란 본래 전문가이며 학습자가 목표로 하는 직업을 대표하는 사람이었다. 학교 교사는 공장에서 가르치는 교사에 비하여 많은 학생을 대상으로 하기 때문에 일대일로 맺어져 있는 공장보다는 학교에서 학생 상호간의 유대가 밀접하다.

(1) 산업체에서의 학습장소

생산이 이루어지는 산업체에도 교육이 이루어지는 매우 다양한 학습장소가 있다. 가장 잘 알려져 있는 형태는 직무를 수행하는 작업장소와 교육이 이루어지는 학습장소이다. 산업체에서 작업과 학습간의 연결은 산업화와 과학에 기초한 기술이 발전됨에 따라 점차 포괄적인 교육은 시행할 수 없게 됨에 따라 필수적인 것으로 되어 가고 있다.

산업화된 후 직무가 근본적으로 교육목적 기능을 가질 것과 학습장소 가 작업과 분리될 것을 요구한다. 그러한 학습 장소는 모두 정부가 운영하는 학교일 필요는 없다. 공장에서도 특히 대규모 공장에서 작업과 학습을 연결할 수 있는 여러 가지의 기회가 있다. 따라서 직무의 "교육화"가 다양하게 진행된다.

생산 현장은 여러 가지 교육적 기능을 가지고 있다. 생산현장을 교육장소로 선정하기 위해서는 "학습 목표 달성에 어떤 장소가 가장 적합한가?" 하는 질문을 해보는 것이 필요하다.

작업 장소가 가진 교육적 기능을 열거하면

① 직업적 기능의 숙달,

② 직업 현장에 대한 소개,

③ 직업 교육에 관한 학습 동기,

④ 학교 학습 내용의 통합적 적용,

⑤ 책임감 교육,

⑥ 일에 대하여 익숙할 수 있는 기회 제공,

⑦ 신체적 습관 형성,

⑧ 직업에 관한 지식과 경험의 획득 등이다.

생산 현장으로 직업 교육이 실시될 수 있는 학습 장소에는 생산과 교육을 겸할 수 있는 장소와 직업 교육만을 실시하는 장소가 있다.

• 교수용 코너 : 생산업무와 공간적으로 분리되지 않은 체, 종전과 같이 훈련

중심부가 작업장의 한 부분에 설치되어 학생들에 의하여 특정한 기간 동안 훈련 내용의 체계적인 습득을 위하여 이용될 수 있다.

• 교수용 실습장, 교수용 실험실 : 이들은 훈련을 위해 생산업무와는 분리, 설치되어 교육에 관하여 훈련을 받은 직원에 의하여 운영된다. 여기에서도 생산적 작업이 이루어 질수는 있으나 이러한 작업을 공장에서의 실제적인 작업과 동등시하기는 점차 어려워지고 있다. 교수용 실험실에서는 작업과 교육이 완전히 분리되어 있다.

(2) 학교에서의 학습장소

직업기술 교육은 공장에서만 실시되는 것은 아니고, 학교교육을 통해서 이루어진다. 교육은 특정한 방법, 즉 학교와 학교 식 기관에 가장 적합하다고 생각되는 방법이 실시되어야 한다. 학교에도 다양한 학습장소가 있다.

• 실습장, 실험실 : 직업교육의 원리의 관점에서 볼 때 이러한 시설은 공장 내에서의 같은 시설과 상통하고 있다. 학생은 훈련받는 교사의 감독 하에 실습작업을 수행한다. 생산된 작품은 이익을 위하여 판매할 수도 있다.

• 공동 실습장 : 장비의 가격이 비싸고 정밀한 기능을 가진 것을 여러 학교 학생이 순환적으로 공동 사용할 수 있도록 한 실습장 이다. 공장에서는 관찰할 수 없는 과정과 상황을 실습할 수 있다. 예를 들면 공동 실습장 에서는 고가의 기계에 관한 작동방법을 시범하고 설명할 수 있다.

학생들이 모든 위치에서 관찰할 수 있도록 계단식 좌석을 마련하거나 시범기계에 큰 거울을 부착한다. 이러한 시범시설의 목적은 수공기능의 훈련이 아니라 대규모 장비의 기능, 작동과정, 사고위험 등에 대한 식견 등을 가르치는 것이다.

• 제도실 : 직업, 기술과정에서는 대개 공업제도가 중요한 역할을 한다. 다음 장에서 공업제도의 교수에 대하여 보다 자세히 다루게 될 것이지만, 이 시점에서는 훈련과정에서 대규모의 공업 도면을 그리고자 할 때는 제도에 적합한 학습장소가 지어지고 설비를 갖추어야 한다는 점을 지적할 수 있다.

교실, 개별 지도 실 : 이러한 형태의 학습 장소는 일반적으로 익숙해져 있는데, 이론적 지식과 설계기능의 발전에 기여하며 작업 계와 거리를 유지함으로써 비판적으로 혁신적인 사고를 위하여 숨 돌릴 여유를 제공한다. 이러한 장소에서는 대화와 토론, 개별 작업과 집단작업, 책과 보고서의 독서 등을 통하여 학습이 이루어진다.

(3) 각 학습장소의 장단점

학습 장소는 각각의 특징이 있다. 따라서 직업 기술 학습과정은 여러 가지 학습장소를 잘 활용함으로써 적절하게 이루어진다. 그러나 각 학습장소의 특별한 장점을 확실히 해 두는 것은 학습 지도 계획을 수립하는데 유익하다.

생산 현장에서의 직업 기술교육이 가진 장점을 열거하면 다음과 같다.

- 교육이 생활과 실제에 밀착되어 있다.
- 교육이 노동시장의 새로운 수요에 신속히 대처할 수 있다.
- 학습이 과중한 공장업무 중에도 진행될 수 있다.
- 피교육자가 일한다는 사실이 다른 기관보다 교육비용을 저렴하게 한다.

반면에 다음은 학교에서의 직업 기술교육이 가진 장점이다.

- 작업 계와 떨어져 있으므로 전반적인 교육내용과 포괄적 관련을 가질 수 있다.
- 교육이 복합적으로 적용되며 개별적 공장의 특정한 필요에 얽매이지 않는다.
- 교육이 계획적이며 교육원리에 따라 이루어진다.
- 다른 학교교육과 마찬가지로 교육이 사회전체의 재정지원을 받는다.

### 2) 산학협동 교육의 의의

고도로 전문화도어 가고 있는 각종 산업체는 기술혁신이 계속 이루어지고 있는데 산업체에서 일할 인력의 교육은 거의 학교에서 이루어지고 있다. 그러나 현재와 같이 제한된 학교시설과 인적자원으로는 급증하는 학교인구를 사회와 각종 산업체가 요구하는 인간으로 학교에서 교육시킨다는 것은 거의 불가능한 실정이다.

또한 불행하게도 학교와 사회와는 격리된 실정에서 각종 산업체가 요구하는 인간상과 학교에서 교육된 결과와는 일치되지 못한 점들이 있는가 하면 우리나라와 같이 인적. 물적. 자원이 절실히 요구되고 있는 현 실정에서 학계, 산업계. 그리고 유관기관들 사이에는 보다 차원 높은 협동정신의 결여로 연구결과가 상호 교환 이용되지 못하고 있는 경우도 있다. 그리고 같은 목적을 위하여 노력하면서 독립적으로 활동함으로써 많은 시간낭비와 인적. 물적 손실을 초래하고 있는 경우도 없지 않다.

학교교육만으로는 산업 발전에 부응할 수 있는 교육을 시킬 수 없다. 일정한 교육을 통하여 사회에서 직업 활동을 만족할 만큼 훌륭하게 수행하고 있다고 할지라도 폭발적으로 증가하는 산업 기술의 발전은 이들에게 계속적인 현직교육을 요구한다. 따라서 이를 실현하기 위해서는 산학협동교육이 필요하다.

산학협동 교육이 실현되면 ① 각종 산업체의 인력수급 변화에 빨리 적응할 수 있는 프로그램을 계획할 수 있고, ② 취업정보가 빠르며, ③ 학교시설만을 이용한 학습보다 실험 실습에 소요되는 비용을 줄일 수 있고, ④ 일에 대한 바람직한 태도를 길러줄 수 있으며, ⑤ 적성과 흥미에 맞는 직업을 선택할 수 있는 기회를 부여할 수 있으며, ⑥ PR의 증진 ⑦ 교사들의 전문분야에 관한 지식 획득의 기회가 부여되며, ⑧ 학교행정 및 운영개선을 위한 협조기회가 있다.

이를 학생, 고용주, 학교, 회사의 입장에서 구분 고찰해 보면 다음과 같다.

#### (1) 학생에게 부여되는 가치

① 학생들이 직접 직업현장을 체험하고 자신의 적성과 흥미와의 적부를 결정함으로써 현명한 진로결정에 도움을 준다.

② 산학협동 교육을 이수한 학생은 취업 후 인사배정・승진・보수 등에 유리하다.

③ 현장의 직무를 수행하는 과정에 책임의 중요성을 더 인식하게 된다.

④ 학교에서의 학습결과가 현장직무를 수행하는 과정에 자기 능력을 평가하게 되므로 학교에서도 학습을 좀 더 열심히 하려는 학습동기를 유발시킨다.

⑤ 직무를 성공적으로 성취시키는 데 필수적인 지식 능력과 작업태도를 습득하게 한다.

⑥ 조직생활을 통하여 원만한 인간관계의 중요성을 인식하게 한다.

⑦ 다소의 보수를 받음으로써 경제적인 혜택을 줄 수 있다.

⑧ 문화와 경제적인 면에서 빈곤한 학생들의 소외감을 줄일 수 있다.

⑨ 현직 근무자들과의 생활을 통하여 졸업 후 그곳에 취업할 수 있는 인연을 맺거나 최소한 그러한 직업에 종사하기 위해서는 무엇이 필요한가를 인식할 수 있다.

⑩ 직무를 수행하는 과정에 형식교육의 중요성을 터득할 수 있다.

⑪ 현장에서 작업을 효율적으로 수행하기 위한 의사결정, 계획, 조직, 통제와 같은 중요한 관리를 관찰할 수 있다.

⑫ 일과 공부와의 관계를 밝혀줌으로써 평생학습(lifelong learning)을 위한 일과 공부간의 바람직한 체제를 주도한다.

⑬ 공동목표를 향해서 협동적으로 일을 수행해 나가는 과정에 학생과 성인들간에 세대차를 줄일 수 있다.

⑭ 성공적인 직장생활을 위해 복장, 용모, 시간엄수, 예의, 간단명료한 언어의 표현이 얼마나 중요한가를 배울 수 있다.

⑮ 일에 적응하면서 자신의 욕구를 충족시키는 것을 안다.

#### (2) 학교에 부여되는 가치

① 학교와 지역 사회 간에 우대를 강화할 수 있다.

② 학생들이 실제적인 사회경험을 통하여 학교교육에 더 충실하게 하는 동기를 부여한다.

③ 지역사회의 자원과 시설을 활용함으로써 부족한 학교시설을 보완할 수 있다.

④ 학교와 고용주의 유기적인 협조체제는 지역사회의 요구를 더 충족시킬 수 있다.
⑤ 학생들이 신상문제, 직업선택 문제에 적극적인 반응을 보임으로써 학생지도를 활성화할 수 있다.
⑥ 지역사회의 주민이 학교 측과 자주 접촉하는 과정에 학교교육의 목적, 프로그램, 봉사활동 등을 이해할 수 있다.
⑦ 고용주는 학생들의 작업능력, 태도, 작업현장의 적응력 등을 파악하고 이해할 수 있다.
⑧ 교육과정을 학생들의 진로와 현실사회에 부합되도록 계획하고 운영하게 한다.
⑨ 교사들은 산업현장의 최신 정보를 파악하여 교육에 반영할 수 있다.
⑩ 학교시설의 이용은 물론 지역사회 자원을 활용함으로써 경비를 절약할 수 있다.
⑪ 교사, 학생, 고용주가 공동 참여하여 교육의 효과를 평가함으로써 곧바로 피드백(feedback)을 얻을 수 있다.
⑫ 학부모들이 학교의 산학협동 교육 프로그램에 호감을 가지데 되어 자녀들의 학교선택이나 진로지도에 도움을 준다.

(3) 지역사회에 부여되는 가치

① 지역사회의 사회적, 경제적 구조를 이해하고 지역사회의 당면문제와 요구를 학생 나름대로 파악하고 사고할 수 있는 기회를 제공한다.
② 학교와 지역가회간의 연계를 강화시키는 계기가 된다.
③ 학생들에게 시민정신과 책임감을 고조시킨다.
④ 지역사회에서 이론과 실습을 병행하는 학습과정을 통하여 지역사회에 동화되어 졸업 후에도 지역사회 발전에 기여 할 수 있다.
⑤ 학생들에게 지역사회의 산업구조, 인력구조, 이에 따른 인력수요 전망 등을 소개 할 수 있는 기회가 된다.

(4) 고용주에게 부여되는 가치

① 자기 기관에서 실무경험을 가진 학생을 졸업 후 채용할 계기가 된다.
② 고용주는 채용에 앞서 피 훈련자로서 학생을 관찰하고 측정할 수 있다.
③ 고용주가 담당하여야 할 훈련 프로그램을 대행해 준다.

④ 학생들이 직업과 적성의 일치성 여부를 사전에 판단함으로써 취업 이직률을 감소시킨다.
⑤ 고용주가 필요로 하는 직종에 관련된 교육과정을 이수 한 사람을 제공받을 수 있다.
⑥ 학교 교사와의 접촉을 통하여 교육과정 개선에 필요한 아이디어를 제시할 수 있다.
⑦ 학생들은 교육목적과 자신의 진로에 관한 관심 때문에 일에 대한 책임감을 강하게 느끼게 한다.
⑧ 고용주가 지역사회의 학교교육에 참여함으로써 청소년 교육에 기여할 수 있는 기회가 된다.
⑨ 학교의 전문교사를 통하여 상담의 기회를 제공받는다.
⑩ 정식 직원으로 일하고 있는 근로자들에게 계속적으로 배워야만 한다는 학습 동기를 유발시키는 계기가 된다.
⑪ 학생들에게 능력에 맞는 일을 맡기면서 직원들은 보다 전문적이고 고차적인 직무를 수행할 수 있다.

### 3) 산학협동교육의 제도적 기초

산학협동교육은 학습자에게 구체적 경험을 제공하여야 한다는 사상에서 출발하여 서양에서는 오래전부터 실행되고 있다. 루소(J. J. Rousseau)는 자연을 대상으로 한 교수학습을 강조하였고 , 듀이(J. Dewey)는 행하면서 배워야 한다는 실제적인 교육을 강조하였다.

산학협동교육의 예는 서구의 경우 15세기 이전의 수공업 길드(Guild)의 도제교육 제도를 효시로 하여 영국의 샌드위치 시스템(sandwich system)과 독일의 이원화 제도(dual system)를 들 수 있다.

미국의 경우는 1906년 신시내티(Cincinnati)대학의 공과대학생을 대상으로 한 산학협동 교육과 전문재학수준에서 1922년 리버사이드(Riverside) 주니어 컬리지에서 도서관학, 간호학, 건축, 공업 분야에 산학협동 교육을 실시한 것을 기초로 하여 현재 고등학교 및 전문대학에서의 실업. 기술 교육이나 4년제 대학에서도 한학협동 교육 프로그램을 대단히 강조되고 있다.

우리나라의 산학협동 교육은 공업교육이나 농업교육에서 현장실습을 실시한 것이 대표적이다. 산학협동교육의 경제적 뒷받침은 [산업교육진흥법] (법률 제1403호. 1963)이 제정 공포됨으로 법적 기초가 마련되었다.

산업교육진흥법은 산업교육을 통하여 근로정신을 함양하고 산업기술을 습득시켜 국가발전에 기여할 수 있는 유능한 국민을 양성하기 위하여 산업 교육의 진흥을 도모하려는 목적에서 제정되었다.

이 법 제3조 2항에는 산업교육을 실시하는 학생은 재학 중 일정 기간을 산업체에서 현장 실습을 이수하여야 한다고 규정되어 있다. 이 외에도 실험 실습시설의 정비. 실과 교원의 자격, 산업교육심의회의 설치에 관한 적용 등이 포함되어 있다.

1969년에는 산업교육진흥법 시행령이 만들어 졌는데 이에 따라 현장 실습은 당해 학교의 장과 산업체가 현장 실습에 대하여 협의 결정하고 이에 따라 실습 이수학과, 현장 실습산업체의 선정, 현장 실습 성적 평가, 현장 실습지도 등에 관하여도 규정하고 있다. 현장실습의 이수 학과와 실습기간은 아래의 표 13-2와 같다.

표 13-2 현장실습의 이수학과와 실습기간

<table>
<tr><th>학교</th><th colspan="2">학과</th><th>실습 기간</th></tr>
<tr><td rowspan="4">대학, 전문대학,<br>고등학교(수업연한 3년인<br>고등기술학교 및 고등학교에<br>준하는 각종 학교 포함)</td><td colspan="2">공업에 관한 학과<br>농업에 관한 학과<br>상업에 관한 학과<br>관광에 관한 학과</td><td>1.대학. 전문대학 : 1-3월<br>2.고등학교 1-6월, 1-3월<br>고등학교 : 1-3월, 2월</td></tr>
<tr><td rowspan="3">수산 및<br>해양에 관한<br>학과</td><td rowspan="2">해기사<br>면허취득과<br>관련된 학과</td><td>항해사<br>기관사 6월-1년<br>면허 취득과<br>관련된 학과</td></tr>
<tr><td>통신사<br>면허취득과 3월-6월<br>관련된 학과</td></tr>
<tr><td colspan="2">기타 학과 1~3월</td></tr>
</table>

## 13.2 산학협동교육의 내용과 실천

### 13.2.1. 산학협동교육의 내용

직업기술교육에서 현장 실습은 가장 좋은 산학협동교육의 사례이다. 현장실습은 교양교육의 목적과 직업교육으로서의 목적으로 실시되는 프로그램으로 구분하고 교양교육으로서의 현장경험은 현장의 일을 관찰하기 위한 프로그램(work observation program)과 현장의 일반적인 일을 실제로 체험하는 프로그램(general work experience program)으로 세분하였다.

또 직업교육으로서의 현장경험은 워크 스터디 프로그램(work study program). 인턴 십(internships), 그리고 산학협동교육(cooperative education program)으로 세분하였다.

위의 5가지 현장실습 프로그램이 갖는 공통점과 상이점을 살펴보면 다음과 같다.

[공통점]

① 학습경험의 자원으로서 작업현장(work situation)을 활용한다.

② 실습을 학기 중에 하거나 방학 중 혹은 그 외 시간에 하거나 간에 학교교육과정의 일부로서 실시한다.

③ 학생들의 실습내용에 대하여 학교로부터 사전승인과 최소량의 지도 감독이 있다.

④ 학습 지역의 지역 법을 준수하여야 한다.

⑤ 하나의 독립된 과목으로 혹은 어떤 과목의 부수적인 분야로서 학점이나 자격을 인정받는다.

[상이점]

① 현장의 일 관찰(work observation)이란 학생들이 작업현장을 관찰하고 현장에서의 직무는 수행하지 않으며, 각종직무를 이해하는 데 목적이 있다. 보수는 없고 학습기간은 일반적으로 2-3주간 정도로서 사전에 실내수업을 통하여

작업지도와 이에 관한 토의가 이루어질 때 학습이 시작된다.

② 일반 현장실습 경험(general work experience program)은 학생들이 실제적으로 직무를 수행한다. 특히 교양교육으로서의 교육적 가치가 있는 이을 하게 된다. 보수는 받을 수도 있고 안 받을 수도 있다. 실습기간은 일반적으로 1학기 정도이다. 학교수업과는 직접적으로 관계를 갖지 않으며, 학교로부터의 지도감독은 제한되어 있다.

③ 워크 스터디(재가 study)는 학생들이 표준 직무조건제(approved job situation)에서 일을 수행한다. 일반적으로 보수를 받으며 학점으로 인정을 받는다. 현장실습 이전에 직업(job)경험과 관련된 학교에서의 실내수업은 거의 없다. 실습기일은 대개 1학기 내지 2학기 정도이다.

④ 인턴 십은 전문대학이나 4년제 대학에서의 전문직 혹은 준 전문직에 관한 교육을 위하여 적용된다. 학교수업을 통하여 학습한 능력을 졸업 전에 현장에서 종합적으로 경험하게 한다. 전문직업인이 수행하는 실제상황에서 그대로 직무를 수행한다.

현장에서의 직업수행은 새로운 지식이나 기술을 배우는 것보다 이미 학교에서 배운 지식이나 기술을 적용해 보는 기회를 갖도록 하며, 전일근무와 그곳에서의 숙식생활을 필요로 한다. 학생들은 일반적으로 대학 당국에서 선정한 장소에서 일하게 된다. 인턴 십을 제공하는 기관의 전문가의 지휘 감독을 받으며, 일정한 수당을 받는다.

⑤ 산학협동교육(cooperative education program)은 실습내용을 학생들이 직업목적(career objective)에 근거하며, 작업 장소, 실내장소는 주의 깊게 선정하며 학교에서의 수업과 밀접한 관계가 있다. 보수를 받고 학점을 인정받는 것이 보통이며 철저한 학교의 지도감독이 따른다. 실습기간은 장기적인 경우가 보통이며, 1년 내지 2년 이상을 실시하는 경우가 많다.

이상의 현장경험 교육의 유형을 교양교육과 직업교육의 목적으로 구분하여 차이점을 구체적으로 비교하여 보면 다음의 표 13-3과 같다.

표 13-3 교양교육과 전공교육으로서의 현장경험 교육의 특성 비교

| 비교 내용 | 교양 교육 | 직업 교육 |
|---|---|---|
| 1. 목 적 | 분야별 교육수준 향상 | 직업적 능력 배양 |
| 2. 실지 근거 | 필요성 (need) | career objective |
| 3. 고용 자격 | 관찰자 자격 | 배우는 노동자 자격 |
| 4. job 형태 | useful part time job | job for object time |
| 5. 학교 교육 연관 | 간접적 | 직접적 |
| 6. job rotation | 융통성 있게 유도 | 다양한 직종 체험유도 |
| 7. 선택 기준 | 개방적 | 선택적 |
| 8. 교육 장소 | 일정 법규내의 전 장소 | 교육능력과 의의가 있는 장소 |
| 9. 교사 활용 | 교사의 책임시간외활동 | 교환교사 필요 |
| 10. 감 독 | 실습범위와 내용이 한정 | |
| 11. 보 수 | 원칙적 보수 불요 | 수용자와 제 문제의 유기적 관계로 보수요 |

현장경험을 통한 교육의 의의는, 학습은 항상 어떤 개인의 실제적인 생활체험인 경험에 기초(learning by doing)를 두어해 한다는 교육철학적 이론과 학습하여야 할 상황에 직접참여 하도록 하여야 한다는 교육심리학의 학습이론을 근거로 찾아 볼 수 있다.

### 13.2.2 공장 견학과 현장실습

학습장소로 학교는 일의 실제 및 산업과 거리가 멀다는 문제점이 있다. 학교의 직업교육에서는 학생에게 작업의 실상을 보여주기 어렵다. 학교에서 직업세계를 충분히 모방할 수 없는 다양한 생산방법과 분업 및 계급적 구조 간에는 너무나 큰 차이점이 있기 때문이다. 그러나 직업교육은 산업에의 고용을 목적으로 이루어지는 까닭에 교육과정에서 직업세계의 여건을 고려하는 것이 좋다.

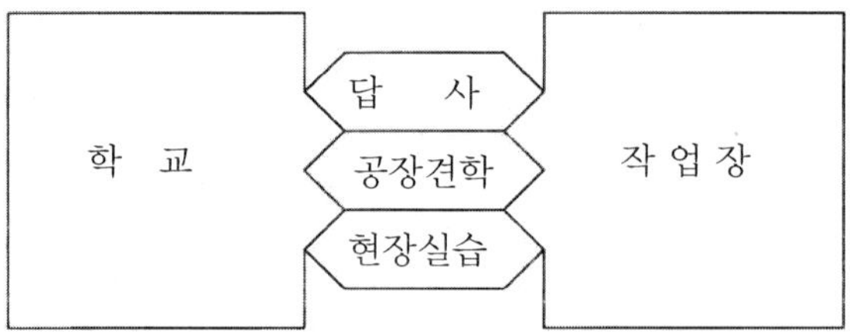


그림 13-1 학교와 직업세계의 교류형태

따라서 직업기술교육에서 학교와 직업세계는 여러 가지 방법으로 연결되어 교육이 실행된다. 그 중에 가장 널리 알려진 방법은 답사. 공장 견학, 현장 실습, 등으로에 관하여 알아본다.

1) 답 사

답사는 실제와 처음으로 접하게 되는 기회이다. 답사기간은 한정되어 있으며 때로는 수 시간에 불과할 때도 있다. 건축업계를 위한 기술교육을 위해서는 다음 장소를 답사하는 것이 유용할 것이다.

- 건축공사상과 조립식 부재 생산 공상
  설계사, 건축가, 구조기사의 사무실
- 역사적으로 중요한 건축물

답사는 신중하게 계획되어 중요한 점에 학생의 주의가 집중되도록 하여야 한다. 또한 답사 중에 학생이 수동적으로 수용할 것인가. 능동적으로 조사할 것인가 하는 문제가 계획에 영향을 준다. 답사 후에는 관찰한 것에 대해 추수지도기간에 체계적으로 학습해야 하며 교사와 학생의 공감경험은 이러한 면에서 매우 유용하다.

2) 공장 견학

공장 견학은 학생들이 지역의 공장에서 선정된 과제를 수행하도록 하는 것이다. 선정된 공장은 학생이 다음에 일할 곳과 유사해야 한다. 일반적으로 답사가 어떤 산업부문이나 직업 계를 전반적으로 개관하는데 반하여 공장견학은 공장의 복잡한 실상을 통찰하는 기능을 갖는다.

학생의 실제 경험을 완전하게 하기 위해서 현장실습 기간이 이어지는데 현장 실습은 실제 작업에 직접 참가하고 조사하는데 중점을 둔다. 다음 그림에 요약한 바와 같이 학습활동과 실제분야가 짝 지워 진다. 실제와 접하는 분야에 있어서, 경험에 의하면, 공장견학은 다음의 세 가지 측면을 위주로 한다.

(1) 공장조직

공장의 조직구조에 관한 지식을 견학의 목표로 한다. 모든 공장은 공장의 목적에 따라서 특정한 조직적 구조를 갖고 있다. 생산과 관련된 기업에서는 기업의 원활한 기능을 위하여 다음 네 가지 분야가 함께 작용해야 한다.

- 기술 분야. 예: 설계, 개발, 제조, 설치
- 행정 분야. 예: 운송, 비용 사정, 재료구입, 판매, 임금산정
- 용역 분야. 예: 운송, 청소, 용역, 영선
- 사회 분야. 예: 구내 매장, 의료 봉사, 하수 설비, 작업 안전

공장견학을 준비하는데 있어 교사와 학생은 다음 그림 13-2와 같은 전반적인 관점을 작성하게 된다.

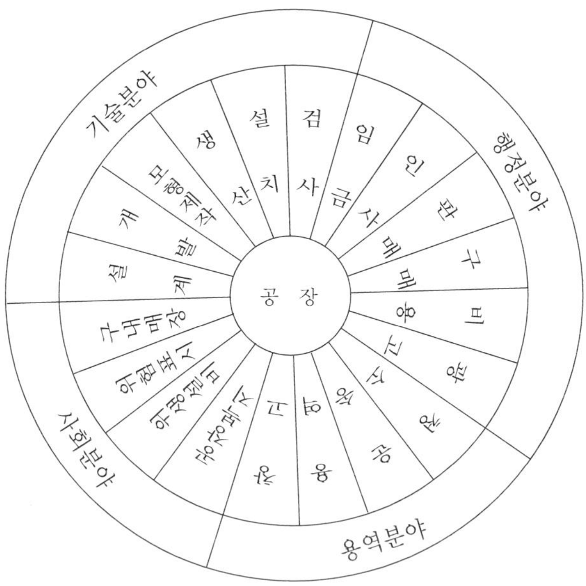


그림 13-2 분야별 공장 조직의 보기

견학할 공장에 따라 이와 같은 항목은 변경되어야 하며 그러기 위해서는 학생이 공장을 잘 알아 봐야 한다.

(2) 운영 조직

인적인 면에 관한 공장 견학은 지휘체계, 부서내의 협력관계, 작업자의 조직 등을 잘 알기 위해서 행해진다.

학생은 다음을 유념해야 한다.

- 경영 구조
- 책임분담 한계
- 작업자의 이익을 대변하는 조직
- 협업, 분업
- 봉급수준, 작업시간, 휴가 등의 작업조건

이러한 분야 또한 신중하게 준비해야 한다. 공장의 조직과 경영이 강조될 때는 이에 따라서 다음과 같은 점이 고려되어야 한다. 기업의 규모와 성격에 따라 의사결정계는 서로 다른 방법으로 조직되어야 하며 그러한 조직을 배열하는 여러 가지 모형이 있는데 다음 그림은 그러한 예의 하나로서 준비 단계에서 학생에 의하여 구체화될 수 있다.

그림 13-3 중소기업체의 조직 (예)

(3) 직업 안내

직업안내는 직업의 예비교육에 속한다. 그러나 학생이 이미 직업을 결정했다 해도 자신의 장래직업에 대하여 많은 지식을 갖고 있지는 못하며 나아가서 오늘날의 교육개념은 학생의 결정은 어느 정도 수정될 수 있다는 방향으로 흐르고 있다. 따라서 직업안내를 위한 공장견학이 계획되고 시행되는 것은 참으로 적절한 일이라 하겠다.

다음 주제가 중요한 몫을 한다.

- 필요한 기능과 능력
- 공장, 시설에서의 작업분야
- 전문화
- 직장으로서의 승진 기회
- 공장과 학교에서의 추수 교육 기회

그림 13-4와 같은 조사지를 학생이 준비하여 공장에서의 면담과 관찰에 의하여 작성할 수 있다.

| 직업명 : | |
|---|---|
| 조사 직업 | 직업과 관련된 전문 분야 |
| 활동내용, 생산 제품 | 기계, 재료 |
| 필요지식 | 필요 기능 |
| 승진 기회 | 장래의 교육기회 |
| 임금 | 특기 사항 |

그림 13-4 직업 안내용 조사지의 예

공장 견학은 학생을 작업의 예상에 직면케 함으로써 직업상 중요한 문제를 명백히 하게 하는 훌륭한 방법이라고 말할 수 있다. 조사는 항상 선정된 단 한 분야만 시행하는데 이는 유익하리라고 생각되는 것을 조사한다는 것이 시간적인 제약 때문에 불가능하므로 어쩔 수 없다.

견학을 신중히 준비함으로써 학생들이 공장에서 작업을 행하고 조사하는데 있어 능동적으로 활동할 수 있다는 것을 확신할 수 있으며, 학생을 집단으로 나누어 성공적으로 수행하기 위해서는 무엇보다 실 지향적 학습개념에 대한 공장 경영진의 개방성이 전제되어야 한다.

### 3) 현장 실습

공장에 대한 현장 실습은 복합적 기능을 갖는다. 예를 들면 현장실습의 목적의 하나는 교육기관에서 작업계로의 전이를 쉽게 해주는 것으로서, 조정되지 않은 전이는 때로 "현장충격"을 초래한다. 즉 학생은 직업에 대해 이상적인 기대를 갖고 있다가 공장의 매일 매일의 실상을 접하게 되면 학생에게 실망과 사기 저하를 초래한다.

학생이 작업생활의 특성과 문제점에 익숙해지려면 학교에는 적합한 방법이 없고 공장에서의 실제적인 작업을 통한 경험에 의해서만 필요한 관점이 얻어진다. 학생이 작업 계에서 처음으로 활동하게 됨으로써, 직업에서의 요구, 자신의 성취결과, 자신이 습득한 기능 등을 비판할 수 있는 근거를 갖게 된다.

이러한 것을 경험하기 위해서는 일정한 기간을 필요로 하게 되는데 현장실습은 약 3주정도 지속되어야 한다는 것이 밝혀져 있다. 가간이 너무 짧은 때에는 기대했던 바를 경험할 수 없고 반면에 교육목적을 위해서는 길 필요가 없다.

현장실습은 학습에 극히 유익한 효과를 나타낸다. 많은 젊은이가 자기가 습득한 기능을 공장 현장에서 시험해보려 하는 것은 충분히 이해할 수 있다. 학습한 바를 성공적으로 응용하게 되면 학습동기의 유발에 긍정적인 영향을 미친다. 학생은 학교에서 습득한 학습의 실제적인 가치를 보게 되며 따라서 자신의 노력을 기꺼이 계속한다. 공장 생활에의 참여 또한 새로운 경험과 식견을 갖게 하는데 이렇게 얻은 인상은 학습의욕을 고취한다.

젊은이들은 학습 중에 설명과 배경지식을 바라는데 이는 학교의 학습과 실제적인 공장경험과의 유익한 상호작용을 유도한다. 이러한 연관관계가 다음 그림에 나타나 있다.

현장 실습에는 학생이 이후에 하게 될 일과 비슷한 직무가 특히 적합하다. 학생은 그러한 활동을 가장 잘 좋아하며 개인적인 참여도도 특히 높아진다. 학생은 공구나 기계를 기지고 작업할 수 있게 되며, 재료에 대한 경험을 쌓고, 새로운 기술발전과 친숙해 진다.

학생은 "도구적 행동"에 관한 견해와 아울러 "사회적 관계"에 대한 식견도 얻게 된다. 학생은 학교와는 다른 공장의 위계질서를 경험하게 되며 교수용 학습장에서와는 다른 개인 및 집단작업 유형에 친숙해 진다. 또한 공장에서의 사람들이 함께 생활하는 방법이 교과서에 쓰여 있는 대로 공장이 기대하는 이익과 항상 조화를 이루는 것만은 아니라는 것을 알게 된다. 복잡한 특성으로 인해서 긴장과 충돌이 일어나고 파벌이 생긴다.

따라서 현장에서의 작업은 조사를 하거나 기능을 시험하는데 있어 다양한 기회를 부여한다. 몇 가지의 예가 다음 그림 13-5에 나타나 있다.

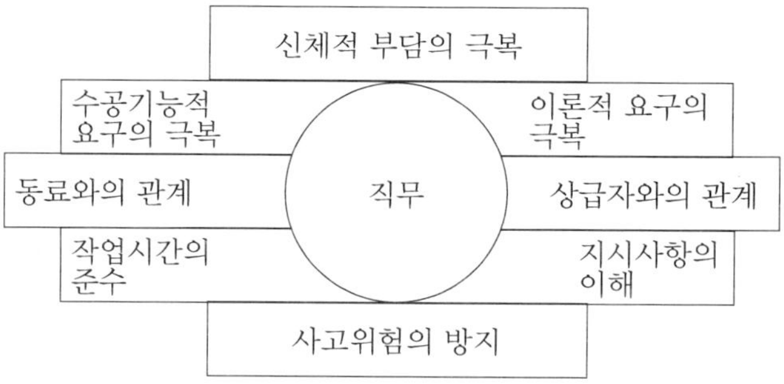


그림 13-5 직무에서의 경험

현장실습도 충분히 준비되어야 하며 학생은 관찰에 익숙해야 한다. 아무런 준비없이 "그냥 들어가 보는 것"은 공장의 실상에 접근하는데 있어 좋지 않다. 훈련의 목적을 당성하기 위해서는 예상되는 문제점을 사실대로 소개받고, 실습 후에는 얻는 경험에 대한 평가가 행해질 때, 실제와의 접촉이 효과적이다.

학생들에게 가장 중요한 활동과 사건을 기록한 보고서를 작성하게 하는 것이 효과적이라는 사실이 밝혀져 있으며 실습기간 중의 다른 기록물도 이후의 필답평가에 귀중한 도움을 주게 된다. 예를 들면 다음에 제시한 관찰지가 사무분석에 이용될 수 있다.

답사 및 공장견학에 비하여 현장실습 기간은 상당한 조직상의 문제점과 법적인 조정이 필요하다. 각 나라의 법적, 사회적 차이점 때문에 여기에 개략적인 내용만을 제시하는데 개별적인 경우에 대하여는 따로 해결책을 찾을 수 있을 것이다.

- 실습생이 학교 학생인가 피고용자인가 하는 법적 지위
- 실습비의 계속지급에 의한 것인지 봉급의 지급이 가능한지의 여부
- 추가비용의 보조 : 예) 여행비용
- 보험관계 : 건강, 사고 및 제 삼종 보험
- 아동보호법의 준수

교사가 현장 실습기간에 학생을 방문하고 감독해야 할 필요가 있다는 사실에서부터 조직상의 문제가 생긴다. 바로 이러한 많은 시간이 소요되는 작업 때문에 대체로 이 기간 중에는 교사는 다른 업무에서 손을 놓아야 하게 된다. 감독은 두 가지 기능을 갖는다.

학생을 낮은 지위의 값싼 노동력으로 이용하는 따위의 현장실습의 탈선을 방지하며, 실습운영계획이 현대적이며 적절한가를 교사가 점검할 수 있게 하는 데 공장과 빈번하게 접촉함으로써 직업교육과정을 신속하게 처리 할 수 있게 된다.

현장 실습의 조직에 관한 많은 행정적 업무 때문에 직업학교 내에 장기 전담직원을 둔 현장실습 담당부서를 설치하는 것이 바람직하다. 이러한 부서의 일은 다음과 같다.

- 실습대상 공장의 물색과 선정
- 학생에게 조언과 정보 제공

- 학생의 배치
- 공장과 학생을 위한 안내 자료의 개발
- 현장 실습보고서의 모집
- 계약과 보험 방침의 결정

표 13-4 직무기술을 위한 설문지의 예

| 직무기술서 | | | |
|---|---|---|---|
| 작업내용 | 무엇이 생산되는가? | ________ | |
| | 어떤 재료로부터? | ________ | |
| | 어떤 공구로써? | ________ | |
| 작업형태 | 개별작업인가? | ○ 그렇다 | ○ 아니다 |
| | 집단작업인가? | ○ 그렇다 | ○ 아니다 |
| | 기계작업인가? | ○ 그렇다 | ○ 아니다 |
| | 일관 조립작업인가? | ○ 그렇다 | ○ 아니다 |
| | 작업대 작업인가? | ○ 그렇다 | ○ 아니다 |
| | 제품을 하나씩 생산하는가? | ○ 그렇다 | ○ 아니다 |
| | 대량생산인가? | ○ 그렇다 | ○ 아니다 |
| 작업조건 | 작업 장소는 어디인가? | ① ② ③ ④ ⑤ ★ | |
| | 작업 시간은 어떠한가? | ① ② ③ ④ ⑤ ★ | |
| | 사고 위험은? | ① ② ③ ④ ⑤ ★ | |
| | 소음은? | ① ② ③ ④ ⑤ ★ | |
| | 청결상태는? | ① ② ③ ④ ⑤ ★ | |
| | 실내공기의 상태는? (냄새, 증기) | ① ② ③ ④ ⑤ ★ | |
| | 온도는? | ① ② ③ ④ ⑤ ★ | |
| 작업요구 | 신체적 요구는? | ① ② ③ ④ ⑤ ★ 특기사항: ________ | |
| | 수공기능적 요구는? | ① ② ③ ④ ⑤ ★ 특기사항: ________ | |
| | 이론적 요구는? | ① ② ③ ④ ⑤ ★ 특기사항: ________ | |

INDUSTRIES EDUCATION

제14장

# 직업 및 진로지도

工業教科教育論

# 14. 직업 및 진로지도

## 14.1 직업 및 진로지도의 개념과 활동

### 14.1.1 직업 및 진로지도의 개념

직업 및 진로지도(career guidance 또는 vocational guidance)란 학생의 진로 의식과 진로 관리 능력을 촉진시켜주기 위한 교육 프로그램이이다. 직업 및 진로지도는 학생이 자신의 진로를 계획하고, 계획된 진로에 대한 준비를 하며, 적절한 시기에 직업을 잘 선택하고, 선택한 직업에 잘 적응하며 더욱 발전 할 수 있도록 도와주는 과정이다.

#### 1) 직업 및 진로지도의 정의

직업 및 진로지도에 관한 여러 정의를 살펴보면 이러한 내용을 더욱 분명하게 알 수 있다.

〈정의1〉 개인의 진로 발달과 진로 관리(career management)를 촉진하도록 구성된 상담자에 관련된 정보 및 경험의 조직적인 프로그램

〈정의2〉 학생의 진로를 촉진하도록 하기 위한 가정, 지역사회, 학교의 통합적인 진로 교육

〈정의3〉 자기 자신의 일, 교육, 여가에 관한 지식의 이해 및 활용, 그리고 개인의 진로발달을 촉진시키고 관리 할 수 있는 의사 결정 기술 계발을 위한 일련의 다양한 과정, 기술 및 서비스

〈정의4〉 직업의 직무조사, 직무탐방, 직무조정기술 및 정치 등이 포함된 활동

〈정의5〉 개인의 지식, 경험, 감상력 등이 촉진 또는 통합할 수 있도록 도와주는

조직된 교육 프로그램

### 2) 직업 및 진로지도의 목적과 활동

#### (1) 직업 및 진로지도의 목적

직업 및 진로지도의 목적은 정의에서 설명한 것과 같이 진로 의식과 진로관리 능력을 신장시켜 주는 것이다. 이러한 목적을 학생의 발달 수준에 따라 정리하면 다음과 같다.

① 학생들이 자신의 자질과 능력을 분석하고 이해할 수 있도록 도와준다(analyzing and understanding their individual assets and liabilities).

② 학생들이 일의 세계에서의 취업기회와 요구조건에 대하여 배우도록 도와준다(learning about job opportunities and requirements in world of work).

③ 학생들이 실제로 직업 선택을 할 수 있도록 도와준다(making occuptional choice that are realistic)

④ 학생들이 선택한 직업에 필요한 준비를 할 수 있도록 도와준다(socureing the necessary preparation for their occupation).

⑤ 학생들이 선택한 직업에 고용될 수 있도록 돕는다(finding employment in the occupation of their choice).

⑥ 취업 후 잘 적응하고 승진 및 발전하여 가정인, 직장인, 시민으로 행복한 삶을 누릴 수 있도록 돕는다(becoming adjusted on the job and winning the promotions, advancements and satisfactions necessary for them to live happy, successful and useful lives and homemakers, workers and citizens).

## 14.1.2 직업 및 진로 지도 활동

직업 및 진로 지도 활동(service)에는 다음과 같은 것이 있다.

### 1) 개인 조사 활동(individual inventory service)

진로를 올바로 결정하기 위해서 학생은 자신에 관하여 잘 알고 있어야 한다. 자신을 객관적으로 파악하고 이해하기 위하여서는 자신의 신체적 특성, 심리적 특성, 학업 적 특성, 환경적 특성 등에 관하여 아는 것이 필요하다. 자신에 관한 사회. 경제적 배경, 생리 및 건강, 심리, 성취, 직업 및 교육적 흥미와 계획에 관한 자료가 조사되어야만 한다.

이러한 자료는 표준화 검사를 통하여 조사되기도 한다. 지능 검사나 적성 검사 등 심리적 검사는 표준화 검사를 통하여 조사되기도 하고, 비 표준화된 검사와 누가적인 기록을 통하여 조사되고, 학업 적 특성은 학생의 성취도에 관한 기록을 통하여 조사한다. 그리고 누가 기록되는 신체적 환경적 특성에 관한 내용도 개인을 조사하기 위한 좋은 자료이다.

상담자는 내담자와의 상담에 대비해서 이러한 사항을 미리 준비하는 것이 필요하다. 또한 이러한 자료는 누가 적으로 기록할 필요가 있다.

#### 2) 직업 정보 제공 활동(occupational information service)

자신의 진로를 설계하기 위해서는 자신의 특성을 알아야 하는 한편, 직업 세계에 관하여 아는 것이 필요하다. 직업정보는 청소년이나 부모가 일의 세계를 이해하고 직업을 선택하고 이에 필요한 교육 프로그램을 계획하고 취업하여 현직에 적응하면서 만족한 일꾼이 되도록 하는 데 절대적으로 필요한 자료이다.

교사들이 학생에게 진로를 지도하기 위해서는 직업 정보가 필요하다. 또한 직업교육을 하는 사람은 직업 세계와 자기의 담당 교과내용과의 관계, 또는 현재 학생들의 직업별 기대 등을 이해하기 위하여서도 수집 정리되어야 한다.

직업 정보를 획득하기 위한 자료의 원천은 일차적 자료(primary source)와 이차적 자료(secondary source)가 있다.

학생들에게 직업 정보를 제공하는 방법은 일의 세계를 방문하여 견학이나 실습을 하는 방법, 산업계 인사를 초빙하는 방법, 일의 세계에 관하여 소개된 시청각 매체에 위한 방법 등 다양하게 조직 할 수 있다.

#### 3) 진로 상담 활동(counseling service)

진로 상담은 학생과 교사가 대면 적 상태에서 학생에게 진로계획을 잘 수립하고,

좋은 의사결정을 할 수 있도록 도와주는 과정이다. 진로 상담에는 이제까지 진로 계획과 관련된 학생에 관련된 자료오하 일의 세계에 관련된 자료를 가지고 현명한 의사 결정을 내리는 과정이다.

진로 상담에는 이제까지의 자료를 기초로 학생의 진로를 결정하는 의사 결정적 상담이 있고, 그 밖에도 자아 개념이나 진로 의식을 발달시키는 목적을 가지고 있는 발달적 상담, 직업에서의 정치나 학업에 관련된 촉진적 상담이 있다.

진로 상담에서는 학생이 잠정적으로 결정한 직업적인 선택과 계획을 확인하고, 개인의 직업적 목표를 명확히 해주고 내담자가 의사결정 능력을 길러주고 직업선택과 직업생활에 능동적인 태도를 길러주는 것이다.

#### 4) 직업 정치 활동(placement service)

직업 정치 활동은 어떤 자질과 능력을 가진 사람으로 하여금 그를 필요로 하는 자리에 취업하도록 도와주는 활동이다. 학교를 졸업하고 직업의 세계로 진출하는 과정에서 자기의 적성・흥미・능력에 맞는 직업을 택한다는 것은 개인이나 사회적인 면에서도 대단히 유익한 일이다.

직업 정치 활동에서의 학생들에게 직업 정보의 획득 방법, 직업을 택할 경우에 알아야 할 사항, 구직 절차나 올바른 면접 방법 등에 관한 내용이 주가 된다.

직업 정치 활동이 없이 직업의 세계로 진출하는 경향이 있는데 이러한 취업정치 활동은 진로지도의 주요 활동의 하나이다.

#### 5) 추수 지도 및 평가 활동(follow-up and evaluation service)

직업 및 진로지도는 학교교육을 통하여 졸업생을 배출하는 것으로 끝나는 것이 아니고 졸업생들이 현직에서 어느 정도 직무를 수행하고 있으며, 졸업생들에게 더 지도할 사항은 무엇이며, 이들의 취업동향은 어떠하며, 이러한 조사결과를 통하여 학교교육의 개선점을 찾도록 하여야 한다.

##### (1) 직업 및 진로 지도와 관련된 여러 가지 용어와 개념

직업 및 진로지도는 비슷한 용어가 많고, 우리나라에서 발달된 개념이 아닌 까닭에 기존 우리나라에서 사용되고 있는 용어와 관련되어 많은 혼란이 있는 용어에 관하여 살펴본다.

직업 및 진로지도의 세 가지 영역(3 phase of guidance)

직업 및 진로 지도와 비슷한 의미를 가진 용어를 정리하는 과정에서 직업 및 진로지도에서 다루고 있는 세 가지 영역을 살펴본다. 영어로 가이던스(guidance)라는 용어가 만들어진 것은 초기 직업지도에서부터 기원된다. 또한, 최근에 가이던스와 함께 연결되어 많이 사용하는 커리어(career)의 의미는 개인이 일생동안 하는 일의 총체를 뜻한다.

가이던스에서 다루는 영역은 인성적 지도, 교육적 지도, 직업적 지도 등 세 가지가 있다.

① 인성적 지도(personal guidance); 인성적 지도는 인성, 신체발달, 정서 발달, 인간관계 등과 같은 인성적 문제에 대한 지도가 중심이 된다.
인성적 지도는 집안에 있는 어린이, 초등학교 또는 중, 고등학교 학생에게 발생하는 개인적 또는 사회적 적응을 지도한다. 이러한 지도는 가정에서 지도하는 것이 일반적이었으나 점차 학교에서 지도하는 문제로 제기되고 있다. 이 문제는 어린이나 학생에게만 발생하는 것은 아니며 성인에게도 문제가 발생하기도 한다.

② 교육적 지도(educational guidance); 교육적 지도는 교육과정의 선택, 조정 등 교육에 관련된 문제에 관한 지도이다.

학습에서의 성숙, 교육단계, 학교 선택, 전공영역, 동기 유발, 보수과정 등 교육과 관련된 제반 문제를 지도하는 것을 말한다.

③ 직업적 지도(vocational guidance); 직업적 지도는 직업선택, 진로 계획과 준비, 직업 정치, 직장에서의 적응 등 직업에 관련된 지도를 말한다. 이러한 직업적 지도는 대개 10대 후반기부터 성인에 이르기 까지 직업과 관련하여 일어나는 문제에 단련된 지도를 의미한다.

### (2) 직업지도와 직업교육

직업지도(vocational guidance)와 직업교육(vocational education)의 의미가 학교 현장에서 혼동을 일으키는 경우가 있다. 학교에서 직업지도를 취직 알선이나 어떤 특수한 기술을 습득시켜 주는 직업교육으로 오해하는 경우가 있다.

교육이란 학교내외에서 전 생애를 통해 자신의 잠재력을 개발하는 과정을 의미하는데 비하여 가이던스는 실제적으로 자신과 사회에 바람직하게 선택, 적응해 갈 수 있도록 구성된 서비스를 의미한다.

직업지도는 직업교육에 필수적이다. 직업교육은 진로를 결정하여 준비하거나 또는 취업 후 승진 발전을 위하여 기술향상에 관한 교육, 기술 및 관련정보의 획득, 개인적 및 사회적 특성의 이해 등을 다룬다.

직업지도는 직업교육의 전・후 및 도중에 필요하다.

①직업교육 대상학생의 선정 및 격려,

② 실질적인 진로 계획에 필요한 정보 제공,

③ 진로계획 실행에 조언,

④ 취업정치에 도움제공,

⑤추수지도 등을 제공하는 교육 프로그램이다.

### (3) 직업지도와 진로지도

현재 학교 교육에서 사용하고 있는 직업지도나 진로지도는 우리나라에서 발전된 개념이 아니고 외국에서 발전된 개념을 사용하는 것이다. 따라서 직업지도라는 용어를 사용하는 경우도 있고, 진로지도를 사용하는 경우도 있다.

직업지도라고 사용하는 진로지도라고 사용하던 간에 이러한 활동이 학문적으로 시작될 때에는 직업지도(vocational guidance)라는 용어를 사용하였다. 초기 직업지도는 파슨스(F. Parsons)가 제시한 학생 자신에 대한 이해, 일의 이해, 이성적 판단 등 세 가지 활동을 주로 하였다.

이 당시에는 직업 지도라는 용어를 사용하는데 문제가 없었으나 점차적으로 커리어(career guidance)라는 용어를 사용함에 따라 그전과 같이 직업지도라고 사용하는 경우와 그밖에 생애지도, 진로지도라는 용어가 혼용되게 되었다.

앞으로는 진로지도라는 용어로 통일되게 사용될 것으로 예상된다. 이는 직업지도 보다는 진로 지도라는 의미가 포용적이고, 진로 지도라는 의미가 우리나라에서 이미 많이 사용하기 때문이다.

그러나 여기에서 커리어(career)는 "개인이 일생 동안 하는 일의 총체"를 의미하기 때문에 "진로지도"라는 의미는 진학 지도나 생활 지도와는 그 개념이 구분되는 것임을 지적 하는 것이 좋겠다. 커리어(career)는 직업이라는 말과 유사한 면이 있고, 학습지 내용에서도 직업적 행동(vocational behavior)을 많이 취급하고 있다.

국제단체의 명칭도 직업지도협회(Association for Vocational Guidance)라고 변화된 것을 발견할 수 있다.

## 14.2 직업 및 진로지도의 필요성과 기본전제

### 14.2.1 직업 및 진로지도의 필요성

사람들은 누구나 직업을 갖게 된다. 사람들은 직업을 통하여 생활의 보람과 기쁨을 생활의 보람과 기쁨을 갖게 되며 생계를 유지하고 사회에 참여하게 된다. 이러한 직업이 개인의 적성이나 능력이 충분히 고려되지 않은 상태에서 결정되어진다면 개인으로도 커다란 문제가 될 뿐만 아니라 사회적으로도 바람직하지 못하다.

최근에는 가정이나 학교 또는 사회 각층에서 진로교육의 중요성을 점차 절실하게 느끼고 있다. 진로를 잘못 선택한 사람은 학교를 졸업하더라도 전공분야에서 직무를 수하기도 어렵고, 취업을 하여도 적성과 능력이 맞지 않아 직업에 대한 불만을 갖게 된다.

직업에 대한 불만은 개인 생활을 영위하는데 부적응을 초래할 뿐만 아니라 사회적 불안요소가 되기도 한다. 따라서 인간 생활에 있어서 평생을 통하여 진로에 대한 결정은 개인에게 매우 중요하다. 진로교육은 개인이 만족스럽고 생산적인 삶을 누릴 수 있도록 진로에 대한 방향을 세우고 선택하며, 그 선택한 진로에 들어가 계속적인 발달을 꾀할 수 있도록 해주는데 그 필요성이 있다.

그러나 최근 들어 진로교육에 대한 관심이 높아졌다고는 하지만 우리나라의 학교에서의 진로교육은 체계를 잡지 못하고 있다. 전통적인 숭문(崇文)사상으로 인하여 학교 교육은 대학 진학을 위한 입시 교육의 장으로 되어 지성과 능력에 맞는 전공을 선택하기보다는 일류 대학을 선택하고 있으며 심지어는 어느 대학이든 우선 합격하고 보자는 식으로 진로를 결정하기도 한다. 이러한 문제를 해결하기 위해서는 가정, 사회, 학교교육을 통한 진로지도가 절실히 필요하다고 생각된다.

이러한 진로지도를 위해서는 학생의 발달수준, 교육적 상황, 사회인의 의식 등에 관한 기초연구가 필요한 실정이나 우리 주변에서는 이러한 연구가 아직 많지 않다. 이러한 기초자료의 부족으로 인하여 학생들의 진로를 잘 교육하여야 할 일선 교육현장에서도 효과적인 교육 방안을 마련하지 못하고 있는 실정이다.

최근에 고교교육 체제 개선의 일환으로 진로교육이 강조되고 있다. 제 6차 교육과정 개정에 따른 일반계 고등학교 교육과정에서는 진로・직업이라는 과목이 새로이 탄생되었고, 각 학교에서도 이제까지와는 달리 진로교육에 관한 관심이 모아지고 있다.

이와 같은 우리가 당면하고 있는 문제점 외에 진로지도의 필요성이 점점 더 강조되고 있는 이유는 다음과 같다.

① 산업사회에서의 기술의 급속적인 변화는 노동시장의 인력수급에 커다란 영향을 미치고 있다.
② 가정이 변화하고 그 변화하는 가정에서의 여성의 역할이 변화됨에 따라 청소년들에 대한 진로지도가 더 요청된다.
③ 산업발전에 따라 산업인력구조가 계속 변화되고 있어 이에 대한 정보의 변화에 진로 지도가 필요하다.
④ 청소년들은 자신의 잠재능력과 일의 세계를 잘 인식하지 못하고 있다.
⑤ 계속 변화되어 가고 있는 교육제도와 확대되어 가고 있는 직업교육에 자신의 직업기회를 어떻게 선정하고 준비하여야 하는가는 점점 어려워져 가고 있다.

⑥ 학교에서 직업의 세계로 전환하는 과정에서 졸업하는 학생들이 어려움을 겪거나 실패하는 경우가 많다.

⑦ 일에 대한 윤리관이나 가치관이 점점 바뀌어가고 있어 청소년들이 일에 대한 가치관을 정립하기가 어려운 경우가 있다.

### 14.2.2 진로지도를 위한 기본전제

진로지도가 이루어지기 위해서는 다음과 같은 기본적인 가정이 고려되어야 한다.

① 개인이 자신의 삶을 위한 직업선택에서의 자유는 민주주의의 기본이며 개인을 최대로 성장하게 하는 데 필요하다.

② 직업선택에 있어 개인차가 고려되어야 한다.

③ 산업인력구조의 면에서 볼 때 모든 사람에게는 적합한 일자리가 있다.

④ 직업에 관하여 계획하고 결정하고 직무능력을 갖는 것은 개인의 존엄성과 미래에 도움이 된다.

⑤ 개인은 자신의 재능에 대한 가치를 잘 이해하여야 한다.

⑥ 직업이나 진로의 선택은 성장발달의 한 부분이고 이에 영향을 받는다.

⑦ 직업의 선택은 너무 복잡하기 때문에 대부분의 사람들은 직업 상담을 필요로 한다.

⑧ 개인의 통합성의 보존은 개인이 어떤 특정한 방향으로 나아가게 하는 것을 부정한다.

⑨ 생애개발에 내재하는 이론은 민주적인 가치와 일치하여야 한다.

⑩ 생애개발은 개발과업의 단계별에 따른 학습과제로 표현될 수 있다.

⑪ 생애개발에 필요한 지식. 기능. 태도를 설정하여 이를 직업지도에서 강조할 수 있다.

⑫ 학생이나 성인이 생애개발을 위해 획득하여야 할 기본요소는 다음과 같다.

- 진로선택의 필요성에 대한 이해
- 직업 선택 시 고려되어야 할 요인에 대한 이해

- 자원의 활용
- 직업목표에 영향을 미칠 수 있는 여러 가지 예기치 않은 사항에 대한 이해
- 현재와 미래에 관련성에 관한 이해
- 선택한 직업에 대한 정보 파악
- 선택한 직업에 대한 계획

## 14.3 직업 및 진로지도의 기원과 발전

### 14.3.1 직업지도 발달의 기초

직업 및 진로지도가 발전하게 된 원인으로는 경제적 요인을 생각할 수 있다. 직업 지도의 학문이 발달할 초기 1890년부터 1900년 까지는 자원이 무한정한 것으로 생각하였다. 물적 자원이 무한정한 것으로 생각하였다.

그러나 1900 이후에는 자원이 무한정하지 않다는 인식이 많아지게 되었다. 물적 자원은 물론 인적 자원을 좀 더 효율적으로 이용하려는 생각이 싹트고 절약이 미덕으로 자리하게 되었다. 최소의 시간, 노력, 재료를 투입하여 최대의 생산을 하기 위해서는 인간의 특성과 직업의 필요를 조화시키는 것이 최상의 방법이라는 의식이 자리 잡게 되었다. 작업에서의 안전을 중시하게 되고, 시간과 동작을 연구(time and motion study)하여 최소의 노력과 시간에 최대의 생산을 올리려 하였다. 작업 조건, 임금, 여가 등의 문제가 제기되도록 하였다.

이러한 과학적 관리 즉, 임금 상승과 생산단가 감소를 위한 연구는 직업지도 발달에 자극제가 되었다.

직업지도 발전의 기초로 사회적 요인을 들 수 있다. 사회가 발전함에 따라 직업 사회에서 사회복지를 중시하게 되고, 많은 사람이 교육을 받을 수 있게 된 것은 직업 지도의 발전에 자극제가 되었다. 또한, 사회가 점차 전문화된 과정도 직업 지도의 필요성을 더욱 인식시켜주는데 중요한 역할을 하였다고 생각된다.

직업지도가 발전하는 데는 과학적 요인을 들 수 있다. 인간 특성 및 행동에 대한

통찰이 가능해진 것은 사람의 다양성을 인식하는 계기가 되었다. 지능 검사, 성격 검사, 인성 검사 등 각종 심리적 검사에 의한 인간 특성 발견은 직업 지도를 발달 가능하게 하는데 기여하였다.

또한, 철학적 요인도 직업지도 발달에 기초가 되었다. 삶의 과정을 주어진 운명으로 여기던 생각이 "인생은 가치 있는 것이다." "삶은 운명이라기보다는 교육, 적당한 선택, 자조적 노력을 통해서 개선된다"는 생각으로 변화하게된 것은 직업 지도 발전의 기초가 되었다.

### 14.3.2 직업 및 진로 지도의 발달

직업 및 진로지도의 발달을 살펴보는 데에는 여러 가지가 있겠으나 여기에서는 질적 개념이 어떻게 발전되어 왔는가를 중심으로 살펴본다.

직업 및 진로지도의 개념적 발달에서 처음 논의되는 것은 직업지도(vocational guidance)이다.

현대적 직업지도의 선구자로 파슨스(Frank Parsons)를 거명한다. 그는 1909년에 "직업의 선택(choosing a vocation-hunt a job)"을 저술하여 초기 직업 지도의 개념을 정립하였다. 그는 과학적 검사와 다양한 경험에 의하여 도출된 적성에 맞는 직업을 선택하도록 학생을 교육시켜야 한다고 하였다. 개인의 능력 확인 및 합리적 직업 선택을 위하여 자서전 독해, 현장 견학, 직업 기술 등이 필요함을 기술하였다. 이러한 그의 생각은 많은 부분 지금도 이어지고 있다.

그가 생각한 직업지도의 3단계는 현재의 특성이론(trait-factor approach to counseling)의 기초가 되었다.

그는 직업지도를 다음과 같은 세 가지 단계의 활동으로 설명하였다.

- 제 1 단계-자기 자신의 이해 : 적성, 능력, 흥미, 재원 한계 및 기타 자질-개인차의 측정 방법-심리 측정
- 제 2 단계-일의 이해 : 필요한 지식, 성공 조건, 장단점, 보수, 전망 등 : 직업의 다양성

- 제 3 단계-이성적 판단 : 의사 결정

직업지도의 개념이 변화하게 된 것은 진로지도와 상담(career guidance and counseling)의 개념이 나타나면서 부터이다.

초기의 직업지도가 노동시장에 진출하기 전에 개인의 성적을 가지고 직업 선택 또는 직업적 성공을 예언 하는데 주관심이 있었는데 비하여 진로 지도와 상담에서는 그전의 직업지도가 취업, 전업 등 진로를 결정하는 한 순간에 필요한 것을 제공하고 개인적 취향 또는 가치관을 중요시하기보다는 취업에 필요한 조건 소개하는 것을 중요시하게 되었다.

1950년대에 이르러 호폭(Robert Hoppock)이나 슈퍼(Donald super)의 노력으로 직업지도는 “직업을 선택하여 준비하고, 준비한 직업에 취업하여 발전 하도록 개인을 도와주는 과정;the process of assisting the individual to choose an occupation prepare for it, enter upon it, and progross in it ;1973, NVGA)에서 직업 지도는 “자신의 실제와 일의 세계에서의 자신의 역할을 알게 하고, 이러한 생각을 실제 시험하고 변화시켜 자신과 사회에 만족하게 적응하도록 도와주는 과정(Vocational guidance-the process of helping a person picture of himself and of his role in the world of work, to rest this concept against reality, and convert to reality, with satisfaction to himself and to society)”으로 변화하게 하였다.

이때부터 직업 지도는 자아 개념 중심(self concept base)으로 변화되어 자기이해(self under standing) · 자기 수용(self acceptance)으로 변호되었다.

직업지도가 직업 정보를 제공해주고 직업에 개인을 맞추는 활동(provision of occuptional information, match individual to job)에서 심리적 특성을 강조하는 방향으로 개념이 변화되었다. 즉, 정적이고 한 순간의 선택(static, single-choice-at-a-point-in-time concept of decision making)을 강조하는 개념에서 인간발달의 맥락에서 진로활동을 연구(study of career behavior in the context of human development)하는 것으로 변화되었다.

(1) 직업지도의 목적은 사회의 인력 수요를 충족하기 위한 것인가 또는 개인의 잠재력을 계발시키기 위한 것인가?

(2) 직업지도 활동은 치료(treatment) 인가 자극 (stimulus) 인가?

직업지도의 서로 다른 해석에는 직업지도를 처치로 보는 견해(as a treatment condition)과 자극(as a stimulus variable)으로 보는 견해가 상존하고 있다.

처치로 보는 경우에는 직업지도를 처치 상황으로 간주하여 직업 지도는 가장 적당한 의사 결정의 시기에 직업 문제의 분석, 곤란의 분석, 문제 해결을 위한 기술 및 지식의 적용 등의 활동을 하는 것으로 생각한다.

여기에서 직업 문제는 ① 직업의 미 선택(No choice), ② 직업의 불확실한 선택(uncertain choice), ③ 직업의 현명하지 않은 선택(unwise choice-individual interest occupation), ④ 흥미와 적성의 괴리(Discrepancy between interests and Aptitude) 등이다.

따라서 삶의 새로운 단계로의 진입, 노동시장으로의 전입, ㅈ;ㄱ업 선택, 승진 등의 의사 결정 단계는 직업 지도의 적기라고 생각한다.

직업지도를 자극으로 해석하는 견해는 이와 다르다. 자극으로 보는 관점에서는 직업지도를 종단 적, 발달적 관점(stinulus-longitudinal and development view point)에서 생각한다. 직업 지도는 현존의 문제 해결과 동시에 직업과 진로에 관한 지식, 태도 및 기술을 습득하여 의사 결정 능력을 키우는 것으로 본다. 여기에서는 학생의 진로 성숙을 촉진하는데 노력을 기울인다.

이밖에 논쟁점을 다음에 소개한다.

(3) 직업지도를 발달적 관점에서 볼 것인가 또는 선택적 관점에서 볼 것인가?

(4) 직업지도의 활동은 관련된 정보를 제공하는 활동이 주가 되어야 할 것인가 또는 상담활동을 위주로 하는 것인가?

(5) 직업지도 담당자는 전문가이어야 하는가, 또는 교사이면 누구나 할 수 있는 것인가?

## 14.4 진로발달 이론

직업지도의 개념이 소개된 초기의 직업발달이라는 용어와 비교할 때 진로발달에서 함의되는 개념은 더 넓어졌다. 진로에 관한 심리적, 사회적 연구는 인간 집단의 삶에서의 계속성과 단속 성을 강조하고 있다. 이와는 대조적으로 직업의 심리학과 사회학에서는 한 가지 직업 또는 특정의 직업군을 강조하고 있다

직업적 모형은 기본적으로 한 순간에서 다음을 예언하는데 강조한다. 따라서 이러한 경우에는 진로에 관한 초기 예언적 자료를 가지고 희귀와 같은 통계적 방법으로 어느 직업에서의 성공 가능성을 예언하거나 또는 여러 가능성 있는 직업에서의 유사성을 판별하는 통계적 방법으로 다음 직업에서의 유사성을 판별하는 통계적 방법으로 다음 직업에서의 유사성을 평가하려고 한다.

이와 반대로 진로모형에서는 개인을 교육체계와 일의 체계를 통하여 여러 가능한 경로 중에 하나를 선택하여 나가는 존재로 간주한다.

이러한 두 가지 모형은 각각의 중요성을 가지고 있다. 인위적으로 구분을 한다면, 직업적 모형에서는 직업과 인간과의 실제적인 관계나 짝지우기를 강조하고, 즉가적인 직업선택에 적용할 할 수 있는 진로지도를 중심적인 활동으로 간주하는 반면, 진로 모형에서는 진로지도를 이들 간 중재를 위하여 또는 장기적인 진로계획에서의 자극으로 간주한다.

다른 각도에서 이를 살펴보면 직업 모형에서의 주 관심 단위는 직업 간의 일의 내용에서의 차이 및 차이와 개인의 적성, 흥미와의 관계이다. 진로 모형에서는 여러 가지 선택 가능한 판단 기준으로서의 자아 개념이 얼마나 확실하고 명료한가 하는 자아개념의 명료성과 정확성에 주 관심을 둔다.

진로 발달에 관한 접근 방법도 여러 가지 관점에서 볼 수 있다. Ospidow(1968)은 이 접근을 특성적 접근, 사회 및 진로 선택, 자아 개념이론 및 직업선택과 인성이론으로 구분하였다. Crities(1969)는 이 이론을 비 심리적 이론과 심리적 이론으로 양분하였다.

Pitz 와 harren(1980)은 이러한 이론을 특별히 진로 의사 결정에서 '규범적 또는

규정적 이었는가'와 '행동적 또는 기술적 이었는가'로 양분하였는데, 전자는 최적 결정에 이르는 과정에 초점을 둔 것이고, 후자는 의사결정 과정 그 자체에 관점을 둔 것이다. Super(1981)는 진로발달에 관한 75년 동안의 접근이나 이론을 인간과 직업을 짝지우려는 것, 이러한 짝지우기로 이끄는 발달을 진술한 것, 의사 결정에 초점을 둔 것으로 세 가지로 구분하였다.

진로발달 이론은 인간 발달의 개념을 진로지도에 도입한 것으로, 개인의 진로는 어느 순간에 결정되기 보다는 오랫동안의 발달적 과정을 통하여 성장한다는 생각에서 출발한 것으로 보인다. 이러한 이론으로 널리 인용되고 있는 Ginzberg(1951)의 진로발달이론에서는 직업선택이 성, 전쟁, 민주주의 등과 같이 매우 복잡한 현상으로 어느 한 개인이나 집단의 연구자가 전체를 평가할 수 없음을 인식하고 좀 더 합리적인 접근방법으로 개인의 성숙에 이르는 계속적인 과정동안에 직업적 의사결정에서의 여러 요소를 평가하려고 하였다.

이 이론에서는 '(1) 직업 선택은 하나의 과정이며, (2) 이 과정은 비가역적이고, (3)각 선택에서는 타협이 필수적이다'라는 세 가지를 기본요소로 하고 있다. 직업적 의사결정의 과정과 관련하여 개인의 출생에서 개인의 출생에서 사망까지의 기간을 -환상적 선택, 잠정적 선택, 현실적 선택의 세 가지 기간으로 구분하고, 이 세 기간을 다시 세부 기간으로 구분 하였다.

Super(1952)는 Ginzberg의 이론에서의 선택을 발달로 보고, 직업발달을 직업의 선호도가 증가하는 연속적인 과정으로 보았다. 또한, 직업 발달은 개인의 흥미, 능력, 가치관, 기회 등과의 타협과정으로 간주 하였다. 이 이론에서는 개인차, 다양한 잠재력, 직업적 능력 유형, 개인적 역할 인식, 적응의 계속성, 생애 단계, 진로유형, 생애단계에서의 발달에 관한 교육, 개인과 환경의 상호 작용 효과의 발전, 생애 유형의 다양성, 직무 만족도, 삶의 방식등과 같은 요소가 직업 발달 이론을 구성하는 것으로 보았다.

진로발달(career development)이란 개인이 가장 보람된 삶을 추구하기 위하여 자신의 진로를 정하고 직업을 선택하고 새로운 직업사회와 개인목표를 계속 평가하는 과정이다.

진로 발달에 관하여 간단하게 요약하면 다음과 같다

(1) 특성 요인 이론(trait and facto theory)

특성 이론은 개인의 적성. 흥미. 가치관. 인성과 같은 개인이 소지한 여러 가지 특성을 검사 등의 객관적인 방법으로 밝혀내고 각각의 직업이 요구하는 제 요인을 분석하여 개인의 특성에 적합한 직업을 선택하게 하는 이론이다.

(2) 의사 결정이론(decision theory)

이 이론의 요지는 여러 가지 선택 가능한 직업 중에서 자신의 투자가 최대로 보상받을 수 있는 직업을 선택한다는 것이다. 이 경우 보상은 돈, 지위나 명예, 일하는 보람. 봉사, 욕구충족 등 개인의 가치를 부여하는 것이라면 무엇이든 상관없다.

이러한 의사결정 이론의 기본가정 속에는 내담자가 자신의 진로를 잘 결정할 수 있게 하기 위해서 각 직업적 대안에 따라 예상되는 결과와 그 대안의 실현가능성을 예측하고 또한 각 대안에 의해 정확한 가치 평가를 할 수 있도록 내담자를 도와주어야 한다는 카운슬러의 역할규정이 포함되어 있다.

(3) 사회 이론(sociological emphasis)

이 이론의 주개념은 가정. 학교. 지역사회 등의 사회적 요인이 직업선택과 발달에 영향을 미친다는 것이다.

이 이론에 따르면 문화나 인종의 차이에는 개인의 직업적 기대에 별로 큰 영향을 미치지 않는 데 반해, 개인이 속해 있는 사회계층은 이에 지대한 영향을 미친다고 한다.

이러한 현상은 사회계층 그 자체에 의한 것이 아니라 사회계층에 따라 그 속에서 생활하고 있는 대다수 사람들의 사회적 반응, 교육받은 정도, 직업적 기대, 일반지능 수준 등을 결정하는 독특한 심리적 환경을 조성하게 되는데, 이것이 결과적으로 직업선택 및 발달에 영향을 미친다는 것이다.

(4) 심리이론(psychological emphasis)

이 이론의 기본가정은 인성구조의 차이가 다양한 욕구를 배출시키며, 직업선택은 결국 이러한 욕구를 충족시키기 위한 수단이라는 것이다. 심리 이론은 정신 분석학적 이론, Roe의 욕구 이론. 인성이론으로 세분화 할 수 있다. 정신 분석학에서는 직업선택을 욕구 충족과 불안 제거의 행위로 개념화하고 있으며 이를 인성발달의 부산물로 간주한다.

그러므로 이들은 직업선택 그 자체는 관심을 가질 만한 가치가 없으나 직업선택에서 비정상적인 행동을 보인다는 것은 곧 심리발달에 문제가 있음을 뜻하는 것이기 때문에, 이러한 관점에서 직업발달에 관심을 가질 필요가 있다는 입장을 취한다.

Roe의 욕구 이론은 부모와 자녀간의 상호작용 또는 부모의 육아법에 따라 상이한 태도. 흥미. 능력. 욕구충족 양식 등을 형성하게 되는데 이러한 것들이 장차 직업선택이라든지 인간관계·생활방식 등에 영향을 미치게 된다는 것이다. 홀 랜드의 이성이론에 따르면 개인의 행동 양식이나 인성유형이 직업선택과 발달에 중요한 영향을 미친다고 보고 있다.

홀 랜드의 가정에 따르면 직업을 선택할 시기에 있어서의 개인은 그가 타고난 유전적 소질과 문화적. 개인적 요소란 동료. 부모. 그밖에 개인에게 중요한 영향을 미치는 성인. 사회계층. 개인이 속한 사회의 문화 및 물리적 환경 등을 의미한다. 이러한 것들과 접촉하는 고정에서 개인은 환경에 대처할 때 즐겨 사용하는 습관적인 방식, 즉 개인의 독특한 적응 습성을 만족시켜 줄 수 있는 직업 환경을 선택하게 된다는 것이 홀 랜드의 인성이론의 요지이다.

#### (5) 직업발달이론

직업발달이론은 직업에 대한 지식. 태도와 기능이 신체적. 정신적 발달과 마찬가지로 어려서부터 발달하기 시작하여 청년기에 성숙해진다는 개념이다. 직업발달이론으로는 긴즈버그, 슈퍼, 그리고 타이드만과 오하라의 이론이 있다.

긴즈버그에 의하면 직업선택이란 일회적 행위, 즉 단일결정이 아니라 장기간에 걸쳐 이루어지는 일련의 결정이며, 직업선택과정은 비가역적이라는 것이다. 따라서 나중에 이루어지는 결정은 그 이전의 결정의 영향을 받게 된다.

이러한 직업선택의 과정은 흥미, 능력, 가치관 등의 주관적 요소와 현실세계와의 타협으로 이루어진다. 타협을 선택의 본질적 측면으로 본 긴즈버그는 직업선택과정을 환상적 단계. 시험적 선택단계. 현실단계로 구분하고 각 단계에서의 직업적 성숙도의 규준을 제시하였다.

슈퍼의 직업발달이론은 긴즈버그의 이론을 더 보완하였는데 그는 직업발달과 관련하여 10가지 명제를 제시하고 직업발달 단계를 성장기. 탐색기. 확립기. 유지기. 쇠퇴기로 구분하고 각 단계에서의 독특한 행동특징 및 각 단계에 해당하는 연령을 제시하였다.

타이드만과 오하라의 이론은 슈퍼의 이론과 같이 직업발달의 단계를 몇 개로 구분하고 각 단계의 특징을 기술하고 있다는 점에서 서로 유사하다. 그러나 슈퍼가 각 발달단계에 해당하는 연령을 고정시키고 있는 반면에, 타이드만과 오하라는 직업발달의 단계는 연령과 관계없이 문제의 성질에 의해 좌우되며 일생동안 여러 번 반복될 수도 있다는 입장을 취하고 있다.

즉 타이드만과 오하라의 이론에서는 직업발달을 교육 또는 직업적 추구에 있어서 개인이 나아갈 방향을 선택하고 선택된 방향에 들어가서 잘 적응하고 발전하는 과정에서 이루어지는 자아의 발달을 개념화하고 있다고 볼 수 있다.

## 14.5 직업 및 진로 지도의 원리와 방법

### 14.5.1 직업 및 진로 지도의 원리

직업 및 진로 상담자가 내담자를 상담 지도할 때 고려하여야 할 일반적 원리는 다음과 같다.

① 인간을 단순히 자극에 반응하는 존재가 아닌 하나의 신체로서 보는 입장과 인간성격의 능동성을 고려하여야 한다.
② 내담자의 자아 개념을 받아들이고 자아발견. 자아지시. 자아개발. 자아실현의 기회를 제공해 주어야 한다.

③ 상담자는 내담자의 가치관과 필요문제 등을 이해하고 문제의 배후요인까지도 이해하는 입장에 서 주어야 한다.

④ 내담자들이 자기 자신의 장단점을 알고 직업에 관하여 공부를 하고 시도를 하여본 후 진로를 결정하게 한다.

⑤ 개인차를 고려한다.

⑥ 상담자는 자기 자신을 먼저 알아야 하고 계속적인 공부와 정보 수집에 노력하여 한다.

⑦ 개인에게 진로선택의 자유가 주어지지만 사회는 개인이 현명한 결정을 하도록 돕는 모든 여건을 마련해 줄 책임과, 개인은 그의 잠재 가능성을 최대로 개발하기 위하여 진로상담을 할 책임이 있다.

### 14.5.2 직업 및 진로지도의 방법

진로지도에 있어서 완벽한 방법은 없고, 상황에 따라 적절한 방법이 적용되어야 한다. 진로지도 방법은 여러 가지로 분류될 수 있으나 진로발달이론에 따른 방법과 개인 및 집단지도 방법으로 대분될 수 있다

#### 1) 크라이트의 진로발달이론에 의한 진로지도방법

##### (1) 특성 요인 방법

내담자의 태도. 흥미. 적성. 가정환경. 경험 및 기타 특성을 상담가가 고려하여 취업 가능한 직업을 제시하고 내담자가 이에 따르는 방법이다.

##### (2) 내담자 중심방법

내담자가 자기 자신을 이해하여 직업선택을 스스로 할 수 있도록 상담가와 내담자의 관계를 형성하는 방법이다.

##### (3) 역동 심리 방법

개인의 단순한 흥미. 적성 등과 어떤 직업의 요건이 아닌 개인의 역동 심리적 필요와 잠재적인 직업만족을 기초로 개인과 직업을 연결시켜 주는 방법이다.

(4) 진로발달 상담방법

개인이 고거에 나타냈던 행동을 이해하고 미래의 행동을 위하여 무엇을 의미하는가 하는 관점에서 직업을 지도하는 방법이다.

(5) 행동방법

학습이론에 따라 상담 가는 각 개인의 환경특성을 분석하여 내담자의 단점을 분석하여 적당한 학습 반응과 기술을 갖도록 행동적인 단서를 제시하고, 학습강하를 통하여 어떤 특정한 목표를 갖게 하는 방법이다.

2) 개인 및 집단지도방법

(1) 개인지도

면접법등에 의하여 개인의 의사결정을 증진시키는 방법이다.

개인 상담에서 진로지도를 할 때 고려할 점은 다음과 같다.

① 어떤 조건 하에서 직업정보가 주어지고 있는가? 즉, 상담자는 내담자가 직업에 흥미를 갖게 할 만큼의 정보원을 갖고 있으며, 내담자가 자신의 상황을 올바로 파악할 수 있도록 돕고 있는가가 고려돼야 한다.
② 상담 가는 내담자에게 직업정보를 어느 정도 지원하고 있는가? 즉, 상담 가는 내담자의 정도에 맞게 지원하여야 한다.
③ 어떤 정보가 적당한 것인지 결정되었는가? 즉. 상담 가는 내담자의 능력・경험・성장정도・직업선택에 대한 태도 등에 따라서 알맞은 정보를 결정하여야 한다.
④ 상담에서 직업정보의 효과를 어떻게 평가할 것인가?

위와 같은 고려 하에 개인 상담에서 의사결정을 하는 과정은 결정에 대한 필요성 확인, 관련정보 수집, 가능한 대안 열거, 결과의 가능성 예측, 결과의 가망성 예측, 결과의 가치평가, 대안의 선택, 그리고 결정에 대한 추후활동의 단계가 있다.

(2) 집단지도

집단지도방법은 다음과 같은 문제를 다룰 때 활용되는 방법이다.

① 성인의 직업 활동 소개
② 청소년들에게 직업정보원을 소개
③ 직업선택 단계를 소개
④ 직업군의 개념소개
⑤ 직업에 성공하기 위한 개인적 특성 제시
⑥ 산업발전에 따른 직업변화의 소개
⑦ 학생들에게 중요한 직업과 이에 관련된 정보 제공 집단 진로 지도가 이용되는 목적과 의의를 종합해보면 "집단 활동은 학생들에게 자기 이해의 기회가 되고 학생들이 공통적으로 필요로 하는 각종 직업정보를 효율적으로 제공할 수 있는 기회가 되고 학생들이 공통적으로 필요로 하는 각종 직업 정보를 효율적으로 제공할 수 있는 기회가 되며, 학생들에게 직업계획의 중요성과 직업의 세계에 대한 전반적인 오리엔테이션의 기회가 되며, 학생들로 하여금 자신의 직업계획을 검토하게 하는 기회가 된다."

집단 지도의 방법으로는 현장견학, 직업정보의 전시, 현장실습, 자유토론 등이 있다.

집단진로상담의 과정은 일반적으로 집단 진로 상담에 관심 있는 학생의 모집, 집단 진로 상담의 목적과 참여 학생의 준수사항 설명, 6~10명을 집단으로 한 구성원의 선정, 집단 활동의 개시, 의사결정을 위한 오리엔테이션, 학생들의 목적의 명료화, 학생에 대한 정보 제공, 대안의 탐색, 가능성과 가망성의 평가, 실행의 순서로 이루어진다.

### 14.5.3 각급 학교에서의 직업 및 진로지도

진로발달이론에서 간단히 고찰하여 본 바와 같이 직업 및 진로지도는 인간의 발달 과업에 따라 필요한 능력이 길러져야 하며, 이를 위하여 현재는 초등학교부터 직업 진로지도를 실시하고 있다

### 1) 초등학교에서의 직업 진로지도

초등학교에서의 진로지도의 목적은 자신을 이해하고, 다양한 직업 역할의 유형에 대한 인식 및 일의 세계와 관련된 개념을 이해하고, 자기가 한 일에 대해서는 책임을 져야 한다는 인식을 갖게 하고, 마지막으로 일에 대한 올바른 태도와 가치관을 개발하도록 하는데 있다.

초등학교에서의 진로지도방법으로서 저학년인 1학년에서 3학년까지는 형식적 조작이 불가능하기 때문에 구체적인 방법, 예컨대 견학・시뮬레이션・시범・필름・슬라이드・비디오테이프의 상황 등으로 어린이들이 가능한 한 직접보고, 만지고, 행동으로 표현해 볼 수 있는 지도방법을 활용하여야 한다.

### 2) 중학교에서의 진로지도

중학교에서의 진로지도는 초등학교에서 강조되던 일에 대한 안내를 계속해 나가는 동시에 정확한 자아 개념의 발달과 의사결정능력을 증진 시키고 직업정보를 통하여 일의 세계에 대한 이해, 그리고 일의 세계에 관한 탐색적인 경험을 통하여 자신의 진로계획을 세우고, 이에 대한 책임감을 신장시켜 주는데 있다.

중학교에서의 진로지도 방법으로는 초등학교에서보다 더 추상적인 지도방법을 사용할 수도 있다. 그런데 보다 효과적인 진로 지도를 위해서는 학생들에게 자신이 감정과 태도를 자연스럽게 표현하고 탐색할 수 있는 기회를 제공해 주는 것이 좋다. 이는 개인별로도 실시할 수도 있지만 경우에 따라서는 집단토의나 집단 상담을 이용함으로써 더 좋은 효과를 거둘 수도 있다.

또 진로지도는 진로상담 교사만의 임무가 아니라 전교사가 담당교과와 관련하여 중학교에서 의도하는 진로지도의 목적과 관계되는 내용을 수업시간에 학습내용과 관련지으면서 지도할 때 더 실제적인 진로지도가 될 수 있다.

### 3) 고등학교에서의 직업 진로지도

고등학교에 이르면 학생들은 여러 가지로 고민을 하게 된다. 즉, 진학여부, 취업관계. 군 입대. 이성교제 등이 그 대표적인 사항들이다.

이런 점에서 볼 때 고등학교에서의 진로지도는 독립된 인간으로서의 생활에 참여하기 위한 계획. 준비. 진로방향 설립에 중점을 두어야 한다. 이를 위해서 고등학교 학생들에게 진로목적을 보다 구체적으로 수립할 필요성을 인식하도록 하고, 자신의 진로 목적을 성취하기 위한 보다 구체적인 계획을 세우도록 하고, 의사결정 능력과 문제해결 능력을 더욱 신장하여 진로계획 수립에 활용하도록 하고, 일을 하는데 집단행동의 역동성에 대한 이해를 높이도록 하며, 졸업 후에 자기가 처할 환경에 대비하도록 하여야 한다.

고등학교에서의 진로지도방법은 중학교에서 실시하던 방법 외에 진학을 위한 상급학교와의 유기적인 협조하여 진학 정보를 제공하고, 또 취업을 위하여 현장실습 등 산학 협동방안을 실현함으로써 그 효과를 증대시킬 수 있다.

INDUSTRIES EDUCATION

제15장

# 행정 및 장학

工業教科教育論

# 15. 행정 및 장학

## 15.1 교육행정

### 15.1.1 행정의 기초

#### 1) 교육행정 개념

교육행정(educational administration)은 교육에 관한 행정과 교육을 위한 행정을 모두 포함한다. 교육에 관한 행정은 교육행정을 전체 행정의 한분야로서의 교육에 관한 행정으로 보는 관점에서 내무, 외무, 군무, 법무, 재무, 학무 등의 영역 중에 학무 행정을 의미한다.

교육을 위한 행정은 교육을 지원하는 활동으로서의 행정으로, 정비, 교육활동이 잘 이루어 지게하기 위한 지원활동 등을 행정으로 본다. 직업 기술교육에서 행정은 후자의 교육 활동에서의 행정을 의미하며, 교육 목표를 효과적으로 달성하기 위하여 필요한 인적, 물적 요소를 조직하고 통제하고 관리하는 지원 활동을 한다. 과거에는 수립된 직업 기술 교육에 관한 정책을 수행하는 것을 행정으로 간주하여 교육정책이나 목표를 수립하는 것은 행정에서 제외하였다.

오늘날에는 행정에서 정책적 목표의 수립까지 포함하는 확대된 개념으로 파악하고 있다. 또한, 교육행정은 지시와 감독에서부터 조언과 봉사로 개념이 변화되고 있다. 다음 표 15-1은 교육 행정의 개념을 비교한 것이다.

교육은 고도의 전문성이 요구되는 분야로, 이를 뒷받침하는 교육행정은 자주성과 전문성을 확보하고, 주민의 참여 및 지방 분권, 일반 행정과의 분리 독립의 원칙 등의 원칙이 확보되어야 한다. 이러한 측면에서 세계 각국은 교육 개혁의 일환으로 지방 분권과 자율화를 통한 자율화를 통한 교육행정체제 개선을 위해 노력하고 있다.

우리나라의 교육행정 조직은 정부 수립 후 여러 차례의 개편을 거듭하고 있으나, 교육 행정의 전문화를 구현하기보다는 교육의 외적 요인이 많이 반영되어 있다.

표 15-1 교육행정의 개념 정리 비교

| 교육 행정 개념의 비교 | 개념의 중점 내용 | 참고사항 |
|---|---|---|
| •교육에 관한 행정<br>•행정의 종합성을 강조하는 입장<br>•법규 해석적인 관점<br>•공법학(대륙법학)적인 교육 행정의 개념 | •행정을 국가의 권력 작용 중 입법과 사법을 제외한 모든 공권적인 권력 작용으로 봄<br>•행정을 내무, 외무, 군무, 재무, 법무행정으로 구분함<br>•내무행정을 경찰행정과 보육 행정으로 다시 구분하고 교육행정을 보육행정에 포함 시킴. | •몽테스큐 (Montesquieu, 1686-1775)의 삼권분립사상에 근원을 둠<br>•독일에서 발달한 관속학에 기원을 둠 |
| •교육을 위한 행정<br>•교육의 자주성을 중시하는 입장<br>•조건 장비적인 관심<br>•교육의 봉사성과 수단성을 강조함<br>•미국의 행정학 및 교육행정적인 관점 | •교육행정을 교수 및 학습 목표를 달성하기 위한 공동의 노력을 기하는 것으로 봄.<br>•교육행정을 교육의 목표달성에 필요한 인적 물적 조건을 정비 확립하는 것으로 봄.<br>•교육행정을 교육목표 달성을 위한 제반 활동을 지도 감독 하는 것으로 봄. | •1930년대의 미국의 몰멘 (Arthur B. Moehlman)과 켐벨(Roald F. Campbell)등 주로 미국 행정학자들의 견해에서 비롯됨.<br>•1887년의 윌슨 (Woodrow Wilson) 행정관리실의 영향을 받음. |
| •교육행정 개념의 행동과학적 접근의 관점<br>•교육행정 개념을 조직 관리의 기술이라는 관점에서 파악 하려는 접근임. | •교육행정을 교육목표 달성을 위한 구성원의 집단행위로 봄<br>•교육행정을 고도의 합리성과 조직원의 협동성을 강조하는 데서 이해하려 하고 조직내의 인간행위 연구에서 파악함. | •겟젤스(JscobW. Getzels)와 규바(Egon G. Guba)등이 특히 유명함<br>•1950년대의 교육행정의 이론화운동에 영향을 줌 |

### 2) 행정의 개념

행정은 실업교육 또는 기술교육의 행정에 포함되어 동일한 조직 속에서 운용되어 오고 있다. 공업교육의 행정을 광의로 해석하면 기술교육에 관한 사회적・공공적・조직적 목표를 설정하고 그 목표달성에 필요한 인적・물적 조건을 정비・확립하고, 목표 달성을 위한 지도・감독을 포함하는 일련의 활동을 말한다.

협의의 의미에서 교육 행정이란 공업교육의 관련된 국가나 지방 공공단체가 교육 활동에 관한 계획이나 정책을 수립하고, 이를 달성하는데 필요한 인적・물적 조건을 정비・확립하고, 교육의 정책을 합법적・효율적・협동적으로 집행하고 평가하는 일련의 활동 과정이다.

행정은 학교 행정보다 더 포괄적이며 상위 개념으로 정의되는 것이 일반적이다. 즉 교육행정은 전국 또는 일정지역을 대상을 교육부, 시・도・군 교육청이 학교 교육은 물론 사회 교육이나 학교의 교육까지 포함한 일체의 교육에 관하여 정책 수립과 집행, 그리고 교육에 필요한 여러 조건을 정비함을 의미한다.

학교 행정은 학교만을 대상으로 하는 것이 보통인데, 교장 또는 교감이 국가 및 지역 사회의 교육적 필요를 기초로 교육 목표를 설정하고 그 목표 달성을 위하여 모든 자원의 제공, 지원적・심리적 풍토의 조성, 교육의 성과평가, 교사의 갈등 해소, 학부모, 상부기관 및 대외관계, 집행 계획의 수립 등 교육 활동이 효율적으로 진행되도록 도와줌으로써, 교직원의 일을 조정・지도・지원하는 활동이다.

### 3) 행정의 직무

행정은 전술한 것과 같이 일반 교육행정과 같은 개념과 조직 속에서 운용되고 있다. 따라서 교육행정의 직무에 관하여 알아보기로 한다.

#### (1) 행정가의 책임

행정가는 일반 교육행정가와 마찬가지로 다음과 같은 학교 조직의 중핵 활동에 대해서 책임을 져야 한다.

① 학교의 문화 유형 유지 : 행정가는 학교와 지역 사회의 전통, 그리고 문화적 규범을 보존하고 육성하여야 한다.

② 학교의 목표 달성 : 행정가는 교육 목표를 설정하고 이를 달성하기 위하여 모든 자원을 동원하여야 한다.

③ 외부 지역 사회 환경 변화에 적응 : 지역 사회가 변하면 학교도 그와 더불어 변한다. 산업 구조의 변화, 공업기술의 변화, 노동 구조와 인력 수요의 변화,

정치 과정의 발전, 경제 성장 등에 따라 학교도 크게 영향을 받게 된다. 특히 직업 · 기술 교육을 담당하고 있는 학교는 이들 환경 변화에 대응하여 학교의 학과 편제. 교육과정, 시설, 재정, 조직 구조 등에 실질적인 변화가 요구된다. 따라서 행정가는 이에 대응하여야 한다.

④ 학교내부 유지의 필요성 충족 : 행정가는 내부 유지를 위해 조직 단위, 부서, 학교 등을 조정하고 단일 체제로 통일해야 한다.

(2) 행정 과정

행정은 행정과정으로 정의될 수도 있다. 행정과정은 학장에 따라 여러 단계로 구분하고 있는데 일반적으로 기획(planning), 실천(implementation), 통제(controlling) 등 세단계로 크게 나누어진다.

기획은 학교나 교육행정 조직의 교육 목표를 설정하고 그 실천을 위한 전략을 개발하는 것을 내포한다. 실천은 설정된 목표를 달성하는 가장 효과적인 방법으로 인적, 재정적 기타 물적 제 자원을 조직하며 부하직원을 지도 · 감독하는 것을 말한다.

조직의 계획은 사람들에 의하여 실시되므로 그들의 동기를 유발하고, 그들에 대한 기대가 명확히 고정되고, 상하 및 동료 간의 의사소통의 통로가 유지될 필요 가 있다. 통제 단계는 행정가의 평가 기능을 말한다. 즉 성과를 분석 · 검토하고 · 규제하고 통제하며, 그 결과는 다시 환류 되고, 또한 외적 적응에 어느 정도 주의를 기울이면서 목표달성 기준과 행정의 내적 유지책임에 주의를 기울이는 것을 포함한다.

(3) 행정기술

행정을 검토할 수 있는 또 하나의 방법은 행정 과정을 수행하는데 필요한 자질과 기술 영역을 파악함으로써 가능하다. 행정 공업기술은 실무적 기술(technical skill), 인화적 기술(human skill), 전체 파악적 기술(conceptual skill) 등 세 가지 기본적 공업기술이 있다.

실무적 교육의 방법, 과정, 절차, 기법 등에 관한 이해와 재능을 말한다. 수업이 아닌 영역에서는 그것은 재무, 회계, 일정 계획, 구매, 건축, 유지관리, 등과 같은 기술을 포함한다. 이 실무적 공업기술은 일반적으로 학교 내 직위에서 낮은 계층의 행정적 및 장학 적 역할이 더 중요하다.

인화적 기술은 1 대 1의 관계로나 집단 상황에서 타인과 효율적으로 일할 수 있는 능력을 말한다. 이 기술은 타인에 대한 배려와 자신이 스스로 남이 되어 감정 이입뿐만 아니라 자신의 이해와 수용을 요구한다. 특히 학교 행정가는 교육청, 교직단체, 일반인 등 교육관련 집단의 내외에서 중간적 위치에 있기 때문에 어느 조직의 행정가보다도 이 공업기술이 중요하며 또 복잡성을 띠고 있다.

전체 파악 기술은 학교, 교육청 및 교육 프로그램을 전체로서 보는 행정가의 능력을 말한다. 이 기술은 학교를 하나의 조직으로서 각 구성 요소간의 상호 의존성을 그려보고, 교육 프로그램을 하나의 수업체제로 파악하고, 그리고 인간조직의 기능을 전체적으로 파악하는 것이다.

### 15.1.2 행정조직

#### 1) 교육행정조직과 운영

##### (1) 교육행정조직

우리나라의 중앙행정기관의 설치와 직무 범위를 법률로 정하고, 그 보조기관의 설치와 사무분장은 법률로 정한 것을 제외하고는 대통령령으로 정하도록 하고 있다. 중앙행정기관의 조직과 정원을 규정하는 대통령령에는 행정기관의 설치와 그 소관업무, 하부조직과 그 분장업무, 직위에 부여되는 직급, 공무원의 종류와 직급별 정원, 기타 행정기관의 운영에 관하여 필요한 사항을 포함한다.

이에 따라 정부조직법에 근거하여 학교교육, 평생교육 및 학술에 관한 사무를 정리하기 위하여 교육부를 설치한다. 그리고 교육부와 그 소속기관 직제(대통령령)에 의하여 교육부와 그 소속 기관의 직무와 직무 범위, 공무원 정원, 기타 필요한 사항을 규정하고 있다.

교육과학기술부를 비롯한 중앙행정기관에서 직위별 보임은 엄격한 직위 분류 제(position classification system)를 적용하지는 않고 있으며, 특히 행정직의 보임관리는 계급 제(rank classification)적인 성격이 강하다.

국가공무원법상 공무원의 모든 직위는 직무의 종류와 곤란성 및 책임 도에 따라 직렬 및 직급별로 분류하고 하나의 직위에는 한 개의 직급을 부여하되, 업무의 성격이 특수하거나 한 개의 직위에 두 가지 이상의 이질적인 업무가 복합되어 있는 경우에 한하여 복수 직급으로 할 수 있도록 하고 있다.

그러나 행정직군(렬)의 경우 지나치게 방대한 분야와 인원을 포함하고 있어 직렬 구분의 의미가 없으며, 따라서 신규 채용, 승진, 전보 등이 계급 제처럼 운영되고 있는 실정이다.

교육과학기술부의 직제는 부서별로 관장업무를 구분하고 각 부서장 직위에 보임할 수 있는 직급을 규정하고 있다. 그러나 일반 행정직 공무원의 경우 직위분류제가 엄격히 실시되지 않고 있기 때문에 직무의 특성에 적합한 보임이 이루어지지 못하고 있는 실정이다.

또한, 교육행정의 특수성과 전문성을 고려하여 교육과학기술부의 실장, 국장, 과장 및 담당관은 일반직 국가공무원 또는 교육공무원으로 보임할 수 있도록 하고 있는데(정부조직법 제2조), 직무 분석에 기초한 직위별 보임 규정이 설정되지 않고 있으며 실제로는 교육공무원 보임이 극히 제한되고 있다.

#### (2) 교육행정요원

교육행정요원은 교육기관 또는 교육행정기관에서 교육행정업무를 관장, 수행하고 있는 사람들을 지칭한다. 단위 학교 경영의 책임자로서 교장, 교감은 학교 경영 활동과 관련된 업무를 종합적으로 다루어야 하기 때문에 교육기관과 교육행정기관의 교육행정직은 업무의 영역, 자격기준 등을 구분하고 있다.

중앙 및 지방교육행정 기관에서 근무하는 공무원의 종류는 정무직, 별정직, 특정직, 일반직 및 기능직으로 구분된다. 정무직 공무원은 선거에 의하여 취임하거나 임명에 있어서 국회의 동의를 요하는 공무원으로서 교육부 장관 및 차관이 이에 해당된다.

특정직이란 교육공무원으로서 교육행정기관에 근무하는 교육전문직을 의미한다. 일반직은 행정 일반 또는 기술에 대한 업무를 담당하는 공무원으로서 직군, 직렬, 직류별로 분류되는 공무원이다 기능직은 기능적인 업무를 담당하며 해당 기능별로 분류되는 공무원이다.

교육행정기관에서 중간 관리자 이상의 지도적 위치에서 교육 행정 업무를 담당하는 교육행정요원은 교육전문직(특정직)과 일반직 공무원이라고 할 수 있다.

① 교육전문직

교육행정조직에는 교육공무원으로서 교육전문직이 배치되어 있다. 교육행정의 전문성은 교육행정담당자가 갖추고 있는 업무 수행 능력과 자질의 수준에서 비롯된다고 볼 때 교육전문직의 역할은 매우 중요하다고 할 수 있다.

교원을 교육전문직으로 전직 임용하고자 할 때는 교육관이 투철하고 교육에 대한 자질과 능력이 탁월하다고 인정되는 사람으로서 ① 장학관, 교육연구관은 교장, 교감이거나 박사학위 소지자로서 교육 경력이 5년 이상인 사람, ② 장학사, 교육연구사는 근무 경력이 15년 이상이고 근무 성적이 '우' 이상인 사람이어야 한다. 다만 교장을 교육 전문직으로 전직시키고자 할 때에는 본인의 동의를 얻어야 한다.

교육과학기술부와 그 소속기관에 근무하는 장학관 및 교육연구관은 교육부 장관의 제청으로 대통령이 임용하며, 시도 교육청 과장급 이상에 해당하는 교육 전문직은 당해 교육감의 추천을 받아 교육부 장관의 제청으로 대통령이 임용한다. 그 밖의 교육청 소속의 교육 전문직원은 당해 교육감의 추천으로 교육부 장관이 임용한다.

현행 교육전문직의 자격 기준은 교육공무원법 제9조 별표와 교육공무원 인사관리 규정에 명시되어 있는데, 그 내용은 표 15-2와 같다.

② 일반직

교육행정기관에 근무하는 일반직 공무원은 실적과 자격에 의하여 임용되고 그 신분이 보장되며, 평생토록 공무원으로 근무할 것이 예상되는 경력직 공무원이다. 일반직 공무원은 행정 일반과 기술 지원에 대한 업무를 담당하며 직군, 직렬별로 분류되고 있다.

1993년 공무원 임용 령의 개정으로 교육 행정기관에 근무하는 일반직 공무원을 일반 행정 직렬과는 별도의 교육행정직렬로 구분하고 교육행정요원의 독자적인 시험관리 체제를 확립하였다.

표 15-2 교육전문직의 자격기준(자료: 교육공무원법 제9조 관련 별표)

| 직 명 | 자 격 기 준 |
|---|---|
| 장학관<br>교육연구관 | 1. 대학·사범대학·교육대학졸업자로서 7년 이상 교육경력이나 2년 이상 교육경력을 포함한 7년 이상의 교육행정경력 또는 교육연구경력이 있는 자<br>2. 2년제 교육대학 또는 전문대학졸업자로서 9년 이상의 교육경력이나 2년 이상의 교육경력을 포함한 9년 이상의 교육행정경력 또는 교육연구경력이 있는 자<br>3. 행정고등고시 합격자로서 4년 이상의 교육경력이나 교육행정경력 또는 교육연구경력이 있는 자<br>4. 2년 이상의 장학사·교육연구사의 경력이 있는 자<br>5. 11년 이상의 교육경력이나 2년 이상의 교육경력을 포함한 11년 이상의 교육연구경력이 있는 자<br>6. 박사학위를 소지한 자 |
| 장학사<br>교육연구사 | 1. 대학·사범대학·교육대학졸업자로서 5년 이상 교육경력이나 2년 이상 교육경력을 포함한 5년 이상의 교육행정경력 또는 교육연구경력이 있는 자<br>2. 9년 이상의 교육경력이나 2년 이상의 교육경력을 포함한 9년 이상의 교육행정경력 또는 교육연구경력이 있는 자 |

(3) 교직원의 임용, 승진 및 전보

교육직원은 대체로 교원과 교육 공무원을 포함한다. 교육직원은 그림 16-1과 같이 직책 및 직급에 따라 나누어진다.

자격을 갖춘 교원을 선발하여 적소에 임명하고 전보와 승진을 시키는 일은 교원 인사 행정에 있어서 가장 중요한 과제의 하나이다. 교육공무원법에 의하면 교원의 선발과 임용은 신규 임용, 승진 임용과 강임, 전직과 전보, 면직과 파면 등을 포함하는 것으로 되어 있다.

교원의 선발과 임명은 모집, 시험, 임명의 3단계에 걸쳐 이루어진다. 법령상 임명의 개념 속에는 신규 채용 외에 승진, 전직, 전보, 강임, 휴직, 복직, 면직, 파면 등을 포함하고 있으며 통속적으로 인사이동이라 할 때에는 임명 이후의 이동 상황을 의미하는 것이다. 그 중에서 가장 중요한 것은 승진과 전보이다.

승진은 상위 직위에 결원이 발생한 경우 그 보다 낮은 계층의 재직자 중에 선발하여 상위 직위를 충원시키는 것이다. 일반적으로 상위 직위로의 수직적 이동을 가리킨다. 승진을 인사관리의 중요한 요소로 보는 이유는 첫째, 보다 높은 지위와 보수를 얻으려는 욕구를 충족시켜 줌으로써 사기를 앙양시키는 역할을 하고 둘째, 개인의 능력 발전 및 잠재력발휘의 기회를 부여하며 셋째, 유능한 인재를 공직에 유치 할 수 있으며 넷째, 직업 공무원 제도를 확립하는데 필수적 요건이 되기 때문이다.

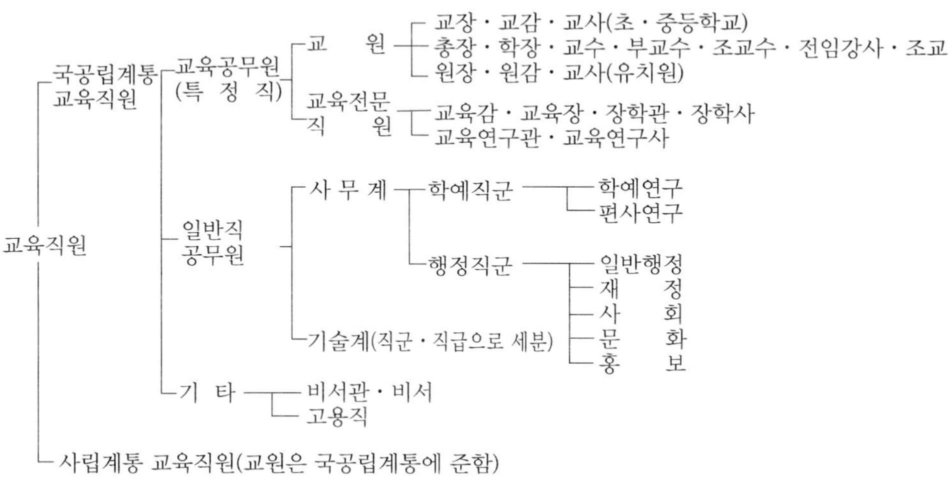


그림 15-2 교육 직원의 분류

승진은 대체로 근무성적의 비교, 선임 순 또는 연공, 승진시험 등의 방법으로 이루어진다. 교육 공무원 승진규정에는 1급 정교사로서 3년 이상의 교육 경력이 있으면 교감 자격 연수 대상자로 교감으로 3년 이상의 경력이 있으면 교장 연수 대상자로 선정될 수 있도록 규정하고 있다.

승진 기준은 보통 경력과 실적으로 구분한다. 경력에는 학력, 근무연한, 경험 등이 포함되고, 실적에는 근무 성적, 연수 성적, 승진 시험 성적 등이 포함된다.

전보는 동일 직위 안에서의 보직 변경 또는 수평적 이동을 의미한다. 교육공무원법에는 "전보권자 또는 전보 제청권자는 소속 공무원의 동일 직위에 있어서의 장기근무로 인한 침체를 방지하기 위하여 매년 전보 계획을 수립하여 이를 실시하여야 한다" 라고 규정하고 있다.

전보의 기준은 본인의 희망, 소속 기관장의 내신 또는 의결, 생활 근거, 부부 교사의 경우에는 그들의 가정환경, 근무 또는 연구 실적, 근무지 또는 근무교의 위치와 사회적 명성, 복무연한 등 여러 가지 요인을 고려하게 된다. 교육공무원의 전보 시기는 교육전문직과 교장의 전직과 전보는 매년 9월 1일자로 실시하고, 교감과 교사의 전보는 매년 3월 1일자로 실시하는 것이 원칙이다.

교사사회에서의 인간관계는 교육책임공무원(교육감・교육장, 교장・교감)과의 관계, 학부형과의 관계, 학생과의 관계(대상인별)로 나눌 수 있다. 인간관계에서 중요한 것은 개인의 가치인정과 칭찬・성공감・안정감・참여의식・귀속감 등이다. 그러나 현 사회의 환경은 교직자로 하여금 이러한 사회 심리적 상태를 갖게 하기 힘든 것 같다.

공업교사의 능력개발은 주로 교사 재교육을 통해 이루어지고 있으나 재교육(현직교육)이 주로 강의방식에 의한다는 점, 재교육 후 성과측정이 거의 이루어지지 않고 있다는 점 등이 문제이며, 교사 재교육에 참여하는 교사들의 의식이나 태도도 진급 때문에, 또는 마지못해서 하는 인상을 주고 있다.

교직자의 능력개발은 근무 성적 평정, 승진 및 전직・전보 등을 통해서 이루어지나 이에도 많은 문제점이 내포되어 있다. 여기서 주의를 요하는 것은 교육업무담당 일반 행정공무원의 능력개발인데 아직 많은 주의가 주어지지 않고 있다.

또한, 이들의 승진이나 특전의 기회는 타 부처 공무원보다 적어 사기와 능력개발에 많은 제약이 가해지고 있으며, 앞서 말한 바와 같이 전문이 쪽에서 보면 전문성이 낮고 행정인 쪽에서 보면 일반 행정업무라고 볼 수도 없는 한계행정인(marginal administrator)이 되기 쉽다는 점에 유의해야 한다.

### 2) 행정조직

우리나라의 교육을 담당하는 중앙 부서는 물론 교육과학기술부이다. 교육부는 학교 교육, 평생교육 및 학술에 관한 사무를 담당하고 있는데, 이러한 업무를 행하기 위해서는 상공부, 노동부, 경제기획원 등 다른 부처와 행정적 협조 관계를 유지한다. 교육부에는 총무과, 장학 편수 실, 대학정책실, 보통교육국, 교직 국, 과학교육국, 사회국제교육국 및 교육시설국이 있으며, 정책 및 기획의 조정 분석과 예산 및 행정관리 등의 업무를 하는 기획관리실이 있다.

교육과 관련이 많은 부서는 과학교육국이다. 과학교육국에는 실업교육과, 과학교육과, 전문대학행정과 및 전문대학학무과가 있다. 실업교육 과에서는 각급 학교의 실업교육 및 과학교육에 대한 계획 수립과 지원을 담당한다. 또한, 실업계 고등학교의 실험 실습, 산학협동 및 현장실습, 실업교육단체의 지도, 산업교육심의회 운영 등의 업무도 담당하고 있다. 교육과정 및 교과용 도서에 관하여는 장학 편수실에서 담당한다.

시도 교육청에는 초등교육국, 중등교육국 및 관리국이 있고, 서울특별시 교육청에는 이밖에 총무과와 사회체육 국이 있다. 중등교육국 산하에는 중등장학과, 중등교직과, 과학기술과, 사회체육과(부산에 한함)가 있는데. 과학기술과는 과학 및 산업에 관한 사항을 관장하고 있어 직업기술교육과 관련이 크다.

이러한 조직과 조직의 기능은 크게 헌법과 정부관계 조직법으로부터 교육법에 의거하여 특정적인 직업교육의 활동을 위해서는 산업교육진흥법, 동시행령, 교육부령, 그리고 각종 규정 등이 마련되어 있다.

우리나라는 직업교육을 강조하고 있으면서도 직업교육을 담당하는 부서가 중앙단위인 교육과학기술부에는 국 단위로 독립 조직 운영되지 못하고 과학교육국이란 명칭으로 사용되고 있다. 미국의 교육부가 직업·성인교육국(vocational and adult education), 일본과 대만의 문부성에 직업교육국이 독립된 국으로 설치 운영되고 있는 것과 비교하면 우리나라 교육과학기술부의 직업교육 조직은 대단히 미비한 편이다. 또 문제가 되는 것은 교육과학기술부에는 직업교육 행정을 담당할 만한 전문가가 적고, 직업교육 전문가가 적재적소에 배치되지 못하는 사례가 자주 있다.

더욱 문제가 되는 것은 직업교육을 지원하기 위해 제정된 산업교육진흥법 및 동시행령중 상당부분이 사문화되어 있어 직업교육이 제대로 실시되지 않고 있다는 점이다.

## 15.2 정책평가

교육의 평가는 중앙 단위에서의 종합적인 평가와 기관별 교육평가, 그리고 프로그램 평가, 더 구체적으로 수업평가 등으로 세분화 할 수 있다. 그런데 여기서는 중앙단위에서의 직업교육정책 평가를 중심으로 정책평가의 준거 모형 및, 평가 지표를 소개하고자 한다.

### 15.2.1 직업교육 정책평가의 준거

직업교육정책의 평가의 준거는 그림 15-3과 같이 제시할 수 있다.

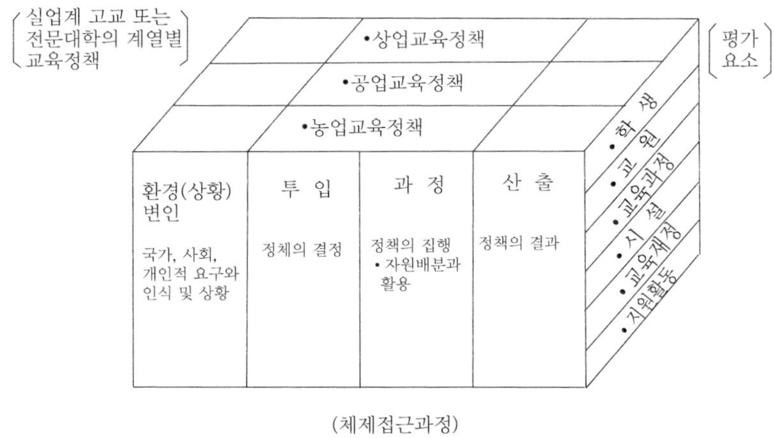


그림 15-3 직업교육 정책평가를 위한 준거모형

직업교육 정책평가의 준거모형은 3차원의 체제 접근의 과정을, 그리고 제3차원은 평가대상을 각각 나타내었다.

각각의 평가체제에서 적용하는 평가준거는 다음과 같다.

① 정책 환경 : 정책 환경 판단의 적절성

② 투입 : 정책조건의 적절성

투입자원은 사회 환경에서 나오는데 어떠한 투입자원(결정된 정책)이 직업교육

정책체제에 적용되느냐에 따라 정책효과는 달라지며, 특히 직업교육 정책의 핵심이 되는 정책집행의 효율적 운영은 선택조건에 따라 결정된다고 볼 때 정책조건(투입조건)을 어떻게 갖추느냐 하는 문제는 매우 중요하다.

③ 과정 : 정책집행의 능률성

이 과정에서의 핵심은 결정된 교육과정을 효율적으로 운영하여 정책목표를 이룰 수 있도록 배분된 투입 변인들을 잘 조정 활용하는 일이며, 정책집행 노력의 적절성, 자원 배분 및 활용의 적절성, 그리고 교육과정 운영의 효율성 등이 포함되어야 한다.

④ 산출 : 정책목표 달성도와 수혜자의 만족도

이 과정에서는 정책의 효과가 처음에 의도했던 정책목표를 국가사회적인 필요에서 완벽하게 달성하고 있는지와 학생이 개인의 자아실현과 삶의 질 향상에 얼마나 접근하여 직접적 수혜자인 학생과 학부모의 기대를 충족시켰는지를 평가한다.

표 15-3 평가 단계별 평가준거와 평가의 초점

| 구분 / 평가단계 | 평가준거 | 평가의 초점 |
|---|---|---|
| 상 황 | • 적절성 | ○정책 환경 진단<br>• 정치. 경제, 사회, 교육, 문화, 과학적 상황과 요구<br>• 개인의 자아실현 요구<br>○정책 문제의 파악<br>• 미래 지향적인 정책 여부<br>• 타 부서와의 협조 관계 |
| 투 입 | • 적절성 | ○정책목표의 설정<br>○집행의 준비(조건)<br>자원의 확보: 인적자원, 물적 자원, 교육과정<br>지원활동: 기구 개편, 법령 보완 |
| 과 정 | • 능률성 | ○정책의 집행<br>• 지원의 배분과 활용(인적자원, 물적 자원)<br>• 교육과정 운영<br>• 지원 활동 |
| 산 출 | • 목표달성도<br>• 수혜자의 만족도 | ○목표도달 정도<br>• 개인적 효과: 행동 특성의 변화. 이익<br>• 국가, 사회적 효과: 사회적 역할, 인력수급, 충족도<br>○교육투자 수익률 |

## 15.3 교육장학

### 15.3.1 장학의 개념

장학(supervision)이라는 말은 감시, 감독, 지도조언, 장학 행정 등 여러 가지 용어로 쓰여 지고 있다. 용어의 사용방법에 따라 장학담당자가 교사와 학교를 감독·감시하는 전제적 방법과 교사와 학교를 지도·조언하여 교육활동을 조장하는 민주적 방법으로 해석할 수 있다.

Supervision이라는 단어는 높은 곳에서 훌륭한 사람이 감시하고 감독한다는 뜻으로 교사나 학교의 교육활동을 감독하는 것으로 해석해 왔다. 그러나 민주적 교육을 지향하는 현대교육에서 장학이라는 말은 교육현장의 교육개선을 위하여 고사와 학교의 교육활동을 지도·조언하는 전문적 교육활동이다.

장학을 송해균(1987)은 '교육에 있어서 교수·학습의 효율화를 목적으로 학습환경의 개선, 교사의 전문성 신장, 교육과정 운영, 학교실습장 운영의 합리화를 위하여 제공되는 지도, 조언, 조정, 정보제공, 자원봉사 등 일련의 전문적·기술적·교육적 활동이다'라고 정의하고 있다. 장학의 정의에도 불구하고 교사와 학교의 교육활동을 감시하며 교사들에게 군림하는 것 같은 일이 가끔 있다.

장학은 전문적 장학 담당자와 학교장, 교감 등의 직위에 있는 사람에 의해 이루어진다. 이들은 교육 목표달성을 위하여 교직원에게 명령하고 지시하여 교육의 진행과정을 감독하는 일보다 교사들이 자발적이고 창조적으로 일할 수 있도록 격려하고 도와줌으로써 장학의 효율성을 제고할 수 있다.

장학의 개념은 지금까지도 쓰는 사람에 따라 동일하지 않으며 장학이 가장 먼저 발달되어 온 미국에서도 시대에 따라 그 역할과 강조점이 다르게 변천되어 왔기 때문에 명확하게 그 개념을 규정짓기는 어렵다.

Wiles와 Bondi는 다음 다섯 가지로 정의하고 있다.

① 행정측면에서 보는 입장으로 장학을 교육행정의 연장으로 생각한다.

② 교육과정에 강조점을 두는 입장과 교수·학습사태의 개선의 측면에서 장학을

보는 입장이 있다.

③ 학교입장에서 일하는 교직원과 장학담당자 사이의 인간관계를 강조하는 입장으로 인간 자본적 접근이 있다.

④ 장학을 경영의 한 형태로 간주하며 학교를 일종의 생산체제로 보고 조직 경영의 입장에서 정의한다.

⑤ 끝으로 지도성의 측면에서 장학을 지도성으로 설명하는 경우도 있다.

한국교육개발원의 한 보고서는 여러 장학개념의 공통적인 요소로서 교수・학습 개선과 교육과정 운영지도를 통한 교사의 능력개발을 위하여 도움을 주는 것으로 설명하고 있다.

장학의 개념은 시대적으로 다음과 같이 변화하였다.

① 장학의 기본성격에 있어서 전제주의적인 독학에서부터 민주적인 지도・조언으로 변화하였다.

② 장학의 대상 영역이 확대되어 교사의 근무실태 평정이라는 좁은 영역에서 탈피하여 교육과정 전반에 걸친 장학으로 확대되었다.

③ 장학의 방법에 있어서도 독학을 위한 학교방문에 머무르지 않고, 학교방문, 연구수업, 연구협의 등 다양한 방법을 적용하는 방향으로 변화하였다.

이와 같이 장학의 개념이 변화한 것은 교육사조의 변천, 교육행정의 전문화 및 민주화, 교육 기술의 발달 등에 의한 영향이라고 볼 수 있다. 이러한 변천에 따라 오늘에 와서는 장학을 감독이나 독학이라는 관점에서 보다도 전문적 지도조언이라는 관점에서 그 개념을 규정한다.

장학의 개념을 규정하는 방법으로는 법규 면에서의 접근, 기능면에서의 접근, 이념면에서의 접근 등이 있다. 그 중 기능면에서의 장학의 개념을 정의하면 다음과 같다. 즉, '장학이란 교사의 전문적 성장, 교육운영의 합리화 및 학생의 학습 환경 개선을 위한 전문적・기술적 보조 활동이다'라는 정의가 그것이다. 이 개념에 의하면 장학활동은 크게 세 가지 분야에서 행해진다.

첫째는 교사의 전문적 성장을 돕는 제반활동이다. 교사로 하여금 교직에 대한 올바른 태도를 지니도록 하고, 학습지도와 생활지도의 발전된 방법을 익히며, 교육에 대한 바른 관점을 가지고 교육문제를 직시할 수 있도록 돕는 것이 장학의 중요한 활동영역이다.

둘째는 교육운영의 기획과 평가를 돕는 제반 활동 등을 들 수 있다. 즉 교육 활동 전반에 대한 기획, 조사와 연구 및 평가에 있어서 관련된 사람들을 도와주고 교육문제에 대한 사회적 인식을 개선하기 위한 활동 등이 이에 속한다.

그리고 셋째는 학생들의 학습 환경을 개선하기 위한 활동을 들 수 있다. 학습 환경은 교사의 태도와 관련된 심리적인 측면을 내포하지만, 학교의 물리적인 환경조건 또한 소홀히 생각할 수 없는 것이다. 장학은 이러한 물리적인 환경조건을 개선하기 위한 활동에도 진력한다.

### 15.3.2 장학의 기능

교육행정과 장학의 개념으로 볼 때 양자 간의 관계는 매우 밀접하며 구분이 명확하지 않으나, 교육행정이 장학보다 상위의 개념이라는 것에 많은 학자들이 동의하고 있을 뿐 그 한계는 규정짓기 어렵다.

학교행정을 크게 관리행정과 장학행정의 두 영역으로 나눌 수 있지만 그 기능의 수행에 있어서는 서로 중복되는 것이 많으며 상호 보조적인 관계에 있다.

그러나 교육행정과 장학을 기능적으로 구분하면 장학은 횡의 차원에서 활동을 하며 학교행정 또는 관리는 종의 차원에서 이루어지고 있다고 볼 수 있다.

장학의 개념에서 강조된 바와 같이 현대 교육행정에서 장학은 감독과 독려가 아니라 전문적인 봉사이다. 이러한 장학의 기능에는 크게 분류하여 지도성, 조정, 자원봉사 및 평가 등 네 가지 기능이 있다

#### 1) 지도성

장학담당자는 자신의 전문적인 영역에 있어서 지도성을 발휘해야 하기도 하지만, 이와 동시에 다른 사람들의 지도성을 받아들이고, 그것을 격려하는 일도 중요하다. 장학은 지도성을 발휘하여 조력을 제공하기도 하지만, 지도성이 발휘 되도록

하는 기능을 수행하기도 한다. 민주적인 집단과정에 있어서의 지도성은 ① 집단원의 자발성을 자극하고, ② 목표설정을 도와주고, ③ 능력발휘를 자극하고, ④ 고사의 의지적인 행동을 격려하며, ⑤ 사후관리를 담당하는 등의 역할을 수행해야 한다.

#### 2) 조정

여러 가지 다른 의견을 절충하거나 조정하여 교육의 성과를 향상하는 일에 집중되도록 하는 일은 장학의 중요한 기능이다. 또한 한 교육행정 조직 내에 있는 자원과 힘을 동원해서 하나의 교육력으로 나타날 수 있도록 하는데 있어서 장학은 중요한 공헌을 할 수 있는 것이다. 장학이 제대로의 조정과 행동의 기능을 발휘할 때에 그것은 가능해진다.

#### 3) 자원봉사

장학담당자는 그 자신이 자원인사이다. 그의 전문적인 지식과 기능, 그의 경험 등으로 보아 교사와 교육행정가에게 훌륭한 자원인사가 될 수 있다. 그러므로 교사와 교육행정가가 어떤 교육문제에 직면했을 때에 장학담당자는 그 문제해결을 위한 자원인사로서 봉사적인 조력을 제공하게 된다. 뿐만 아니라 장학담당자는 교육위원회나 교육행정 책임자가 교육정책을 위한 의사결정을 할 때 교육 전문가로서 자문에 응하기도 하고 또 조언을 하기도 한다.

#### 4) 평가

평가의 기능은 장학에 있어서 기본적인 것이다. 교육목표의 달성과 교육성과에 대한 판단은 적절한 평가에 의해서만 가능하기 때문이다. 또한 교육의 발전과 향상은 현재의 상태를 바르게 평가하는 데서부터 오게 된다는 점을 감안하면 장학에 있어서의 평가기능은 중요하다. 이 경우 중요한 점은 올바른 평가기준을 가지고 평가하는 일이다. 평가의 기준 자체가 타당하지 못할 때 그 결과에 대하여 타당성을 부여할 수는 없다.

또 한 가지 중요한 사항은 평가의 기능이 평가 자체에 머무르지 않고 반드시 교육의 목표와 교육활동에 번영이 되어야한다는 점이다. 평가의 궁극적인 목적은 교육의 향상과 발전에 있으니 만큼 평가 결과에 따라 교육활동자체에 변화가 올 수 있도록 해야 만이 장학 본연의 기능이 수행된다고 할 수 있다.

장학의 기능이 제대로 발휘되도록 하기 위해서는 다른 어떤 조건보다도 장학의 권위를 확립하는 것이 필요하다. 이와 같은 권위는 행정적으로 위임된 권한에 의해서 나타날 수도 있으나 그것보다 중요한 것은 개인과 집단의 전문적인 역량이다. 장학담당자 개인이나 장학담당자의 집단이 전문적인 면에서 능력이 있어야만 권위가 서게 되고 장학의 기능은 제대로 발휘될 수 있는 것이다.

INDUSTRIES EDUCATION

# 제16장 연구와 과제

工業教科教育論

# 16. 연구와 과제

## 16.1 연구의 특성

### 16.1.1 연구의 필요성

공업교육을 비롯한 직업교육은 정책 수립, 계획, 행정 관리, 교육과정 개발, 학생 지도 등 어느 분야에서 일을 하던 간에 의사 결정이 필요하고, 이러한 의사 결정을 하려면 우리는 많은 문제와 접하게 된다. 이러한 문제는 각 분야별로 또 각 단계별로 매우 다양하다. 그림 16-1은 이러한 의사결정의 상황을 예시한 것이다.

이러한 여러 가지 질문에 해답을 하는 방법에도 여러 가지가 있다. 관행을 따를 수도 있고, 그 기관의 책임자의 뜻이나 의사결정을 하는 본인의 흥미나 경험에 의하여 결정할 수도 없다. 그러나 이러한 경우에 과학적 방법에 의한 의사결정이 가장 정확한 해답을 줄 수 있음은 누구나가 쉽게 예견할 수 있다.

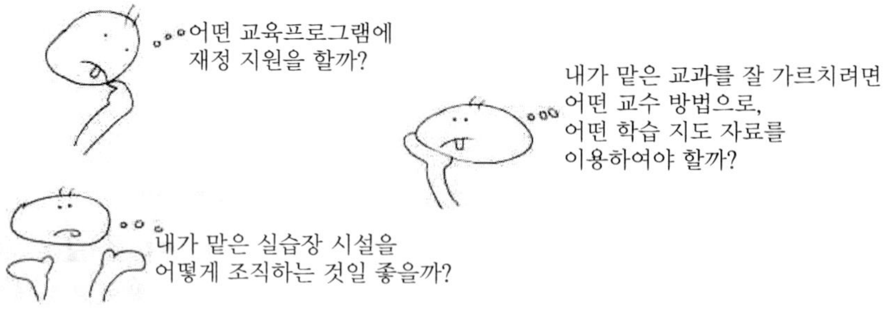


그림 16-1 의사결정의 여러 가지 상황

연구를 하는 것은 정보 수집, 탐구, 분석, 결과의 해석 및 적용 등에서 우리의 능력을 더욱 신장시켜 줄 수 있다. 연구의 결과를 정책 수립, 행정 관리 체계, 개인발전, 교육 과정계획, 교수 · 학습의 효율화 등을 위하여 적용할 수 있는 기회는 아주 많이 있다. 특히 직업 · 기술교육분야에는 과학 기술이 가속적으로 발전하여 이러한 연구와 연구 결과의 적용의 기회가 다른 분야보다도 더욱 많고 또, 그 필요성도 점차 증대되고 있는 추세에 있다.

### 16.1.2 교육연구의 과정

우리가 공업교육이나 기술교육 분야에서 교육 정책수립, 교육과정 개발, 행정 관리 등의 임무를 수행하려 할 때는 물론이고, 교사로서 학생을 잘 가르치려고 할 때에도 수많은 문제와 마주치게 된다. 이러한 문제의 해답을 구하거나 의사결정을 하려면 그 문제와 관련된 믿을 수 있는 정보가 필요하다.

이러한 정보가 없을 때에는 최소한 그 문제를 체계적이고 과학적으로 연구할 수 있는 기술을 가지고 있어야 한다. 다시 말하면, 우리는 공업교육이나 기술교육 문제에 관한 연구를 수행할 수 있는 기술을 가지고 있어야 함을 뜻한다.

연구의 수행과정은 다음의 4가지 주요 단계로 구성되어 있다.

- 연구의 계획
- 연구의 조직과 수행
- 연구 보고서 작성
- 연구의 평가

연구 계획 단계에서 연구자는 그 연구의 필요와 중요성을 입증하여, 연구가 수행되어야 하는 이유와 연구를 어떻게 수행하는가 하는 방법을 기술하게 된다. 즉, 연구 문제가 무엇이고, 연구를 통하여 찾으려는 질문에 대한 해답은 무엇인가? 또는 시험하고자 하는 가설(예상되는 관계)은 무엇인가에 관하여 설명하게 된다.

연구 계획이 세워지면 연구자는 잘 쓰이는 연구방법이나 연구 계획서에 짜여 진 계획에 따라 연구를 진행하게 된다. 연구가 진행됨에 따라 연구자는 연구 계획단계에서 짜여 진 계획대로만 진행되지 않음을 흔히 발견할 수 있고, 어떤 경우에는 연구 방법에도 어긋나는 것을 알게 된다. 이러한 경우는 물론 첫 단계인 연구의 계획이 잘 짜여 진다면 일어나지 않을 수도 있다.

자료가 수집되고 분석되는 과정이 끝나면, 연구 결과로 발견된 사실의 개요와 시사점을 기술하여 연구 보고서를 작성하게 된다.

마지막에는 연구 결과 나타나는 허점이나 약점을 발견하는 단계이다. 이렇게 함으로써 연구를 수정 한다든가 또는 앞으로 보다 나은 연구를 하는 데 도움을 얻을 수 있다.

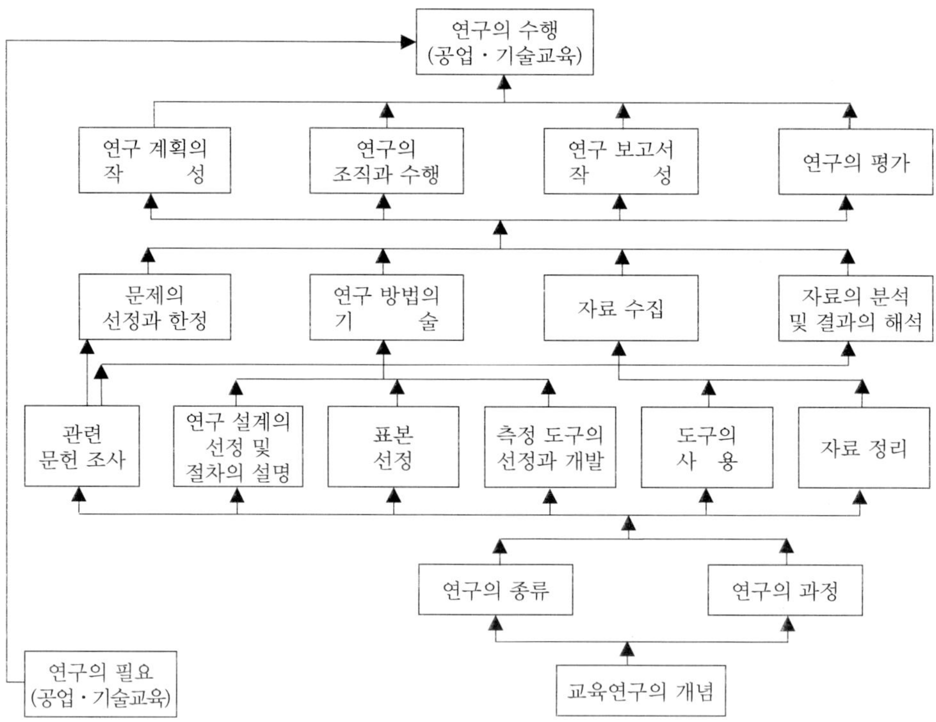


그림 16-2 교육연구의 개요도

4가지 연구의 주요 단계를 거쳐 연구를 수행하기 위해서는 다음의 내용을 알아야 한다.(그림 16-2참조)

- 연구 문제의 선정과 한정(selecting and define)
- 연구 방법의 기술
- 자료의 수집
- 분석과 결과의 해석

연구 문제를 선정하고 명료하게 하는 것은 연구를 수행하는 과정에서 가장 중요한 단계이다. 이 단계가 잘 이루어지면 연구 문제와 관련된 문헌을 고찰할 수 있게 되고, 전체적으로 진단하여 문제를 좀 더 명확하게 하여 특정 연구 문제(specific research question)나 연구가설을 진술할 수 있게 된다.

연구방법을 기술하기 위해서는 그 연구의 목적과 종류에 비추어 가장 적합한 연구 설계(design)의 선택, 연구 대상의 선정, 변인(variable)을 측정하기 위한 도구(instrument)의 선정이나 개발 등이 필요하다.

자료를 수집하려면 연구자는 연구 도구를 사용할 수 있고 자료를 기록할 수 있어야 하며, 자료를 분석하기 위해서는 자료를 숫자나 도표로 나타낼 수 있는 능력을 가지고 있어야 한다.

자료를 분석하고 결과를 해석하려면, 연구자는 수집된 자료를 처리하고 분석하는 데 필요한 통계적 방법을 선정하고 적용하여 타당한 결론에 도달할 수 있는 능력을 길러야 한다.

이와 같은 능력을 기르기 위해서는 먼저 직업·기술교육 분야에서 연구의 필요, 연구의 종류, 연구의 수행과정, 연구의 의미 등을 개념적으로 이해할 필요가 있다.

### 16.1.3 교육연구의 조직적 특성과 과학적 방법

연구라는 말이 여러 분야에서 자주 사용되어 개념상에 혼란이 있는 경우가 많다. 연구는 이미 많은 사람에 의하여 정의되어 왔다. 여기에서는 이러한 정의를 통하여 개념을 파악하기보다는 구체적 사례를 통하여 연구의 개념을 알아보기로 한다.

(예) 공업 고등학교에서 토목 분야를 가르치는 어떤 교사는 그가 가르친 졸업생들이 직업 현장에서 실제적으로 일을 할 수 있는 기능이 부족하다는 고용주들의 불평을 들어왔다.

그는 이 문제에 영향을 끼치는 요인을 확인하기 위하여 그가 가르친 졸업생들을 고용하고 있는 산업체를 방문하여 고용주들이 의견을 수립하고, 동료 교사들과도 논의하여 이 문제와 관련된 여러 정보를 수집하였다. 그다음 이 교사는 연구문제와 그 문제를 해결하기 위한 가정(연구가설)을 결정하였다.

그는 조사 도구인 설문지를 만들어 고용주, 교사, 졸업생을 대표할 만한 표본을 선정하여 필요한 정보를 수집하였다. 이렇게 수집된 자료를 분석하여 그 결과를 연구 가설과 관련하여 해석하고 결론에 도달하였다.

위의 예에서, 연구자인 교사는 문제 상황에서부터 결론에 도달하기까지 여러 단계를 순서에 따라 진행하였기 때문에 우리는 이 연구가 조직적(systematic)이었다고 말할 수 있다.

그리고 연구자는 결론에 이르기까지 비약함이 없이 조사에 과학적인 방법을 사용하였다고 볼 수 있다.

연구의 가장 중요한 특징은 첫째는 조직적(systematic)이어야 한다는 것이고, 둘째는 과학적 방법(scientific method of inquiry)을 따라야 한다는 것이다.

연구가 조직적이 되려면 그 수행 과정이 논리적 순서에 따라 일정한 단계를 거쳐야 함을 뜻하는데, 그 단계는 다음과 같다.

- 연구할 문제의 본질을 이해하고 이 문제와 관련된 학문 영역을 확인한다.
- 다른 연구자들이 이러한 문제를 해결하기 위하여 어떻게 접근하였는지를 문헌을 고찰하여 이해한다.
- 타당한 결론에 도달하기 위하여 잘 조직되고 통제된 조건에서 자료를 수집한다.
- 문제해결에 필요한 자료를 분석한다.
- 결론을 도출하고 일반화한다.

연구가 조직적이 되기 위하여 갖추어야 할 일반적인 과정을 도시하면 그림 16-3과 같다.

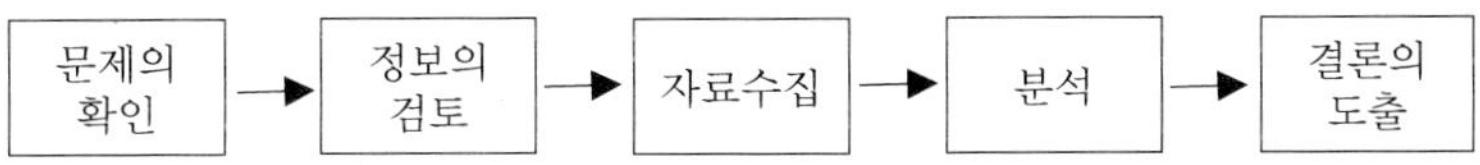


그림 16-3 연구의 조직적 특성

연구는 과학적 방법에 따라 수행되어야 한다. 이것은 연역적 방법과 귀납적 방법의 통합적인 적용을 의미한다. 이러한 방법은 어떤 현상을 설명하거나 예언할 때 대단히 유용하다.

과학적 방법은 "모든 결과에는 원인이 있다."는 기본가정에서 출발한다. 과학적 방법은 "원인의 관찰과 이론적 배경(귀납적 추리)을 통하여 가설을 형성하고, 실험에 의하여 가설을 수용, 확인, 부정하는 가설에 의한 결과를 추리(연역적 추리)"를 뜻한다.

따라서 귀납적 추리와 연역적 추리의 통합적인 사용은 과학적 방법의 핵심이다. 귀납적 추리에서 연구자는 특정 사례(구체적인 사실)를 관찰하고 조사하여 어떤 예견을 하게 된다.

예를 들면 어떤 연구자가 자기 학교에 근무하는 교사 중에 "시청각 교육을 받지 않은 모든 교사들이 학생을 가르치는 동안에 시청각 보조 자료를 사용하지 않는다."는 사례를 관찰하는 것과 같은 것이다.

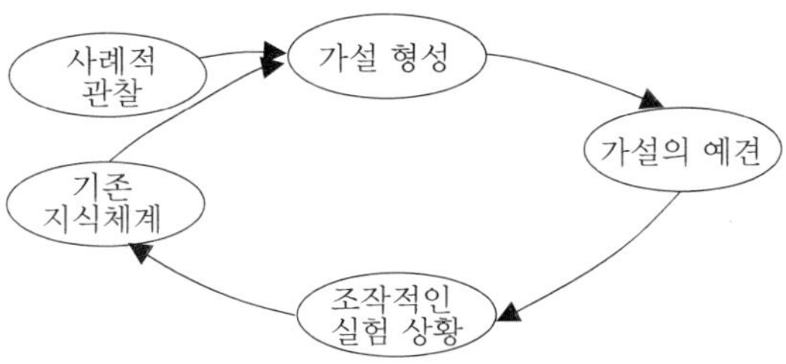


그림 16-4 문제 해결로 지식을 획득하는 과학적 방법

이러한 사례로부터 연구자는 "시청각 교육을 받지 않은 교사는 학생을 가르치는 동안 시청각 보조 자료를 사용하지 않는다."라는 예상을 하게 된다.

연역적 추리에서는 연구자가 "○○○교사는 시청각 교육을 받지 않았으므로 그가 학생을 가르치는 동안에는 시청각 보조 자료를 사용하지 않는다."와 같은 결론을 예견하고, 그것을 시험해 보는 것이다.

이러한 탐구를 통하여 발견된 사실은 기존의 지식체계에 새로운 하나의 지식을 추가하게 된다. 그 다음의 가설은 현존하는 지식 체계로부터 형성되어 관찰 사례와 실험에 의하여 응용할 수 있는 지식에 새롭게 추가된다. 이것은 그림 16-4에서 보는 바와 같이 순환적이고 역동적인 과정이다.

### 16.1.4. 교육연구의 유형

#### 1) 교육 연구의 목적에 따른 분류

자기가 연구하려고 하는 분야에서 이제까지 어떻게 연구되어 왔는가를 검토해 보는 것은 연구 문제를 정의하는데 있어서 뿐만 아니라 가설 형성, 적합한 연구 설계의 선택 등 자기의 연구를 수행하는데 많은 도움을 주기 때문에 연구에서 중요한 단계이다. 이러한 때에 선행 연구물을 유형별로 잘 분류할 수 있으면 대단히 유익하다. 그 이유는 연구의 유형이 같으면 비슷한 절차와 과정을 사용했기 때문이다.

연구를 분류하는 방법 역시 다양하지만 크게는 두 가지 방법이 많이 쓰인다. 한 가지 방법은 연구를 그 목적에 따라 분류하는 것이다. 즉, 연구의 결과가 교육현장에서 적용될 수 있는 정도와 연구의 결과가 일반화 될 수 있는 정도에 기초한 것이다. 다른 한 가지 분류방법은 연구 수행에서 채택하고 있는 방법에 기초하여 분류하는 것이다.

연구를 목적에 기초하여 분류하면 기본연구(basic research), 적용연구(applied research), 현장연구(action research)의 3가지 유형으로 나누어진다. 이것은 그림 16-5와 같이 나타낼 수 있다.

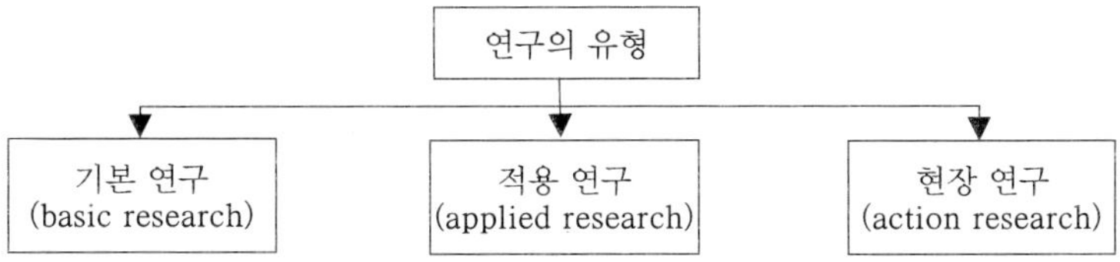


그림 16-5 목적에 따른 교육 연구의 유형

• 기본 연구(basic research)

(예 1) 쥐의 미로학습 실험(迷路學習實驗)에서, 정적(正的) 또는 부적(負的)강화 인자의 효과에 관한 실험연구

(예 2) 실험실 상황에서 그림에 의한 학습 자료와 언어에 의한 학습 자료가 학생의 학습에 미치는 영향에 관한 연구

이상의 두 가지 예에서는, 두 경우 모두 연구의 목적이 어떤 학습의 원리를 발견하여 교수·학습 이론을 형성하는 데 도움이 되는 것을 목적으로 하고 있음을 알 수 있다. 이 두 연구는 어떤 실제 문제를 직접 해결하려는 목적은 가지고 있지 않다. 그리고 실험실에서 여러 변인데 대한 엄격한 통제 하에서 수행되었음을 알 수 있다.

기본 연구는 이와 같이 이론의 발전과 강화에 관련된 연구를 말한다. 이 연구의 첫 번째 목표는 지식의 확장이며, 실제 상황에 대한 직접적인 해결을 목표로 하지는 않는다. 이러한 연구의 대표적인 것에서는 다른 분야의 과학 연구에서와 같이 변인에 대한 실험 통제를 한다.

• 적용 연구(applied research)

(예 1) 일선 교사를 상대로 새로 개정된 교육 과정이 교육현장에 적용하기에 적합한가를 조사한 연구

(예 2) 하나의 교과를 가르칠 때 서로 다른 두 가지 교수법의 효용성을 비교한 연구

위의 두 가지 예를 보면 적용 연구는 교육의 실제적인 문제를 해결한다거나 또는 어떤 이론을 교육적 상황에 비추어 적합 한가 평가하여 시험하는 것을 목적으로 하

는 것을 알 수 있다.

이 연구의 주목적은 어떤 작품이 최고인가를 밝히는 것이다. 이 연구 결과는 이론을 지지한다거나, 수정 또는 발전시키는 길잡이로 쓰이는 것이 보통이다.

최근 일각에서 쓰이기 시작한 "발전 연구(developmental research)"는 이 적용 연구의 중요 부분이 된다. 그것은 연구 결과물의 교육 현장에서의 효율성 제고에 주요 관심을 기울인다. 이러한 연구로는 교육과정 구성에 관한 보고서(교육 과정안내 또는 직업·기술 교육 프로그램 연구), 교사용 지도서, 교육용 교편 물, 관리 체계 및 교사 교육용 자료의 개발 등의 예를 들 수 있다. 이 연구그이 결과는 사전에 전문적 수준의 효용성을 달성하기 위하여 준비되거나 또는 현장 시험과 수정을 거치게 된다.

- 현장 연구(action research)

(예 1) 새로운 교수 방법의 하나인 모듈(module)에 의한 교수법을 배운 교사가 자기 교과를 배우는 학생에게 적용하여 학생의 학업 성취 효과를 조사하는 연구

(예 2) 교실에서 학생의 학습을 향상시키는 방법으로 교사가 학습지도 과정의 개발하는 연구

이들의 예를 조사하여 보면, 현장 연구는 한 곳에서 어떤 특정의 문제를 해결하기 위하여 한 사람(교사)의 연구자가 수행하는 것이 보통이며 그 연구 결과를 주로 자기 자신이 이용한다.

그러므로 이 연구를 상황적 연구(situational research:특정 상황에 속하는 문제 연구), 참여적 연구(연구자 자신이 연구에 참여하고 연구 결과의 이용에도 연구자가 관심을 갖는 연구)라고 할 수 있으며 어떤 특정한 문제를 해결하는 데 주목적이 있다. 이러한 연구의 결과는 다른 상황으로 일반화할 수 없는 것이 보통이다.

현장 연구는 교실에서 일어나는 문제의 해결을 돕는 것을 목적으로 하는 것이 보통이다.

그림 16-6 현장연구

현장 연구는 다른 유형의 연구에서 수행하는 정도의 조건 통제를 하지 않는다. 그러나 이 연구는 문제 해결의 상황에 과학적 방법으로 접근하는 연구이므로 주관적이라거나 상상에 의한 접근 방법과는 구분된다.

2) 교육 연구에 사용된 방법에 따른 분류

이제까지 우리는 연구를 목적에 따라서 어떻게 분류하는가에 대하여 논의 하였다. 그 다음으로 교육 연구의 유형을 분류하는 다른 한 가지의 방법은 연구를 수행하기 위하여 사용된 방법에 기초하여 분류하는 것이다. 연구방법이라 함은 자료를 수집하고 분석하는 데 사용된 기법으로 설명될 수 있다.

연구 방법에 기초하여 교육 연구는 역사적 연구, 서술적 연구, 상관 연구, 소급적 연구(ex-post facto), 실험연구로 분류될 수 있다.

• 역사적 연구(historical research)

(예) 우리나라에서 1969년부터 1989년 사이에 '기술과 교육'의 교육과정 구성의 흐름을 알기 위한 연구가 수행되었다. 연구자는 가설을 형성하였다. 그리고 다음과 같은 자료원에서 그 기간 동안 교육과정 구성에 관한 자료를 수집하였다.

① 교육과정 개정을 맡고 있던 위원회의 구성원들

② 위원회 구성원이 없는 경우에는 그 구성원에게 조력했던 사람들

③ 교육과정 위원회 회의 자료

④ 기술과 교육 프로그램의 교육과정에 관하여 발표된 보고서 등

연구자는 1969년부터 1989년 사이에 그 교과를 가르쳤던 교사와 그 과목을 배웠던 학생들에게서도 교육과정의 적합성이나 이에 관련된 자료를 수집하였다. 그는 신뢰성과 정확성을 유지할 수 있는 과학적 분석 방법에 따라 자료를 수집하였다. 그리고 연구 가설을 수용할 것인가 또는 거부할 것인가에 관한 정보에 따라 결과를 종합하였다.

위의 예는 역사적 연구의 간단하고도 피상적인 것이다. 그러나 이러한 예는 역사적 연구를 이해하고 분명히 하는 데 도움을 줄 것이다.

이 예에서 역사적 연구는 과거의 경향, 원인과 결과 등에 관련하여 결론에 도달하기 위하여 수행된다는 것을 알 수 있다. 이것은 물론 현재의 사실이나 미래에 발생할 사건을 예측하는 데 도움을 준다.

이 예에서 역사적 연구는 과거의 경향, 원인과 결과 등에 관련하여 결론에 도달하기 위하여 수행된다는 것을 알 수 있다. 이것은 물론 현재의 사실이나 미래에 발생할 사건을 예측하는 데 도움을 준다.

자료는 개개인에 대하여 도구로 조사되어 수집되지는 않는다. 그러나 자료는 원래의 문헌이나 그 현장을 직접 본 목격자로부터 수집된다(일차적 자료)

일차적 자료가 수집될 수 없는 경우에는 다른 이차적 자료로 수집한다.

이와 같이 수집된 자료는 신뢰도와 정확도를 유지하기 위하여 과학적 분석 방법에 따라 분석된다.

• 기술적 연구(descriptive research)

기술적 연구는 연구 주제의 현재 상태에 관련하여 자료를 수집하고 가설을 검증하거나 연구 질문에 대답을 하는 것을 다룬다. 이 연구에서는 어느 상황세서의 "무엇일까?", "어느 정도일까?"라는 질문을 주로 다룬다(영어: "What is?"). 서술적 연구의 예를 들면 다음과 같다.

(예) 기술 교사가 인지하는 기술 교육의 목표는 무엇일까?

공업 고등학교 기계과 교육과정 구성을 위한 작업분석

교사 재교육에 참여한 교사가 인식하는 재교육 연수 과정의 적합성은 어느 정도일까?

위 연구 예를 보면 모두 어떤 교육적 상황에서의 현재 상태, 특징 등을 다루고 있음을 볼 수 있다.

표 16-2 기본 연구, 적용 연구, 현장 연구의 여러 가지 특징

| 연구의 유형 | 특 징 |
|---|---|
| 역사적 연구 | ㅇ과거에 일어난 사건이나 사실의 저술<br>ㅇ자료는 실문시에 의하여 수집되지 않고 관계되는 기록이나 그 일에 참여한 실제 인물을 만나서 수집 |
| 기술적 연구 | ㅇ현재 상황에 관계하여 가설 검증이나 설문지 응답<br>ㅇ연구 자료는 설문지, 면담 또는 관찰 등으로 수집 |
| 상 관 연 구 | ㅇ두 가지 이상의 수량화된 변이 사이에 상관의 정도를 결정 |
| 소 급 연 구 | ㅇ감정적인 원인과 결과의 관계 설정<br>ㅇ원인과 결과가 모두 끝났기 때문에 독립 변인의 조작은 없음 |
| 실 험 연 구 | ㅇ적어도 한 가지 변인을 조작하여 종속 변인에 일어나는 효과를 측정<br>ㅇ상호 비교를 하기 위하여 비교할 집단은 임의(randomly) 선정<br>ㅇ원인과 결과의 관계가 설정 |

또한, 기술적 연구는 연구하고자 하는 상황에 있는 개개인에게 설문지나 면담 등의 방법으로 질문하든가 또는 관찰을 통하여 자료를 수집한다.

• 상관 연구(correlational study)

(예) 공업 고등학교 재학 시의 성적과 취업 후의 직무 수행정도 사이에 어떤 관계가 있는가를 알아보기 위하여 연구가 수행되었다. 고등학교에 재학할 때 각종 시험을 통하여 얻은 성적과 산업계에 취업한 후 근무 성적 사이에 상관관계가 측정 되었다. 그 결과 높은 상관 계수가 얻어져, 고등학교 재학 시의 성적과 취업 후의 직무 수행 정도 간에는 밀접한 관계가 있음이 구명되었다.

위의 예를 보면 상관 연구는 두 가지나 또는 그 이상의 양적 변인 간에 상관의 정도를 결정하는 목적을 가지고 있다고 말할 수 있다.

또한, 이렇게 정하여진 상관관계는 예언을 하는 데 쓰여 질 수 있다. 그러나 높은

상관관계가 있다고 하여도 실험 연구를 통하여 검증되는 인과 관계를 예고하는 것은 아니다.

상관 연구는 학생의 교과 성취도를 예언하거나 어떤 직종에서 직무 수행 능력을 예측하도록 학생 선발이나 산업체에서 직원 채용을 하기 위한 도구(문제)의 신뢰도와 예언 타당도를 측정하기 위하여도 종종 쓰인다.

이 연구가 어떤 특정한 상황에 처해 있는 조건을 기술하기 때문에 서술적 연구의 한 종류로 생각하는 학자도 간혹 있다. 그러나 두 가지 연구의 차이는 연구하려는 조건의 본질에 차이가 있다. 상관 연구는 변인 간에 관련되어 있는 정도를 양적 용어(quantitative term)로 진술하는 것이다.

• 소급 연구(ex-post facto research)

어떤 결과가 이미 나와 있고 그 결과의 원인도 추정된 상태에서, 연구자가 과거로 소급하여 연구가 진행되는 경우가 있다. 이러한 연구를 소급 연구라고 한다. 소급 연구의 정의를 보기로 한다. "이미 출현이 끝났거나 본질적으로 조작할 수 없어서 연구자가 독립 변인을 직접 통제할 수 없는 조직적, 경험적 탐구"

위의 정의에서와 같이 소급 연구(또는 causal-comparative research)에서 연구자는 특정되는 결과(종속 변인)의 원인이 되는 변인(독립변인)을 통제하지 않는다.

다음의 예를 보기로 한다.

(예) 공업 고등학교 교사 양성 기관이 공고 교육에 끼친 영향을 조사하기 위하여, 교사 양성 기관과 협력관계가 많은 학교와 적은 학교에 대하여 대표성이 인정되는 표본을 선정하였다. 여기에서 협력관계는 인과 관계에서 원인이며, 종속변인에 영향을 준 조작 되지 않은 독립 변인이다.

종속 변인인 공고 기계교육에 끼친 영향에 관한 자료를 조사하기 위해서는, 표집된 두 유형의 학교에서 교과 과정운영, 교수·학습 방법, 교육 매체의 선택, 학생 평가방법, 교재외의 인적 물질 자원의 활용, 학생의 성취도 등에 관한 자료를 수집하였다.

그리고 이렇게 수집된 자료를 협력 관계가 많은 학교와 적은 학교의 두 집단을 비교 분석함으로써 교서 양성 기관이 공고 기계교육에 끼친 영향이 연구 되었다.

위의 예를 보면 소급 연구에서 변인에 대한 조작은 없고, 실험에 의한 것은 아니지만 인관관계가 측정되었다.

소급 연구의 이러한 특정 때문에 어떤 학자는 이것을 서술적 연구의 영역에 포함시키기도 한다. 비록 이 연구방법이 어떤 상황에서의 조건을 기술하는 특징을 가졌지만 연구하려는 대상의 현 상태에 관한 원인이나 이유를 구명하려 함을 간과해서는 안 된다. 또한 이 연구방법이 다른 서술적 연구와는 연구 수행 과정에서 채택하고 있는 절차도 상당히 다르다.

• 실험연구(experimental research)

실험 연구의 일차적 특징은 최소한 변인을 조작하고 그것이 종속 변인에 미치는 영향을 측정하기 위하여 이에 관계되는 다른 변인을 통제하는 것이다.

여기에서 조작하는 변인을 독립 변인, 처치, 실험 변인, 또는 원인 등 여러 가지로 부른다. 이러한 독립 변인의 예로는 교수 방법, 강화, 교수 자료의 종류, 학급의 규모 등을 들 수 있다.

실험 연구에는 항상 종속 변인을 비교하는 대상인 두 개 이상의 집단이 있게 마련이다.

이 연구 방법만이 원인과 결과 사이의 관계를 진실하게 연구하는 방법이라고 말할 수 있다.

(예) 공업 교과를 담당하고 있는 교사인 연구자가 우리 교육 현장에서 가장 많이 쓰이는 강의식 방법과 새로운 교수방법의 하나인 프로젝트 교수법 중학생의 공업기술 교과 성취도를 높이는데 어떤 방법이 더욱 효과적인가를 연구하고자 하였다. 교과 성적이 비슷하고 60명의 학생으로 구성되는 두 개 학급을 선정하였다.

그리고는 한 학기 동안 두 개 학급의 학생들은 다른 학습은 동일하게 하였으나 공업교과에서는 한 학급은 강의식 수업으로, 또 한 학급은 프로젝트에 의한 수업으로 가르쳐졌다. 두 가지 교수 방법에 대한 결과를 얻기 위하여 두 방법으로 나누어 가르치기 전과 가르친 후에 학생의 학업 성취도가 측정되었다.

이 실험에서 실험 변인 또는 독립 변인은 교수 방법이고 학생의 학업 성취도는 종속변인이다. 두 집단의 학생들이 얻은 성적의 차이는 두 가지 교수법의 효과를 나타내게 된다.

## 16.2 교육과 연구문제

### 16.2.1 연구 문제의 선정

교육에서 절대적인 것은 거의 없다. 그렇기 때문에 다른 분야와 마찬가지로 수많은 논쟁에 직면하는 것이 보통이다. 이렇게 연구자를 기다리는 넓은 범위에 수 없이 산재해 있는 문제가 있음에도 연구하기에 적합한 문제를 선정하는 것은 그렇게 쉬운 것이 아니다.

이런 경우에 연구하려는 문제 상황을 영역별로 분류하여 보면 접근하기가 쉬워진다.

다음에 제시되는 목록은 각 분야에 종사하는 사람이 흥미를 가지는 내용을 영역으로 구분한 것이다. 이것은 연구할 문제가 어느 영역에 속하는지를 확인하는데 도움을 줄 수 있을 것으로 생각된다.

① 교수 전략 및 교수 방법-소규모 집단의 지도, 강의법, 개별 학습 지도, 학생 활동지도

② 교육과정- 새 교육과정의 소개, 교육과정 평가, 교육과정 개발

③ 물리적 환경-학급규모, 소음의 정도, 실습 기자재 이용도

④ 학습 환경-분위기, 학생과 교사간의 관계, 교사의 통제력, 수업 시간

⑤ 계속 교육-성인 교육 프로그램, 재교육, 승진을 위한 교육

⑥ 자율 학습 프로그램-프로그램 학습, 모듈에 의한 학습, 컴퓨터 보조학습

⑦ 통신 교육-교수·학습전략, 자원 인사, 교육 프로그램

⑧ 교육 공학 - 시청각 보조 자료, 교과 내용과의 상호 관계

⑨ 지원 제도 - 생활 지도와 상담, 상담 교사, 시설

⑩ 기대감 및 태도 - 교사, 학생 및 지역사회의 기대와 태도

⑪ 교과외 활동 - 과외 활동, 여가 시간의 활용

현존하는 교육문제에 관계된 연구는 정책 결정자에게는 긴급하고 중요한 문제이다. 이러한 경우에는 교사가 학급에서 가르치는 특수한 문제보다 보편적인 문제가 좀 더 가치 있게 느껴지게 마련이다(현장 연구보다는 적용 연구를 선택).

어떤 논쟁은 전국에 걸친 문제일 수 있고 어떤 경우에는 한 학교를 대상으로 어떤 교육 프로그램의 효과를 평가하는 연구도 있다. 의사 결정이 전국 수준이든 또는 지역이나 학교 수준이든 간에 연구하여야 할 많은 차원의 영역이 있게 마련이다.

이 범주에 속하는 많은 논쟁점의 유형에 관한 목록을 제시하면 다음과 같다. 교육은 본래 종합 학문의 성격을 가지고 있기 때문에 연구자가 각각 독립된 범주의 영역으로 나누어 그 분야만을 연구하여야 된다고는 생각되지 않는다. 또한 각 영역은 얼마간 상호 중복되기도 하지만 의사 결정을 하는 교육 행정가, 교장, 교사 및 다른 관계 인사들과 같이 관심 분야가 서로 다른 사람에게 제언하기 위해서는 이러한 인위적인 분류가 효과적이다.

○훈련 및 자격

좀 더 효율적인 훈련 계획(안), 교사 양성 교육, 중핵적인 지식이나 기술, 졸업 자격, 재교육 프로그램 등

○인 원

바람직한 교사나 교육 행정가의 특성, 교사의 윤리, 행정관료, 기대 심리와 태도

○학습의 효율성

교수·학습 방법, 교수 전략, 평가 기법, 학습 환경, 교과 과정, 기술 발전 등

○필요성

지역 사회나 국가의 필요와 우선순위, 기관의 필요, 교육 프로그램의 필요, 교육

의 기회, 원격지 교육(방송 통신 교육 등), 입학 등

○행정
행정 관리 체계, 자원의 소재, 재원, 경제성 등

### 16.2.2. 교육 연구의 과정

교육 연구의 유형이 여러 가지로 분류되지만 연구를 수행하는 단계는 큰 차이가 없이 비슷한 과정을 거친다고 볼 수 있다. 이제부터는 이러한 단계를 알아보기로 한다.

#### 1) 연구 문제의 선정과 한정(selecting and define)

이 단계는 연구의 시작 단계로 가장 어렵고도 중요한 단계이다.

① 연구 문제를 확인하고 정선된 용어로 진술한다.
② 문제 상황에서 변인을 확인하고 정확하게 한정한다.
③ 변인간의 관계에 관한 잠정적인 가정(가설)을 하거나 또는 문제의 해결책을 진술한다. 그렇지 않으면 해답을 찾고자 하는 질문(특정 연구 문제 : specific research question)을 명료하게 기록한다.
④ 연구 문제의 연구 가능성을 평가 한다

이러한 모든 것들은 간단히 해결되지 않는다. 이러한 것을 원만히 할 수 있게 되기 위해서는 선행 연구 문헌을 검토하여 다른 연구자들이 이러한 문제에 대하여 어떻게 연구하였는가를 검토하고 가능한 연구 수행 방법을 확인하여야 한다.

#### 2) 연구 방법의 서술

연구 목적이 진술되고 문제가 분명하게 한정되면 이에 따라 연구 방법은 결정되게 된다. 연구 방법을 서술하기 위해서는 다음과 같은 내용이 포함되어야 한다.

① 연구 방법의 확인
② 연구 대상의 열거(예 : 기술교과 담당교사, 공고 기계과 학생 등)

③ 연구 대상으로 대표성 있는 표본의 선정
④ 연구 문제의 변인을 측정하기 위한 타당성과 신뢰성이 구비된 도구의 선정 및 개발
⑤ 연구 설계를 하고 연구를 수행하기 위한 절차의 서술

### 3) 자료 수집

이 단계에서는 설계된 절차에 따라 실험 연구의 경우에는 실험 변인을 조작하고, 조사 도구를 사용하여 변인을 측정하며, 관찰을 통하여 정보를 수집하는 등의 연구를 수행한다. 이때 자료를 분석하기 쉽게 도표로 나타내는 작업도 하게 된다.

### 4) 분석 및 결과의 해석

연구의 결과는 이 단계에서 나오게 된다. 자료는 가설검증을 위하여 분석되고 요약된다. 가설 검증을 할 때에는 그에 필요한 통계적 방법이 사용된다. 이러한 분석은 탁상용 계산기를 사용하기도 하지만 분석할 자료가 많은 경우에는 대형 컴퓨터를 사용하기도 한다. 분석이 끝나면 그 결과를 서로 연결하고 종합한다.

이러한 결과는 가설이나 연구 문제와 관련하여 설명한다. 그 다음에는 기존의 지식 체계나 다른 연구 등과 관련하여 비교 논의도 하여 결론이 내려진다. 그런 다음에는 이러한 것들이 연구 보고서로 작성되게 된다. 지금까지 논의된 연구 수행 절차를 도시하면 그림 16-7과 같다.

문제의 선정과 확인 → 연구 방법의 서술 → 자료수집 → 자료의 분석 및 결과의 해석

그림 16-7 연구의 수행 절차

## 16.3 공학의 연구와 실제

### 16.3.1 연구문제의 소재

공업교육은 실업계 각 분야에서 다양한 기술의 변화에 직접적인 영향을 받는 까닭에 교육 현장에서는 많은 문제를 발견하게 된다. 이러한 교육현장에서의 문제에 해답을 구하고 현명한 의사결정을 하기 위해서는 그 문제에 관한 체계적이고 과학적인 연구가 필요하게 된다.

연구가 이루어지는 분야는 다른 교과에 비하여 광범위하다. 특히 실업교육은 농업, 공업, 상업, 정보산업 등 여러 산업으로 나누어질 뿐만 아니라 초등학교의 실과와 중등학교의 기술과 가정, 실업계 고등학교에서의 실업교육 등으로 다시 나누어지기 때문이다.

이러한 각 영역에서 실업교육 정책의 수립, 계획, 실업교육관련 행정, 교육과정 개발, 교과 지도, 교수학습의 효율성 등 여러 분야에서 우리는 많은 문제와 접하게 되며 이러한 문제는 곧 연구주제가 된다.

특히 교육 분야에는 과학기술이 가속적으로 발전하여 이러한 연구와 연구 결과의 적용의 기회가 다른 분야보다도 더욱 많고 또, 그 필요성도 점차 증대되고 있는 추세에 있다. 국제화, 정보화, 세계화 등 정부의 시책들은 첨단 기술의 발전과 관련되며 이는 실업교육과 직접적인 관련이 있음에 유념할 필요가 있다.

공학교육 분야에서는 또한, 국가 경쟁력 제고와 관련되어 공고의 2.1체제, 교육개혁 등 갖가지 조처들이 취해지고 있기 때문에 이러한 분야와 관련된 연구가 필요하다고 본다. 이러한 조치들이 그 근본 취지와 목적에 맞기 위해서는 교수 학습이 이루어지는 현장에서 교사에 의해 이루어져야 하기 때문이다.

### 16.3.2 연구의 방향과 과제

공업교육은 여러 산업영역으로 나누어지고 각 영역별로 초중등의 학교 급별로 다양한 과목명으로 이루어지고 있고, 목적도 보통교육과 함께 직업교육으로 이루

어지고 있고, 목적도 보통교육과 함께 직업교육으로 이루어지고 있다. 실업교육의 이러한 광범위한 영역에서 교사는 자신이 일하고 있는 분야에서 연구주제를 선정하여 연구를 진행하는 것이 현명하다.

INDUSTRIES EDUCATION

제17장

# 공학의 현황과 특성

工業教科教育論

# 17. 공학의 현황과 특성

## 17.1 공학의 현황

우리나라는 200여개의 4년제 대학이 있다. 이는 실로 놀라운 양적 성장으로 해방 당시와 비교하여 반세기 동안에 괄목할 만한 성장을 해 왔었다. 우리나라의 근대과학기술은 광무개혁 기간인 1899년 관립 상공학교 관제가 반포된 것이 기점이다.

일본 강점기에는 조선인에게 과학기술교육의 기회를 주지 않는 식민지 정책으로 인해 1920년까지 이공계 대학 졸업자 배출을 차단하였으며, 1915년에 경성공업전문학교와 연희전문학교가 설립되고, 경성공전은 1922년 경성 고등공업학교로, 그리고 1944년에 다시 경성공업전문학교로 개칭했다.

1938년 경성공전에 기계과를 개설 한 것이 공업교육의 시작이라 볼 수 있다. 해방당시 배출된 과학기술분야의 조선인 박사학위 소지자는 12명이었고, 이공계 대학졸업자는 고작 300여명이 전부였으며 공학자는 극히 일부에 지나지 않았다.

예를 들면 기계공학분야 학과도 양적인 성장에는 예외가 아니며, 현재는 4년제 대학 중 70여개 대학이 기계공학분야 학과를 운영 중에 있으며 입학정원은 1991년 5,690명에서 13,000명으로 증가됐다. 전문대의 기계계열을 합치면 그 수는 훨씬 더 늘어난다.

우리나라가 70~80년대 고도의 경제성장이면에는 이러한 양적인 고등교육에 힘을 얻은 것도 사실이다. 그러나 80년대 이후 미·소로 대립되었던 냉전구도가 몰락하고, 세계의 경제 질서가 바뀌고 시장의 벽이 헐리며 교통수단의 발달로 세계는 한 지붕 아래 가족 같은 개념으로 바뀌어 왔다.

이러한 환경 하에서는 시장경제원리와 적자생존의 법칙이 타당성을 갖게 되고 자국적 보호나 자기나라에서만의 우월성이 의미가 없어지게 된다. 바깥세상을 모를 때 서당식 교육도 충분히 할 수 있었으나, 외국기업이 어느 국가든 법적 지위를 갖는 현대에서는 한 나라의 기업이 외국출신의 고용인으로 충당될 소지도 충분히 있다.

미국 캘리포니아의 실리콘 밸리에 인도출신 과학기술자가 대거 모여 그들만의 음식 시장도 생겼다는 것은 이를 충분히 웅변하고 있다. 이러한 시대적 현실 앞에 질적인 고등교육은 탁상공론으로 끝날 것이 아니라 우리들의 학생을 보호하고 자신감을 주어야 하는 눈앞에 부닥친 현실임을 인식 하여야 한다.

우리나라의 공학교육은 해방이후 일제가 남긴 교육과정을 이어받아 일본식 용어에 일본식 교과과정이 여과나 변경 없이 60년대까지 이어졌고, 그 후 작금에 이르기까지 미국식 교과과정의 영향을 많이 받고 있는바 이는 공학교육이 대부분 미국 교육을 받은 교수님들에 의해 이루어지고 있기 때문이다.

그러나 교육을 담당한 많은 교수님들의 연령층은 이들이 미국서 교육을 받을 때 미국은 공학교육이 사이언스 화 되어있는 상태에서 교육을 받았으며, 이 영향이 우리 교육에도 큰 영향을 미치고 있다. 미국은 1957년 스푸트니크 위성에 자극을 받아 우주항공 분야에 국가의 역량을 집중하고 급기야는 구소련을 앞서 달 착륙에 성공하는 개가를 올렸던 것이다.

그러나 이 과정에서 공학교육은 기초 이론적인 사이언스 화 되었고 이는 80년대 중반까지 이어졌던 것이다. 이후 경쟁력과 생산성에서 불안감을 느낀 미국도 본래의 공학교육으로 돌아가는 노력을 하고 있다.

과거 경제부흥이 시작한 70년대 이전의 공학교육은 교실과 교수만으로 이루어졌다 해도 과언이 아니며 80년대에 들어서서 외자도입으로 실험실습장비가 어느 정도 부족을 충당하였으나, 그 혜택의 범위는 넓지가 못했다.

결국 우리의 경우 우리 나름대로의 공학교육의 모델 설정이 여태껏 잘 이루어지지 않은 상태이다. 대한기계학회는 1983년 학회 내에 설치된 공업교육위원회 주관으로 우리나라의 공학교육의 문제점을 파악하고 개선책을 제시하기 위한 설문 작업을 실시 분석함으로서 공학교육 개선에 지대한 이바지를 하였다.

그러나 체계적이고 구체적인 이 연구 작업도 문제점을 발굴하는데 좋은 계기가 됐으나 문제점 해결에는 역부족이었다. 적정 교수요원의 부족, 담당강의 시간의 과다, 전문교육의 부실, 실험, 실습교육의 부실, 시설, 설비의 부족 등은 우리의 현실을 반영하고 있는 문제점들이다.

적어도 다행인 것은 우리나라에 평가제도가 도입된 1992년서부터 1993년에 전국 기계공학과 학과 평가 인정제가 실시됨으로써 해당 대학들은 최소한의 교수 정원을 채우고 실험, 실습장비도 갖추는 노력을 했다.

더욱 긍정적이었던 점은 국내외 대학들의 관련학과들과 비교를 하는 기회를 갖게 됐고 객관적인 교육수준, 시설, 설비, 재정에 관한 데이터가 정량적으로 비교 분석됨으로서 자기대학 공학교육의 문제의 심각성을 인식하게 되었고, 이어서 구체적으로 각성의 목소리가 높아지게 됐다. 그 후 이어진 대학 교육차원의 평가인정제로 인한 대학평가로 발전의 계기로 삼을 수 있었다.

## 17.2 외국대학의 개혁사례

우리의 공학교육은 그 내용면에서 선진국에 비해 부실함에도 불구하고 선진국에서는 우리보다 한발 앞서 교육을 위한 개선이 끊임없이 이루어지고 있다는 사실이다. 미국에서 한 예를 찾아보기로 하자. 1998년 11월 비국의 MIT에서는 “돌아오는 25년을 위한 공학교육”에 관한 워크숍이 열렸다. 이 워크숍의 목적은 미국의 장래는 전적으로 질적 교육에 달려있으며 공학교육도 교육적 기대와 좀 더 향상된 교수법을 이용함으로서 현격히 향상할 수 있다는 기대감 때문이었다.

그리고 이러한 목적은 같은 목표와 관심사를 갖고 있는 교육기관들이 모여 공동으로 논의 하고 해결함으로서 이룰 수 있다는 자신감과 공학교육의 발전은 여타 공학교육에도 영향을 미친다는 신념 때문이었다. 이 워크숍에서는 공학교육의 몇 가지 중요한 과제를 공통적으로 다음과 같이 도출하였다.

① 설계의 중요성
② 교과과정의 연계성
③ 공학전반에 걸쳐 기반이 되기 위한 기계계열의 유사분야의 연관과 통합
④ 학생들의 엔지니어링의 실질적인 이해를 돕기 위한 졸업생들의 Capstone 과제와 더불어 학생들이 자발적으로 참여할 수 있는 교육개발

이 워크숍에서 미국의 유수대학들이 선호하는 교육과정 모델을 미시간대를 예를 들어 소개하기로 한다. 잘 알려진 이 교육과정 모델은 128학점에 32강의 과목을 기준으로 하고 있다. 이 모델은 한 학기에 6~8과목을 택하는 대신 4과목을 택하게 함으로서 학생들의 능동적 학습을 위해 마련된 모델로 공학의 기초과목을 강조하고 있다.

공학에서 기초가 되는 교과목 내용은
① 재료 및 역학
② 시스템 설계 및 제어
③ 열・유체
④ 제조공학이다.

한편 유연성을 높이기 위해 자유선택 과목을 늘리고 학생이 원하는 분야의 전공을 선택할 수 있는 과목선택을 자유롭게 하는 방향으로 되어 있다. 그리고 나아가서는 리더십과 전문가 기질을 키우게 하는 것을 골자로 하고 있다.
이 모델은 학생으로 하여금 적은 강의과목으로 심도 있는 교육을 받게 하고, 교수입장에서는 다른 분야와의 연관성을 제고하고 전공 외에 좀 더 자유롭게 선택할 수 있는 과목을 제공하는 것으로 되어있다.

## 17.3 공학의 특성

예를 들면 우리나라 대학의 기계공학 관련 학부에는 여러 가지 이름으로 존재하

고 있다. 가장 많은 이름은 기계공학부/학과이지만 기타 기계와 우주공학, 자동차, 자동화, 산업 등 다양한 분야와 어울려 학부를 이루고 있으며, 필자가 재직 중인 경남대학교의 경우 기계공학과, 기계설계학과와의 통합으로 기계자동화공학부를 이루고 있다.

과거에 산업체의 기계전공 엔지니어 수요가 높아지고 이를 충족시키기 위하여 기계 분야에 여러 이름의 유사한 학과를 신설하였고, 정부의 학부제 방침에 따라 유사학과를 모아 학부로 개편하면서 다양한 이름의 기계 전공이 생겼다. 이와 같이 대학마다 다양한 기계관련 학부 또는 학과가 생겼지만 과연 얼마나 대학 간에 학생과 지역특성에 맞는 교육의 차이가 있는지 심각하게 고민해 볼 만하다.

공학하면 우선 많은 실험장비가 필요하고 돈이 많이 들어가는 것으로 생각한다. 공과대학이 신설되는 대학의 경우, 공학보다는 먼저 전자나 정보관련 학과를 신설하는 경향이 있다. 이는 과거 교육부가 공학에서 갖추어야할 실험 장비를 규정하였고, 이 장비들이 금액 면에서 상당한 부담이 되었기 때문이다.

그런데 많은 대학들이 이러한 일률적인 규정에 맞추어 구비한 실험장비들이 얼마나 유효하게 쓰였는지 의문이다. 같은 공학이라 하더라도 대학마다 지역의 특성이라든지 학생들이 진출하는 분야에 따라 교육에서 강조하는 부분이 다를 수 있고 이러한 교육의 다양서이 대학교육의 차별화를 가져올 수 있으며 각 대학은 각자의 교육목표에 적합한 학생들을 선발할 수 있으리라고 생각한다.

공학은 현대 산업사회를 떠받치고 있는 기둥이라고 할 수 있다. 기계공학이 다루고 있는 분야는 매우 광범위하고 다양하며 어떤 면에서는 거의 모든 분야와 연관이 있다고 할 수 있다. 대학마다 각자의 필요성에 맞게 교육내용을 정할 필요가 있다. 일부 대학은 사회 지도층 양성에 목표를 두고 교육 할 수도 있을 것이다. 학생의 능력도 다르고 지여여건도 다른데 같은 교재로 같은 내용을 강의하는 것은 비효율적이다.

### 1) 무엇을 어떻게 교육할 것인가?

산업체에서 대학교육에 대해 불만을 갖는 경우가 많은 것으로 알고 있다. 학생들이 실력이 없다는 불만인데 그 중 하나는 학생들이 기본역학도 제대로 이해 못하고 졸업한다는 것이다. 또 하나는 학생들이 응용하는 능력, 종합하는 능력, 또는 프로젝트를 수행해 나가는 능력이 떨어진다는 것이다.

사회의 기대와 요구에 부응하기 위해 공학 교육과정에서 개선, 보완해야 할 점을 정리해 보면 다음과 같은 것들을 들 수 있을 것이다.

#### (1) 기본역학과목 교육의 충실화

해방 후 공학교육은 주로 역학 위주로 이루어져 왔으며 점차 실험실습의 중요성이 강조되어 왔다. 이렇게 역학 위주의 교육이 실시되었음에도 불구하고 기본 역학조차 제대로 이해하지 못하고 졸업하는 이유는 이렇다고 본다.

학생들은 교양과목과 수학, 물리, 화학 등을 배우며 1학년과 2학년 초반을 보낸다. 이런 교육과정은 학생들의 기초를 튼튼히 할지 모르나, 대학에 들어가면 고등학생 때와 같이 놀 수 있다는 잘못된 인식을 갖고 대학에 들어온 학생들이 학문에 흥미를 잃고 고등학생 때 배운 실력으로 적당히 지내게 할 가능성이 많다.

이러한 문제를 해결하기 위해서는 교양과목 중 불필요한 부분을 줄이고 전 학년에 걸쳐 학생이 원하고 학기에 교양과목을 수강하도록 하며 수학, 물리, 화학 등의 과목도 전공과목에서 배우는 내용과 중복되지 않는 범위에서 수강하도록 하는 것이 바람직하다. 이렇게 하면 대학에 들어온 후에 너무 긴 준비기간을 갖지 않고 곧바로 전공 공부를 시작할 수 있을 것이다.

전공에 관계되는 과목을 일찍 시작하여 공통적인 전공과목(주로 기본역학인 고체역학, 열역학, 유체역학, 동역학 등)들을 2학년 또는 3학년 초가지 마치게 하는 것이 바람직하다. 학생들이 기초역학 개념을 명확히 이해하게 하기 위해서는 학과목 조교제도를 활성화 시켜 과제를 엄격히 평가하고 문제풀이를 제대로 하여야 한다.

#### (2) 실험실습과 전자관련 교육의 강화

기본역학 과목 교육의 충실화가 더불어 관련 실험실습이 적절하게 병행되어야 한다. 실험실습은 학생들이 흥미를 느낄 수 있도록 기초적이면서도 참신성을 갖추어야 한다. 학생들이 직접 참여하여 수행할 수 있어야 한다. 실험장비도 계속적으로 투자하여 실험이 흥미로운 것임을 학생들이 느낄 수 있도록 한다.

점차 기계장치들이 전자화 되어 가고 있는 실정에서는 계측실험 등 컴퓨터와 전자장치를 이용한 실험을 수행하도록 하는 것이 중요하다. 학생들이 전자회로 등의 전자관련 기초를 학과목으로 배우면서 관련 실험을 병행하여야 한다.

실험과 더불어 기계가공 등의 실습을 병행하여 전통적인 기계분야의 느낌을 습득하는 것도 중요하다. 이러한 가공분야에도 CAD 등과 연결하여 실습함으로써 첨단의 느낌을 맛보도록 하는 것도 좋다고 생각된다.

(3) 종합하는 능력을 키우는 교육

최근 졸업생들이 보다 나은 교육여건에서 교육 받았음에도 불구하고 아직도 한국의 기계분야 기술수준이 떨어지는 근본 이유는 교육에서 종합하는 능력과 창의력 향상교육이 결여되어 있기 때문이다. 종합하는 능력이란 분석하는 능력과 대비되는 말로서 다양한 분야에서 배운 지식을 종합하는 능력을 말한다.

간단히 설명하면 문제 정의, 접근방법 결정, 설계, 개발 등을 수행하는 능력을 의미하여 더 광범위하게는 시장분석, 상품개발, 품질관리, 판매 등을 포함할 수 있다. 이러한 교육을 지금까지 수행하지 못한 이유는 여러 가지가 있겠으나 우선 교수 자신이 이러한 경험이 부족하고 이런 교육을 수행하기 위해 필요한 정보와 자금이 부족하며, 교육과정 개선이 미비하다는 점을 들 수 있다.

종합능력 교육이란 학생들에게 문제를 던지고 이를 학생들로 하여금 이제까지 배운 지식과 더 필요한 경우에는 참고자료를 조사하여 풀어나가게 하는 교육이다. 4학년 졸업을 앞두고는 주입식 교육에서 벗어나 학생들이 능동적으로 수행하는 교육으로 바뀌어야 한다.

종합능력 교육을 활성화시키려면 우성 전국적으로 연구회를 구성하여 이런 교육을 실시한 경험을 서로 나누고 정보를 공유하는 것이 필요하다. 그리고 적합한 교재를 만들어 각 대학에서 적절한 프로그램을 선택할 수 있도록 한다. 대학에서는 이런 교육에 들어가는 예산을 확보하여 학생들이 무리하게 자기 돈을 써 가며 일을 수행하지 않도록 하여야 하며 필요한 기자재 등은 기업이 참여하여 제공하는 것도 바람직하다.

(4) 현장실습

실험실습을 제대로 하고 종합능력 교육을 받는다 하여 졸업생이 산업체에서 우수한 인재가 되라는 법은 없다. 졸업하기 전 학생들이 산업체에서 몇 달 정도 실습을 하는 것이 바람직하다. 예를 들면 경남대학교 기계자동화공학부에서는 한 달간의 현장실습을 필수로 정하였다. 기업이 학생들의 현장실습에 얼마나 자발적으로 참여하는지는 아직 분명하지 않으나 학생들로 하여금 현장의 분위기를 익히고 학문에 대한 열의를 높이는 데는 효과가 있다고 생각한다.

바람직하기로는 3학년이나 4학년 때 한학기간 또는 방학기간에 2-3개 정도의 기업에서 실습하는 것이 좋을 것이다. 이를 위하여 기업과 대학이 서로 협조하여 교육 프로그램을 짜는 것이 좋다. 산업체에서 체득한 산지식을 학생들에게 전하기 위해 산업체의 엔지니어를 한시적으로 교수로 임용하는 방안도 연구해 볼 만하다.

(5) 심화교육

대학 4년간 열심히 공부하여도 학생들이 익힐 수 있는 학문과 기술에는 한계가 있다. 학부에서는 전반적인 교육을 통하여 이 사회에 나가서도 자신의 맡은 바 일을 알아서 수행할 수 있는 능력을 키워주면 목적한 바를 이룬 것이다. 학문적으로 좀 더 깊고 앞선 것은 대학원에 진학하는 경우가 많은데 공학은 사회의 편의성을 높이기 위하여 있지 않은가?

가능한 한 먼저 산업체에서 경험을 쌓고 실제로 우리에게 필요한 지식과 기술이 무엇인지 보고 깨닫고 대학원에 진학하는 것이 바람직하다. 이를 위해서는 병역관계, 기업체의 산학협동관계, 입시제도 등 개선하여야 할 점이 아직 많이 있다.

(6) 지도자 교육

이 사회의 지도자들은 전통적으로 기술인 보다 법과, 상과, 문과 계열을 공부한 사람들이었다. 기술인은 자칫 자기 앞의 과제만 보게 되어 아목이 좁아질 수 있다고 한다. 그러나 기계도 아주 작은 기계에서 발전설비 등 종합적인 기계도 있으며 기술자들이 다루는 시스템은 수많은 입력과 출력이 상호 연관되어 있는 복잡한 시스템일 수 있다.

이러한 시스템을 다루는 지식을 습득한 기술자는 허황된 생각을 하지 않으며 합리적이다. 전체 시스템을 이해해야 각각 부품을 설계할 수 있고 문제가 생겼을 때에 구성되어 있는 복잡한 사회에서 공학자도 점차 사회에서 중요한 역할을 맡아 수행할 날이 다가 오고 있다.

가까운 중국과 대만만 해도 기술자가 정치적 지도자역할을 잘 수행하고 있지 않은가? 미래를 대비하여 학생들이 경영, 법, 정치, 심리, 사회학 등을 공부하여 사회를 이해하고 사회에 적극 참여할 수 있도록 교육과정이 개선되어 이러한 점을 배려하는 것이 중요하다. 세계화에 맞추어 외국어 실력도 수준 이상이 되어야 하겠고, 자신의 의사를 잘 발표하고 남을 설득시키는 방법을 습득하는 것도 참으로 중요하다.

이상과 같이 대학에서 공학을 교육하고 있는 사람으로서 공학 교육의 현황과 특성화에 대해 논의 하였다. 한국의 공학 분야를 발전시켜 선진국과 어깨를 나란히 하기 위해 필요한 교육이 무엇인지 생각해 보았다.

요약해 보면 다음과 같다.

첫째, 각 대학의 공학 교육자들은 각각의 대학에 알맞은 교육 프로그램을 개발해야 한다.

둘째, 학생들이 기초역학을 잘 이해할 수 있도록 교육을 철저히 하여야 한다.

셋째, 여기에는 전기전자, 컴퓨터에 대한 교육도 포함된다.

넷째, 산업체와의 연계가 필요하고 현장실습이 강화되어야 한다.

다섯째, 사회 지도자로서의 자질을 키우는 교육이 필요하다.

INDUSTRIES EDUCATION

# 제18장 실험실습 교육의 지도방법

工業教科教育論

18.1 실험실습과 기능의 의의

18.2 실험실습 지도의 중요성

18.3 실험실습의 안전지도 교육

# 18. 실험실습 교육의 지도방법

자연과학과 공업교육에서는 실험·실습이 대단히 중요하게 취급되고 있으며, 공업은 수업시간의 1/4이상을 실험·실습으로 운영하고 있다. 따라서 공업교육의 방법은 실험·실습지도 방법이라 해도 과언이 아니다.

여기에서는 공업교육의 주축을 이루고 있는 실험·실습지도 방법과 관련된 내용들을 고찰하여 보았다.

## 18.1 실험실습과 기능의 의의

(1) 실험이란 "과학적 연구 방법의 하나로 대상에 처치를 가하여 인위적인 조건에서 어떤 현상을 관찰하는 방법"으로 정의될 수 있다. 실험은 그 목적에 따라 여러 가지 형태가 있다. 학교에서 행하는 실험은 어떤 사실이나 원리를 학습자들이 완전히 이해할 수 있도록 도와주기 위하여 이미 알고 있는 원리를 실험을 통해 학습자들에게 확인시켜 확실히 이해하도록 하고, 실험 기술을 체득하여 문제를 실험적 방법에 의해 해결하고자 하는 태도를 길러 주는 데 그 목적이 있다.

(2) 실습(Practice)이란 "학생들이 어떤 기능(Skill)을 의식적인 노력을 하지 않아도 자동적으로 어느 수준까지는 숙달될 수 있도록 도와주고 일에 대한 올바른 태도와 습관을 갖도록 하기 위하여 계속적이고 반복적으로 실행되는 정신적·육체적 학습활동"이라고 정의할 수 있다.

(3) 기능이란 "어떤 일을 유능하게 처리할 수 있는 학습된 능력"이라고 정의할 수 있다.

실습지도에 의하여 습득되는 기능의 특징을 살펴보면 다음과 같다.

① 기능에는 발달 단계가 있다.
　조잡성 · 완만성 → 정확성 · 민첩성 → 상호 조화

② 기능은 개인이나 집단에 따라 그 형태를 달리한다.
　개인차, 독자성, 유일성 등이 있다.

③ 기능은 신체적인 운동학습 일반에 관한 법칙이 적용된다.

④ 기능 습득에는 운동학습 일반에 관한 법칙이 적용된다.

⑤ 기능에는 한계가 있다.
　체력의 한계, 방법의 한계, 동기 유발의 한계

## 18.2 실험실습 지도의 중요성

공업 분야의 직종은 다른 분야의 직종에 비하여 지적영역보다는 심리 운동적 영역의 능력을 필요로 하는 경우가 많다. 오관(五管)의 활동을 통하여 어떤 능력을 계발할 경우 기능 획득 그 자체도 중요하지만 이에 못지않게 중요한 것은 이런 능력을 학습하는 과정에 있었던 실험 · 실습에 임하는 태도와 습관이다.

습관이란 한번 잘못 학습되면 고치기가 어렵기 때문에 실험 · 실습을 처음 실시할 때 올바로 지도해야 한다. 이런 관점에서 볼 때 실험실습 지도는 매우 중요하다고 볼 수 있다.

실습장내의 각종 장비와 기계설비는 이를 충분히 활용하는 실습계획을 수립해서 사용해야 한다. 고가의 시설장비들은 충분한 사전 지도가 있은 후 학생들이 사용하게 해야 할 것이다. 학생들에게 구조 · 원리 · 취급 방법 등을 자세히 설명해 주어야 하고 특히 시범을 통한 지도가 필요하다. 왜냐하면 실습은 일종의 체험학습이기 때문이다.

### 18.2.1 실습장의 운영

실습장의 설계와 시공은 교사들의 몫은 아니다. 물론 실습수업이 이루어지기 위해서는 실습장 시설과 장비들이 구비되어 있어야 하겠지만 여기에서는 교육 방법과 연관되는 실습장 운영과 관리에 관해서만 고찰해 보기로 하겠다.

실습장의 운영·관리 및 유지와 관련된 중요사항은 다음과 같다.

① 환경의 조성

② 공구와 기자재 관리

③ 학생 조직 및 지도

④ 운영시간 계획

이들 사항은 모두 상호 관련성이 있으며, 교사가 책임져야 할 업무이다.

#### 1) 실습장 운영관리의 필요성

실습장 관리·운영을 잘해야 하는 필요성을 열거하면 다음과 같다.

(1) 공구와 장비가 잘 정돈되면 학습 효과를 높일 수 있다.

(2) 깨끗한 환경과 정돈된 실습장은 학습 의욕을 고취시킨다.

(3) 잘 조직되어 운영·유지되는 실습장은 학생들이 안전하게 실습할 수 있게 하여 준다. 학생들의 안전을 도모하는 것은 교사의 주된 책임 중의 하나다.

(4) 값비싼 장비를 잘 관리하여 사용 연한을 연장한 것은 국가와 사회에 공헌하는 길이다.

(5) 잘 정돈된 실습장은 그 자체가 교육적 효과를 얻을 수 있다.

(6) 좋은 실습장은 학생들을 유인할 수 있는 중요한 요인이 된다.

#### 2) 실습장 환경 관리

교사의 일반관리에 관한 임무 중에 실습장 환경이 조절이 있다. 실습장 환경조절 냉난방, 환기, 조명, 그리고 소음 등을 조절하는 것을 말한다. 이와 같은 것이 적절하지 않으면 학생들은 실습 중 불편을 겪게 되고 수업 진행에 어려움이 따른다. 따라서 교사는 실습장의 환경 조절에 항상 주의를 기울여야 한다. 또한 지도교사는 안전수칙, 실습 시 유의사항, 각종 게시물 등과 같은 학습 환경 조성에도 관심을 가져야 한다.

### 3) 공구와 기구 관리

공구는 필요할 때 손쉽게 사용할 수 있도록 보관해야 한다. 그러나 공구관리는 결코 쉬운 일이 아니다. 실습교육의 성과는 공구관리 수준과 밀접한 관련이 있다. 왜냐하면 공구가 분실되거나 상태가 불량할 때 실습수업 자체가 불가능하기 때문이다.

공구관리 계획 수립에 참조할 만한 사항으로는 다음과 같은 것들이 있다.

(1) 값비싼 고급 측정 공구는 교사가 직접 관리하는 것이 바람직하다.

(2) 자주 사용하는 공구는 작업 장소 가까이 보관해 두는 것이 좋다.

(3) 공구는 쉽게 찾을 수 있어야 한다. (지정된 보관 장소에 보관)

(4) 크기 등이 다른 일련의 "공구 세트"는 쉽게 확인하여 찾을 수 있도록 배열해 두는 것이 좋다.

(5) 공구는 실습 전후에 교사가 쉽게 수량과 상태를 파악할 수 있도록 조직적으로 관리 되어야 한다.

(6) 실습공구는 깨끗한 상태로 보존 관리되어야 한다.

(7) 분실, 파손된 공구는 즉시 보충해야 한다. 보충이 늦어질 경우 "수리 중", "보충" 등과 같은 표시를 해 둔다.

공구실 운영 방법은 여러 가지가 있는데 개방형, 중앙집중식 공구실 설치, 학생 개인소유 기본 공구 지정 등은 학교 실정에 맞게 교사가 적절히 운영하면 된다. 공구는 항상 잘 손질되고 정돈 되어 좋은 상태를 유지해야 한다.

또한 실습장내의 각종 장비와 기계설비는 이를 충분히 활용할 수 있는 실습 계획을 수립해야 한다. 고가의 장비라고 학생의 접근을 막는 것은 곤란할 일이다. 구조와 원리, 취급방법 등을 잘 설명하고 교사의 시범을 통한 지도가 요구된다.

### 4) 기타 실습장 운영

#### (1) 실습재료

교사는 실습에 필요한 실습재료의 종류와 수량을 결정하고 보관 방안, 분배와 재분배 등을 적절히 구상해 두어야 한다.

실습재료의 공급, 질, 비용, 저장, 대체 방안 등은 실습교사가 늘 유의해야 할 사항들이다.

#### (2) 장비와 재료의 점검 체계

교사는 실습장 재고 물품과 설치된 기자재의 품목과 수량을 정확히 파악해야 하고 또한 이들을 기록하는 체계는 가급적 간단명료해야 한다.

장비기록 체계가 필요한 이유는 장비의 사용 가능성 유무를 확인하고 장비의 상태를 기록하여 장비 교체 시기, 장비의 노후화 정도, 사용 이력 등을 명확히 함으로써 합리적인 실습장 운영에 여러 가지 도움을 줄 수 있기 때문이다.

#### (3) 실습장 활용계획

실습장의 활용 계획은 여러 가지 제한 요인 등을 중심으로 면밀히 검토 되어야 한다. 이를 위해서는 작업 순환제와 작업 장소 순환 제를 적용하여 실습을 진행하고 개인별 실습 진도표를 활용하는 것이 바람직하다.

#### (4) 실습장 운영에 학생의 참여

학생을 실험・실습 운영에 참여시켜야 한다. 이는 학생의 책임의식을 고취시킬 수 있고 교사의 짐을 덜어줄 수 있는 효과가 있다.

#### (5) 실습장 개선 방안

교사는 실험・실습실 교육환경 개선을 위하여 항상 노력해야 한다. 따라서 실습지도 교사는 현재의 실습장 교육환경과 관련된 객관적인 평가, 실습장에 영향을 주는 기술적 요인, 실습실에 영향을 주는 학생 등록과 인력의 예측, 실습 수업 방법의 개선 등과 같은 실습수업과 관련된 제반 정보 수집에 관심을 기울여야 한다.

실험・실습실 개선에 필요한 항목으로는 학생 관련 자료, 구체적인 대안 방법, 재정적인 측면, 실습절차 등을 들 수 있다. 개선 방안이 구체적으로 만들어지면 자문위원회, 학교행정가, 지역사회 등에 그 개선방안을 제시하여 시행여부를 인정받아야 한다.

### 18.2.2 실험 · 실습지도 방법

#### 1) 실습수업 준비

신학기가 되었을 때 교사가 실험 · 실습을 위한 준비 작업으로 무엇을 해야 하는지 살펴보면 다음과 같다.

(1) 실습장을 점검하고 수리 · 정비할 장비를 확인한 후 학교로부터 지원을 받아 정상적인 작동이 이루어질 수 있게 해놓는다.

(2) 각종 장비와 도구를 안전하고 편리하게 사용할 수 있도록 정리해 둔다.

(3) 실험 · 실습에 필요한 각종 수업 자료를 준비한다.
여기에는 작업지시서, 과제명세서, 지도계획서, 운영계획서 등이 포함된다.

(4) 실습재료 및 부속재료(비누, 종이, 컵, 걸레, 빗, 솔, 청소용구 등) 준비

(5) 기타 진열장 캐비넷, 열쇠 등을 준비한다.

#### 2) 오리엔테이션

첫 시간 교사의 인상은 교육적으로 매우 중요한 의미를 지닌다. 실습수업 첫 시간 오리엔테이션과 관련된 중요사항을 제시하면 다음과 같다.

(1) 성의를 보여야 한다.

(2) 자신의 소개를 한 후 주의집중을 시킨다.

(3) 실습의 개요, 관련 지식, 실습의 목적 등을 작업 지시서를 통하여 상세히 설명한다.

(4) 실습조 편성, 재료지급, 기계공구 사용법 등을 지도 계획에 의거하여 설명한다.

(5) 질의 · 토의 과정을 반드시 가진다.

### 3) 각종 지시서

#### (1) 지시서의 의의(意義)

지시서는 실습을 개별화할 수 있는 효과적인 방법으로 학생 스스로 지시서를 이용하여 작업을 효율적으로 할 수 있다.

지시서는 문장으로만 제시할 수도 있고, 지시문장에 시각적인 자료나 도면을 추가할 수도 있는데 시각적인 자료나 도면이 추가된 지시서의 형태가 일반적이다. 지시서는 학습 활동의 방향과 내용을 제시해 준다.

이런 지시서를 활용한 실습수업의 이점은 다음과 같다.

① 개별지도 기능을 수행할 수 있다.
② 반복 설명을 줄일 수 있고, 진행 과정, 관련 기술, 적절한 자료 등을 쉽게 구체화 할 수 있다.
③ 작업 도중 학생의 어처구니없는 실수를 줄일 수 있고, 학생들이 과제를 해결할 때 자신감을 갖게 해줄 수 있다. 반면 학생들이 지시서에 지나치게 의존하게 하는 것도 학생들의 창의성을 줄어들게 할 가능성이 있으며 지시서의 반복사용으로 인한 효용성 감소를 불러 올 수 있으므로 주의해야 한다.

#### (2) 지시서의 유형

실습 목적, 특징, 효용성에 따라 여러 가지 유형으로 나눌 수 있으나, 일반적 지시서 유형으로는 다음과 같은 것들을 들 수 있다.

① 요소작업 지시서

간단한 요소작업이 조합되어 한 작업이 이루어지면 요소작업 지시서는 모든 작업의 기본이 된다.

"예" 공구 잡는 법, 공작물 고정, 길이 측정 등.

② 작업 지시서

작업에 필요한 사전지시, 작업순서, 사용재료 및 기자재 등과 같은 작업과 관련되어 필요한 설명이 포함되도록 구안되어 있다. 문장이나 공작 도면으로 구성된다.

### 4) 기능 학습지도

#### (1) 기능학습의 구조

기능학습의 구조는 아래 그림과 같이 나타낼 수 있다.

| 최소한 의지식 | 수업전략 | | | | | | | 적당한 지식 (도착점 행동) |
|---|---|---|---|---|---|---|---|---|
| 1. 지난 수업의 시험 | 2. 수업 목표의 진술 | 3.시범의 소개 | 4. 시범 | 5.설명 | 6. 시범의 기록 | 7. 시험 | 8.집중적인 실습 | |
| | | | | | | | | |
| 1. 수업목표의 진술 | 2. 시범의 소개 | 3. 시범 | 4. 설명 | 5.집중적인 실습 | | 6.시험 | 7. 추가 실습 | 8. 수정 |
| | | | | | | | | |
| 1. 수업목표로 진술된 시범의 소개 | | 2.시범 | | 3. 설명 | | 4. 집중적인 실습 | | 5. 시험평가 |

#### (2) 기능학습의 원리

기능학습은 다른 학습보다 심신의 유기적인 활동과 학습자의 능동적인 활동이 요구되기 때문에 강한 학습동기 유발이 필요하다.

또한 시설과 기구 및 재료가 있어야 하고 보고 듣는 것만으로는 부족하고 직접 경험을 요구하기 때문에 이에 충족되는 학습지도를 하기는 실로 어려운 일이다. (현실적으로 기계과 교사인 경우 실습 지도를 선호하는 경향이 있는데 이런 현상이 생기는 이유는 교사들이 실습 지도를 제대로 하지 않고 시행착오 방식에 의한 반복 작업으로 기능지도를 하고 있기 때문이다.)

비록 기능지도를 함에 있어서 어려운 점은 많으나 다음과 같은 6가지 기능 학습 원리를 잘 적용하면 효과적인 수업진행을 할 수 있다.

① 학습자의 능력에 맞게 기능을 분석한다.
② 올바른 시범을 보여주어야 한다.
③ 학습자의 첫 반응을 이끌어 주어야 한다.

④ 적당한 연습(반복)을 시켜야 한다.
⑤ 부적합한 반응을 교정해 주어야 한다.
⑥ 학습자 스스로 평가하도록 적절히 이끌어 준다.

#### 5) 실습의 최종정리

한 학기 또는 한 교과의 실습 학습을 마치면서 최종 정리를 하는 것은 매우 중요한 일이다.

실습의 최종 정리가 가지는 의미는 다음 두 가지를 들 수 있다.

첫째 한 한기 동안 사용했던 공구와 장비를 수리・정돈하고 실습을 재정비 할 수 있는 기회가 된다.

둘째 모든 실습기자재를 원래 위치에 정리 정돈함으로써 다음 실습준비에 도움을 준다.

그 학기 마지막 주 시간은 최종 정리를 위한 시간으로 활용하는 것이 바람직하다.

예컨대 다음과 같은 정리가 꼭 필요하다.

재료재고 확인, 기자재 점검 및 보수, 수업자료 보관, 공구 실 및 재료창고 정리

## 18.3 실험실습의 안전지도 교육

### 18.3.1 안전지도 교육의 중요성

안전지도 교육이란 작업을 안전하게 하고 안전에 관한 제반 규칙을 지키도록 교육하는 것이다. 작업 현장에서는 사고의 위험이 도사리고 있으므로 안전을 최우선으로 고려해야 할 것이다.

안전지도 교육에는 다음 4가지 요소가 포함되어야 한다.

① 교사는 실습을 항상 감독하고 감독이 없이는 실습을 못하게 한다.
② 교사는 학생이 공구와 장비를 사용하는데 의문을 가지지 않을 정도로 완벽한

시범을 먼저 보여야 한다.

③ 안전에 관하여 토론하고 안전 실천에 관해 이야기하게 하고 안전에 관한 과제를 주어야 한다.

④ 교사는 학생들이 안전 수칙을 실천하도록 강경한 태도를 취해야 한다.

### 18.3.2 안전지도의 원칙

① 교사의 허락 없이 기계사용 금지.

② 기계의 안전장치를 설치한다.

③ 회전하는 기계 작동 시에 긴소매 옷을 입거나 넥타이를 맨 채 작업을 하지 않는다.

④ 기계는 항상 청결하게 하고 바닥에 기름이나 물 등이 떨어지면 즉시 제거한다.

⑤ 실습장 내에서는 뛰어 다니거나 장난을 치지 않는다.

⑥ 실습복과 보안경 등 안전 장구를 착용하며 소화기 작동법을 수지한다.

### 18.3.3 안전지도의 요소

안전지도에 관한 습관과 태도는 자기 방어 본능에서 쉽게 알게 될 것이라고 착각하기 쉬우나 실제로는 그렇지 않으며 안전에 대한 지식과 태도 역시 다른 기술과 마찬가지로 가르치고 배워야 한다.

① 작업 전에 안전작업 과정을 거쳐 수행하도록 강조한다.

② 방심하지 않고 주의를 집중하도록 교육한다.

③ 부주의는 사고를 초래하고 주의집중은 사고를 줄인다는 관념을 갖도록 한다.

④ 아전은 게임의 대상이 아니므로 모험을 하지 않도록 한다.

⑤ 학생이 두려워하는 것은 시키지 말 것.
(시범을 보여준 후 학생들이 자신감을 가졌을 때 시킨다.)

⑥ 안전한 복장과 보호 장구 착용 지도

⑦ 안전 작업을 하는지 항상 감시해야 한다.

사고 예방을 위한 물리적인 환경 요인도 매우 중요하다.

건물의 계단, 바닥, 조명, 환기시설, 안전설비, 소화기, 장비의 상태, 청결 상태 등도 사고예방과 직접 관련이 있음을 유의해야 한다.

### 18.3.4. 안전지도

작업을 안전하게 하고 안전 수칙을 지키도록 교육하는 것은 지도교사의 임무이고 안전지도는 실습시간 전체에 걸친 과제이다. 따라서 지도교사는 안전과 관련된 내용을 처음 동작·조작 시에 특히 강조해야 하고 기회 있을 때마다 재강조해야 한다.

안전과 관련된 지도 요점은 다음과 같다.

① 안전이란 대개 습성 문제라 할 수 있다.

② 교사는 시범에 앞서 안전 작업 법을 보여 주어야 한다.
숙련자는 안전하나 미숙련자는 위험할 수 있다. 교사 자신을 기준으로 설명해서는 안 된다.

③ 안전에 관한 지도는 안전을 요하는 작업 동작을 보여주기 바로 직전이 가장 적합한 시점이다.
학습시간 초에 이루어지는 총괄 설명이나 작업지시가 끝난 다음 이루어지는 안전 수칙 지도는 별로 효과가 없다.

④ 안전 수칙을 강요할 것이 아니라 그 이유를 납득할 수 있게 이해 시켜야 한다.

⑤ 작업지시서 요소요소에 안전을 강조하여야 한다.

⑥ 실습시간에 안전수칙 위반을 묵과하거나 용인해서는 결코 안 된다.

⑦ 개인의 안전 및 실습장 내 일반적인 개인 수칙은 별도 시간에 일괄 지도한다.

⑧ 학생으로 하여금 안전위원회를 구성하여 운영하는 것이 바람직하다.
(위원회의 임무는 별도 지도한다.)

⑨ 학기 중 한번은 안전진단 점검을 해야 한다.

⑩ 교사는 학습자의 안전에 전적인 책임 의식을 갖고 있어야 한다.

⑪ 사고 발생 시 대처 요령도 숙지해야 한다.

(침착한 응급처리, 보고, 사후 관리 등)

### 18.3.5 안전사고 뒤처리

안전사고 방지를 위한 여러 가지 노력을 기울였다 하더라도 안전사고는 일어날 수 있다. 사고가 발생했을 때에는 사고 즉시 보고하여야 한다.

보고에 포함될 항목은 다음과 같다.

(1) 사고의 직접적인 원인
(2) 사고의 부차적인 원인
(3) 무시된 안전수칙
(4) 규칙 위반 사항
(5) 사고를 필할 수 있는 방법
(6) 만약 운이 나빴을 때 상해의 정도와 피해 정도
(7) 응급처리 요령

### 18.3.6 안전지도와 교사의 책임

실습장 관리와 안전관리의 1차 책임은 교사에게 있다.
안전사고 방지를 위해 교사는 다음 사항에 유의해야 한다.

① 학생이 실습중일 때는 실습장을 떠나서는 안 된다.
② 기계를 처음 사용할 때는 그 기계에 대한 안전교육을 실시해야 한다.
③ 장비를 부적절하게 사용할 가능성이 보이는 학생들은 관심을 두고 지속적으로 지도한다.
④ 안전장치와 기계의 상태를 항상 점검해야 한다.

INDUSTRIES
EDUCATION

제19장

# 공학의 개선과 발전방향

工業教科教育論

# 19. 공학의 개선과 발전방향

## 19.1 공학상의 문제점

우리나라는 대부분이 산으로 이루어진 좁은 국토에 많은 인구가 살아 나가고 있다. 이러한 악조건과 공업에 필요한 원료가 별로 많지 않는 불리는 환경에서 처해져 있는 실정이다. 따라서 생존을 위해서는 유일한 방법이 인적자원을 활용하는 길밖에 없다. 해외에서 여러 가지 원료를 수입해서 그것을 제품으로 가공하여 세계시장에 수출하는 것만이 우리가 잘 살아갈 수 있는 길이다.

제품을 만들어서 수출하려면 공업이 발전해야 한다. 그러므로 인적자원의 활용은 당연히 공업 주도적 이어야 함을 알 수 있다. 제품생산과정에서 발생되는 부가가치를 높이는데 노력을 경주해야 하며 판매에서 제품의 가격이 형성되고 수출로 생존하려면 원가는 다른 나라에 비해 낮아야 한다. 그러나 원자재를 수입해야 하는 나라에서는 원료 값을 마음대로 낮출 수는 없다.

생산된 제품을 많이 팔려면 경쟁 상대국보다는 제품의 기능과 품질을 향상시켜서 부가가치를 높여야 한다. 그러므로 공학기술의 발전은 불가피한 것이다. 우리나라가 현재 안고 있는 공학교육상의 문제점들은 여러 가지가 있겠지만 대략 다음과 같이 요약할 수 있다.

1) 요소와 제품 설계기술의 부족

모방생산에서 속히 벗어나 창의성 있는 독자적인 설계기술을 배양해야 하는 데 있다.

2) 정밀가공과 제작 공정기술의 낙후

제품의 성능과 기능에 영향을 주는 정밀가공기술과 난삭재 가공, 열처리, 표면처리 및 용접기술의 현장지도가 요구된다.

### 3) 연구소의 소극적 운용

대학과 산업체의 중간에 위치하고 있는 것이 연구소이다. 유능한 공학 기술자를 연구소에서 다수 확보하여 선진국의 기술정보를 분석하고 선진 기술의 소화에 힘써야하며 모방에서 벗어나 창의적인 엔지니어링을 구축하고 우리 것의 공학기술을 창출하도록 연구개발에 혼신의 노력을 쏟아야 한다.

### 4) 공학기술의 인식부족

공학기술은 제품을 더 좋게, 더 싸게, 더 빠르게 생산하기 위한 기술이라 하였다. 따라서 공장의 기능공에서부터 기술자, 사무실의 사무원에서부터 관리자, 경영자 및 사장에 이르기까지 모든 사람이 공학기술에 대한 확실한 인식이 필요하다.

공학교육에서의 개선을 위해 고려해야 할 사항은 다음과 같이 요약할 수 있겠다.

(1) 설계능력 함양-설계개념을 초기부터 소개하고 계속해서 모든 교과목에 반영시킨다. 이를 위해서 저학년에서는 제한된 시간 내에 이룰 수 있는 적은 규모의 설계 과제를 부여함으로서 자기 스스로 창의적으로 생각해 내는 습관을 키우도록 한다.

미국의 렌슬레어 대학(RPI)의 공학에서는 최근 설계 과목을 보면 1학년에 엔지니어링 제도 및 CAD, 2학년에 엔지니어링 설계 소개, 3학년에 요소설계 그리고 4학년에 시스템설계 과목을 열고 각 교과목에 연계시킴으로서 설계가 대학생활 하는 동안 내내 생활화하게 하고 있다.

(2) 현장감을 갖는 현실성 있는 교육-기계공학의 기본과목 교육을 더욱더 강화하고 학생들로 하여금 철저히 익히게 함과 동시에 이를 실제현상과 응용에 적용함으로서 이론을 정확히 이해하고 실험 실습을 통해 이론을 검증한다. 또한 단순한 이론 설명과 숙제나 시험으로 평가하기 보다는 강의한 이론이 우리주변의 어느 제품, 설비, 구조에 응용이 됐는지 느끼며 배울 수 있도록 한다.

경우에 따라서는 산학협동을 통해 산업체의 실무자를 강의실에 초빙하여 산체험 교육을 실시한다. 반대로 학생들은 산업체의 문제를 숙제나 팀 프로젝트로 다룬다. 이를 위해 교수는 끊임없는 강의교재 개발이 중요하다.

(3) 구두 및 작문 표현능력 배양 -대부분 과목에 학생들의 표현능력을 키우도록 구두 발표나 보고서를 작성하게 한다. 강의의 일부내용이나 프로젝트 등을 이용하여 학생들로 하여금 구두 발표를 시키며 실험과목을 이용해 기술 보고서를 작성케 한다.

이를 위해서는 저학년에서부터 기술논문의 작문방법을 가르쳐주는 과목이 있어야 한다. 실험과목 첫 몇 시간에 작문법을 강의 할 수도 있다. 그리고 발표에는 동원할 수 있는 모든 시청각 자료를 이용케 한다. 가끔 학회에서 학생들 발표 때 오버헤드 프로젝터 작동법조차도 익히지 못한 예를 볼 수 있다.

(4) 팀워크와 타 분야의 이해-엔지니어링 제품들은 여러 분야의 복합체로 한 개인의 작품이 아니고 팀 간의 결정체임을 감안 교육을 받는 동안 여러 명이 모여 문제를 풀 수 있는 기회를 마련한다. 작고 큰 규모의 설계 프로젝트도 팀워크에 도움이 될 것이다.

앞으로의 미래사회를 대비해 특히 공학자는 타 분야를 이해하는 능력을 배양해야 하며 교과과정에 이를 포함시켜 학제 간 문제를 다루게 한다.

(5) 국가차원의 교육실시-국가는 각 대학의 다양한 경험과 개발된 교재를 서로 공유 할 수 있는 워크숍 등을 통해 강의를 담당한 교수나 새로이 시작하는 교수들에게 서로의 경험을 전수할 수 있는 기회를 마련한다.

이상과 같이 우리나라의 기계공학교육은 그동안 양적으로 큰 발전을 하여 왔으나 질적 발전은 변화하는 선진 외국에 비해 아직도 거리감이 있는 느낌이다. 획일화된 교육과정, 열악한 실험설비 및 장비, 적정수의 교수인원의 부족에 따른 외부 강사의 과다한 의존도와 조교 등의 부족, 현장성이 결여된 강의, 그리고 외부적으로 기간산업인 기계공업의 낙후 등이다.

특히 무엇보다도 대학의 교육투자의 부족이 질적 발전에 결정적인 저해 요인을 제공하고 있다. 발전을 위해서는 첫째로 각 대학은 자기 대학의 정확한 위치와 특성을 파악하고 자기 나름대로의 교육 과정을 개발하여야 한다고 본다.

실제로 우리나라의 공학교육은 각 대학들이 자기의 특성을 살리기보다 유수 대학의 교과과정과 내용을 여과 없이 답습하는 식으로 운영하여 왔다.

둘째로 교육의 특성화 및 전문화를 위해 연구중심대학과 인재양성중심대학 등 특성에 맞게 교육을 할 수 있게 정부의 정책이 필요하다.

대학원 프로그램이 대학의 우열의 척도가 되어서는 안 된다. 셋째로 각 대학은 비교적 비용이 많이 들어가는 공학교육을 이해하고 교육투자를 늘려야 하며 이는 국가도 마찬가지로 과학기술에 국가가 좌지우지되는 미래를 대비해서 획기적 투자와 정책이 필요하다.

그리고 무엇보다 중요한 것은 부족과 부실을 탓하기에 앞서 지금은 정보통신의 발달로 교육의 방법도 바뀌고 있으며 교육환경도 과거에 비해 나아졌다고 판단되며 개개인의 교수들의 헌신적 노력으로 우리 교육환경이 충분히 개선될 수 있다고 본다.

우리는 주변에서 유능한 교수일수록 대학 내 보직, 국가의 정책 수립에 참여, 산업체 자문, 각종회의 등 옆에서 보기에도 딱할 정도로 본분 외로 시간을 보내며 바쁜 것을 본다. 강의와 연구가 교수들의 최대의 자부심일 수 있는 사회분위기를 우리 스스로가 변해야 할 때가 이미 와 있다고 본다.

## 19.2 공학의 개선책

공학교육에서의 개선책을 위해 고려해야 할 사항은 다음과 같이 요약할 수 있겠다.

1) 설계능력 함양

설계개념을 초기부터 소개하고 계속해서 모든 교과목에 반영시킨다. 이를 위해서 저학년에서는 제한된 시간 내에 이룰 수 있는 적은 규모의 설계 과제를 부여함으로서 자기 스스로 창의적으로 생각해 내는 습관을 키우도록 한다. 미국의 렌슬레어 대학(RPI)의 공학과의 최근 설계 과목을 보면 학년 에 엔지니어링 제도 및

CAD, 2학년에 엔지니어링 설계 소개, 3학년에 기계요소설계 그리고 4학년에 시스템설계 과목을 열고 각 공학 교과목에 연계시킴으로서 설계가 대학생활 하는 동안 내내 생활화하게 하고 있다.

### 2) 현장감을 갖는 현실성 있는 교육

공학의 기본과목 교육을 더욱더 강화하고 학생들로 하여금 철저히 익히게 함과 동시에 이를 실제현상과 응용에 적용함으로서 이론을 정확히 이해하고 실험 실습을 통해 이론을 검증한다. 또한 단순한 이론 설명과 숙제나 시험으로 평가하기 보다는 강의한 이론이 우리주변의 어느 제품, 설비, 구조에 응용이 됐는지 느끼며 배울 수 있도록 한다.

경우에 따라서는 산학협동을 통해 산업체의 실무자를 강의실에 초빙하여 산 체험 교육을 실시한다. 반대로 학생들은 산업체의 문제를 숙제나 팀 프로젝트로 다룬다. 이를 위해 교수는 끊임없는 강의교재 개발이 중요하다.

### 3) 구두 및 작문 표현능력 배양

대부분 과목에 학생들의 표현능력을 키우도록 구두 발표나 보고서를 작성하게 한다. 강의의 일부내용이나 프로젝트 등을 이용하여 학생들로 하여금 구두 발표를 시키며 실험과목을 이용해 기술보고서를 작성케 한다.

이를 위해서는 저학년에서부터 기술논문의 작문방법을 가르쳐주는 과목이 있어야 한다. 실험과목 첫 몇 시간에 작문법을 강의 할 수도 있다. 그리고 발표에는 동원할 수 있는 모든 시청각 자료를 이용케 한다. 가끔 학회에서 학생들 발표 때 오버헤드 프로젝터 작동법조차도 익히지 못한 예를 볼 수 있다.

### 4) 팀워크와 타 분야의 이해

엔지니어링 제품들은 여러 분야의 복합체로 한 개인의 작품이 아니고 팀 간의 결정체임을 감안 교육을 받는 동안 여러 명이 모여 문제를 풀 수 있는 기회를 마련한다. 작고 큰 규모의 설계 프로젝트도 팀워크에 도움이 될 것이다.

앞으로의 미래사회를 대비해 특히 공학자는 타 분야를 이해하는 능력을 배양해야 하며 교과과정에 이를 포함시켜 학제 간 문제를 다루게 한다.

5) 국가차원의 교육실시

국가는 각 대학의 다양한 경험과 개발된 교재를 서로 공유 할 수 있는 워크숍 등을 통해 강의를 담당한 교수나 새로이 시작하는 교수들에게 서로의 경험을 전수할 수 있는 기회를 마련한다.

이상과 같이 우리나라의 공학교육은 그동안 양적으로 큰 발전을 하여 왔으나 질적 발전은 변화하는 선진 외국에 비해 아직도 거리감이 있는 느낌이다. 획일화 된 교육과정, 열악한 실험설비 및 장비, 적정수의 교수인원의 부족에 따른 외부 강사의 과다한 의존도와 조교 등의 부족, 현장성이 결여된 강의, 그리고 외부적으로 기간산업인 공업의 낙후 등이다.

특히 무엇보다도 대학의 교육투자의 부족이 질적 발전에 결정적인 저해 요인을 제공하고 있다. 발전을 위해서는 첫째로 각 대학은 자기 대학의 정확한 위치와 특성을 파악하고 자기 나름대로의 교육 과정을 개발하여야 한다고 본다.

실제로 우리나라의 공학교육은 각 대학들이 자기의 특성을 살리기보다 유수 대학의 교과과정과 내용을 여과 없이 답습하는 식으로 운영하여 왔다. 둘째로 교육의 특성화 및 전문화를 위해 연구중심대학과 인재양성중심대학 등 특성에 맞게 교육을 할 수 있게 정부의 정책이 필요하다.

대학원 프로그램이 대학의 우열의 척도가 되어서는 안 된다. 셋째로 각 대학은 비교적 비용이 많이 들어가는 공학교육을 이해하고 교육투자를 늘려야 하며 이는 국가도 마찬가지로 과학기술에 국가가 좌지우지되는 미래를 대비해서 획기적 투자와 정책이 필요하다.

그리고 무엇보다 중요한 것은 부족과 부실을 탓하기에 앞서 지금은 정보통신의 발달로 교육의 방법도 바뀌고 있으며 교육환경도 과거에 비해 나아졌다고 판단되며 개개인의 교수들의 헌신적 노력으로 우리 교육환경이 충분히 개선될 수 있다고 본다.

우리는 주변에서 유능한 교수일수록 대학 내 보직, 국가의 정책 수립에 참여, 산업체 자문, 각종회의 등 옆에서 보기에도 딱할 정도로 본분 외로 시간을 보내며 바쁜 것을 본다. 강의와 연구가 교수들의 최대의 자부심일 수 있는 사회 분위기를 우리 스스로가 변해야 할 때가 이미 와 있다고 본다.

## 19.3 공학기술의 발전방향

### 19.3.1 공학기술의 현실

오늘날 일본은 세계 제일의 경제적 부국이 되고 공학기술 선진국으로 미국을 앞지르게 된 가장 큰 이유 중의 하나가 무엇보다도 일본의 공학기술이 잘 발전되었기 때문이라고 할 수 있다. 우리나라는 공업중진국으로서의 발돋움이 된 것도 공학기술 발전의 덕이지만 아직도 우리나라의 공학기술은 일본에 비하면 절반정도의 수준을 면치 못하고 있는 실정이다.

과거 미국이 기초 및 첨단 분야에 집중적으로 엄청난 연구비를 투입하고 있을 때 일본은 꾸준한 공학기술의 개발과 연구에 전력을 기울여 왔다. 과거의 기계의 역사를 보아서도 알 수 있는 바와 같이 공학기술을 개발하고 연구하였던 나라가 세계경제를 주도해 나가고 있고 앞으로도 계속 그렇게 될 것이다. 기초 및 최첨단의 과학기술이 한 나라의 명예를 나타낸다면 공학기술의 개발과 연구는 그 나라의 부를 창조하는 실체가 되리라 본다.

영국의 산업혁명 후에 증기기관의 발명과 함께 이를 이용한 해양기술의 발달과 바다를 장악하므로 서 영국의 부를 가져 다 주었다.

미국은 20세기에 접어들면서부터 공학기술의 발전을 하였고 유럽에서는 감히 엄두도 내지 못한 자동차의 대량생산을 컨베이어 벨트를 이용한 연속작업을 수행한 공학기술의 발달로 나라의 부를 이루어 낼 수 있었다. 또한 영국에서는 항공 분야에서 초음속기를 처음으로 발명하였고 독일은 제트 추진로켓을 최초로 발명하였다. 이들에 대한 공학기술과 생산이 미국에서 꽃피게 된 것도 미국의 공학기술에 힘입은바 크다.

세계 2차 대전을 이끌어온 미국이 수많은 군수품을 연합군 측에 공급할 수 있었던 것도 미국의 발달된 기계공학기술의 결과로 보아야 한다.

그러나 60년대 후반부터 우주개발에 주력한 미국은 막대한 연구비를 최첨단 기계공학기술 개발의 연구에 투입하고 아울러 고급두뇌를 양성하는데 노력을 기울였다. 그러나 공학기술들은 제품을 제조하는데 경제성을 고려하지 않는 분야였기에 국가의 부를 창조하는 제품화에 실패하였다. 고급 공학기술이 연구실에서 첨단 기계공학기술 분야에 치우치다 보니 공학기술 측의 고급 공학기술이 일본보다 뒤떨어 질수 밖에 없었던 것이다.

따라서 미국은 근 30년간 제조기술이 미미하게 발전되었고 집중적으로 공학 기술 개발에 연구한 일본은 오늘날 세계적인 부를 창출하여 이것을 기반으로 하여 첨단 분야 에서 연구에 박차를 가할 수 있었다. 어떠한 면에서는 미국은 일본의 제조기술을 역으로 수입하지 않으면 안 되게 되었다.

Kontratieff 의 경제 순환기를 보면 어제의 영국은 오늘의 미국이 되고 어제의 미국은 오늘의 일본이 된 것을 알 수 있다. 앞으로 어제의 일본이 내일의 한국이 되기 위해서는 첨단 공학기술의 연구도 중요하지만 공학기술 개발에 대한 연구를 일층 강화하여 국가의 부를 창출하는데 노력하지 않으면 안 된다.

경제 순환기 표에 의하면 대략 50년 주기로 호황과 불황이 되풀이되는 것을 알 수 있다. 순환기 말에 나타나는 여러 가지 침체현상을 극복하기 위해서 새로운 기계공학기술을 개발 발전시키지 않으면 안 된다. 우리나라도 앞으로 공학기술 선진국으로 발전하기 위해서는 연구실의 연구개발에 못지않게 산업현장에서 일어나는 많은 문제점을 해결 할 수 있는 공학기술의 개발과 연구에 일층 노력을 기울어야 한다.

미국이 첨단 공학기술을 연구실에서 산업현장으로 이끌어내지 못한 것은 기계기술의 부족 때문이라는 것을 다시 한 번 알아야 한다. 우리나라가 외국으로 수출을 많이 하는데도 불구하고 일본으로부터의 수입량이 많아지고 무역역조가 개선되지 못한 것은 결국 일본의 공학기술에 우리나라가 얽매이고 있기 때문이다.

그러므로 공학기술의 개발과 연구에 주력하지 않으면 국가의 부를 축척하기 어렵고 기계공학기술 선진국으로써의 진입과 공학 기술주도가 결코 이루어 질수 없다는 것을 깨달아야 한다. 이와 같이 공학기술은 한 나라의 국력을 나타내고 있으며 기업의 측면에서 본다면 그 기업의 자생력을 가름하는 지표가 되는 것이다.

### 19.3.2 공학기술 인력의 양성

우리나라가 공학기술의 중요성을 인식한 것은 얼마 되지 않는다. 국가적으로 엄청난 연구비를 투입하고 있으나 얻어진 결과는 미미한 상태이다. 연구개발은 있으나 생산이 없는 공학기술 개발을 많이 하고 있다. 공학기술에 관한 연구는 눈으로 나타나는 많은 부를 낳는 기술이어야 하므로 이에 대한 발전방안을 요약하며 다음과 같다.

우리나라의 공과대학은 우선 전체 학생의 비율에서 선진국에 비해 경쟁력이 없다. 미국 보다는 교육의 질을 따지지 않는다면 나은 편이 된다. 미국은 전 학사 학위의 6%만이 공학 분야에 주어지고 일본은 28%이며 러시아는35% 그리고 독일은 38%에 해당된다. 여기에 비한다면 우리나라는 미국과 일본의 중간쯤이 된다. 기나긴 유교적인 영향 때문에 공학계가 경시되어 지금의 불균형이 생긴 것이다.

지금도 수요가 급격히 늘고 있는 기술계인 기계공학, 전자공학, 생명공학 등의 전공자가 충분하다고 할 수 없다. 따라서 문과계의 비중이 아직도 높다는 것이다. 대학을 졸업한 기계공학기술자는 프로정신으로서 자기 분야의 일인자가 되어 실력과 실적으로 응분의 대우를 받을 수 있도록 노력해야 한다.

### 19.3.3 질적 경영으로의 전환

대량으로 저가품을 생산하기 보다는 다품종 소량 생산으로 부가가치를 높이고 단기적인 것보다는 중장기적인 안목에서 경쟁계획을 수립하여 물질위주의 경영방식에서 벗어나 인간경영의 중요성을 인식하는 것이 제조기술의 높이는 방법이 될 수 있다.

따라서 공학기술을 향상시키기 위해서는 시급히 해결해야 할 문제가 많지만 생산기술의 모든 문제는 인간의 머리와 손으로서 이루어진다고 볼 수 있다. 올바른 공학기술은 올바른 공학기술자로부터 나오며 올바른 공학기술자는 올바른 경영자에 의해 양성이 된다. 이와 같이 올바른 사람의 양성에 의해서 공학기술이 발전되고 국가의 부가 축적되어 선진국가로서의 발돋움 할 수 있다고 하겠다.

# 참고문헌


1. 현대인과 기계, 유헌일 저, 대광서림, 1994.
2. 과학의 역사적 배경, 양정성 저, 도서출판 경청, 2006.
3. 공학입문설계, 김길희 · 김이형 · 최재환 공저, 구미서관, 2006.
4. 이공계를 느끼고 싶나요, 과학동아 지음, (주)동아사이언스, 2005.
5. 연구자의 조건, 아리마아키토 외 공저, 다락원, 2003.
6. 공학기술로 21세기 앞장서자, 한국공학한림원 지음, 한국공학한림원, 2002.
7. 기술교과 교육론, 김상민 편저, 희소고시학원, 2005.
8. 공업교육원론, 유창렬 저, 교육과학사, 2008.
9. 공학기술 윤리학, 김정식 저, 도서출판 인터비젼, 2004.
10. 생산공학, 김원일 · 이윤경 · 왕덕현 · 강재관 공저, 경남대학교 출판부, 1998.
11. 실기교육방법론, 정화영 · 전정태 공저, 형설출판사, 1992.
12. 공업기술교육 원론, 류창열 저, 교육과학사, 1999.
13. 실기교육방법론, 최태주 · 이상주 공저, 보문당, 1991.
14. 인간과 공학 이야기, 최용준 저, 지호출판사, 1997.
15. 공학교육, 한국공학교육 편집위원회, 한국공학교육학회, 2007.
16. 산업안전, 김원일 · 박상현 · 서유진 공저, 경남대학교 출판부, 2003.
17. 공대 올 사람만 와라, 김성계 · 임형민 지음, 하서출판사, 2002.